絵で見る 明治の東京

穂積和夫

草思社文庫

絵で見る　明治の東京◉目次

銀座レンガ街

時計店
人車鉄道

明治初年の日本橋

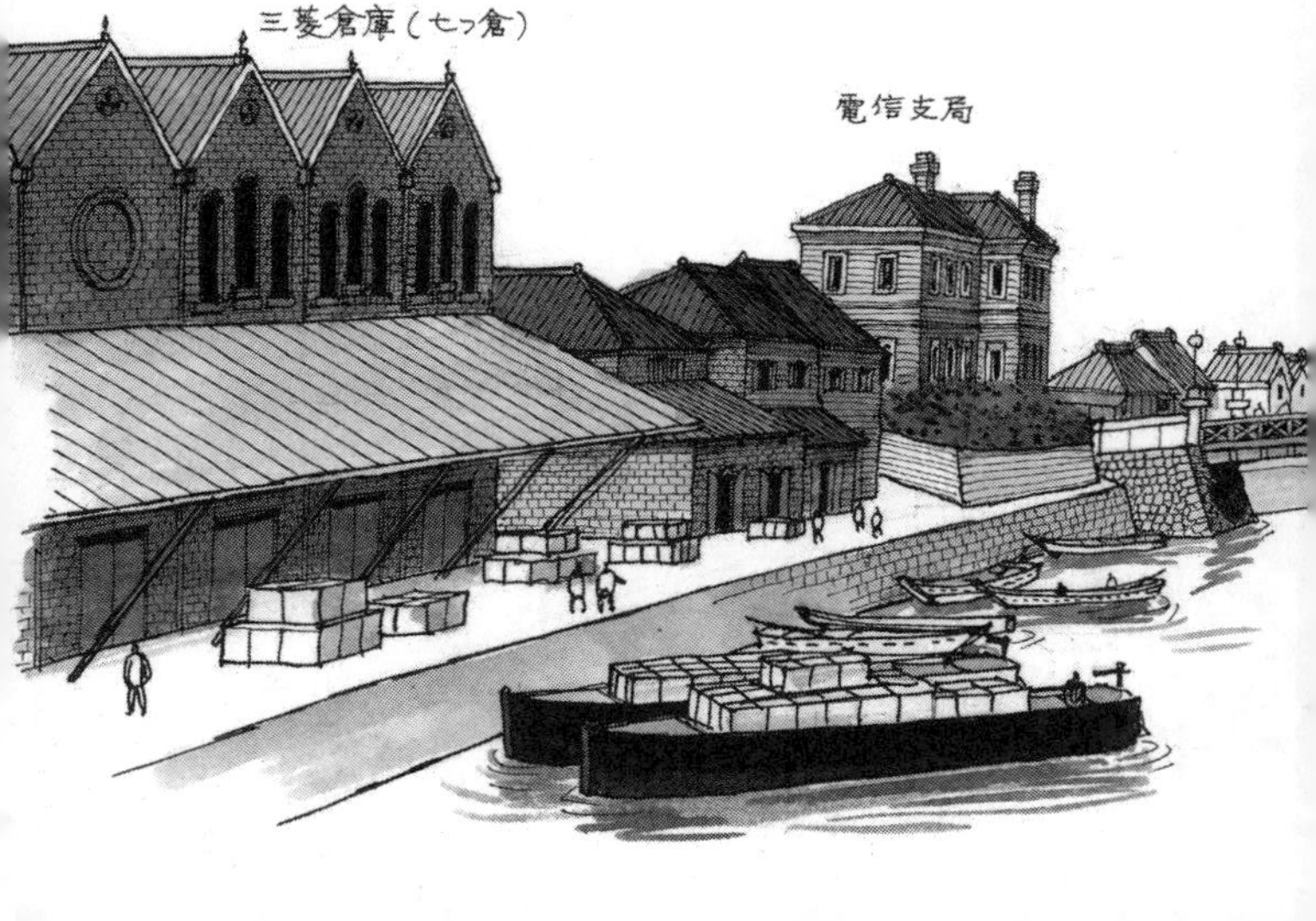
三菱倉庫（七つ倉）
電信支局

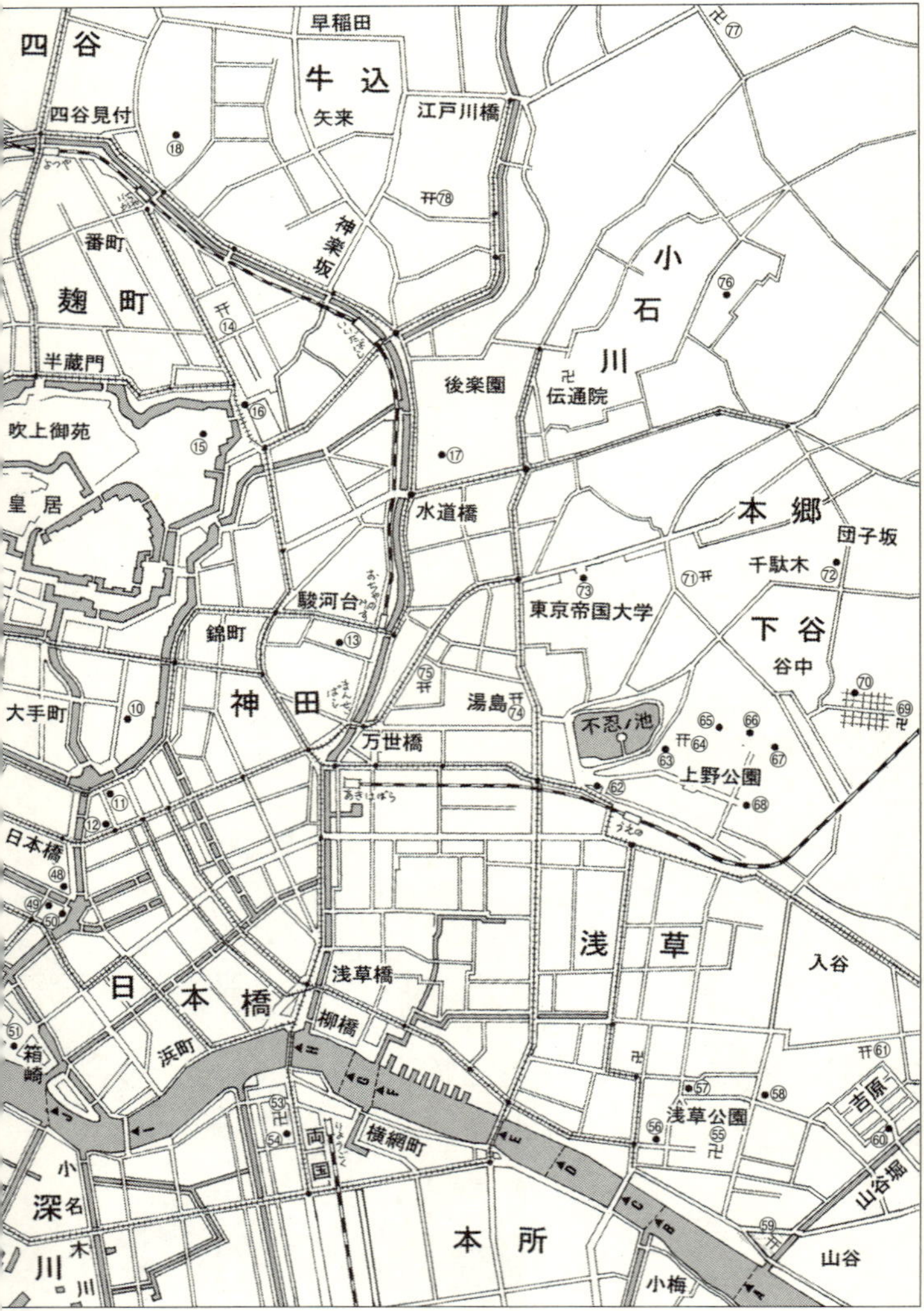

四谷
早稲田
牛込
矢来
江戸川橋
四谷見付
よつや
番町
麹町
神楽坂
半蔵門
吹上御苑
皇居
後楽園
伝通院
小石川
水道橋
本郷
団子坂
千駄木
駿河台
錦町
東京帝国大学
下谷
谷中
神田
湯島
大手町
万世橋
不忍ノ池
上野公園
あきはばら
うえの
日本橋
浅草
入谷
浅草橋
柳橋
浜町
箱崎
横網町
両国
浅草公園
吉原
山谷堀
小名木川
深川
本所
山谷
小梅

明治の東京市街地図

（明治30年ごろを想定しているが、それ以前になくなった建物や、以降に建てられた建物も表示している）

① 二重橋
② 楠公銅像
③ 警視庁(M.44)
④ 帝劇(M.44)
⑤ 商工会議所
⑥ 三菱2号館
⑦ 三菱1号館
⑧ 東京府庁
⑨ 警視庁(M.7)
⑩ 紙幣寮
⑪ 日銀
⑫ 三越
⑬ ニコライ堂
⑭ 靖国神社
⑮ 竹橋陣営
⑯ 灯明台
⑰ 砲兵工廠
⑱ 陸軍士官学校
⑲ 東宮御所
⑳ 乃木邸
㉑ 氷川神社
㉒ 日枝神社
㉓ 陸軍省
㉔ 参謀本部
㉕ 外務省
㉖ 工部大学校
㉗ 国会仮議事堂
㉘ 海軍省
㉙ 高等裁判所・大審院
㉚ 司法省
㉛ 日比谷公園
㉜ 鹿鳴館
㉝ 帝国ホテル
㉞ 日報社
㉟ 服部時計店
㊱ 岩谷タバコ
㊲ 歌舞伎座
㊳ 築地精養軒
㊴ 農商務省
㊵ 海軍兵学寮
㊶ 訓盲院
㊷ 蓬莱社(第15銀行)
㊸ 逓信省
㊹ 延遼館
㊺ 築地ホテル
㊻ 新富座
㊼ 佃島
㊽ 四日市駅逓寮
㊾ 第一国立銀行
㊿ 渋沢邸
51 開拓使売捌所
52 富岡八幡
53 回向院
54 国技館
55 浅草寺
56 仲見世
57 パノラマ館
58 凌雲閣
59 待乳山聖天
60 見返り柳
61 鷲神社
62 西郷銅像
63 上野精養軒
64 東照宮
65 動物園
66 美術学校
67 音楽学校
68 帝室博物館
69 谷中天王寺
70 谷中墓地
71 根津神社
72 観潮楼
73 赤門
74 湯島天神
75 神田明神
76 小石川植物園
77 護国寺
78 赤城神社
79 青山墓地
80 日赤病院
81 泉岳寺
82 慶応大学
83 増上寺
84 紅葉館
85 愛宕山

隅田川の橋と渡し

A. 竹屋の渡し　B. 山の宿の渡し　C. 吾妻橋　D. 駒形の渡し　E. 厩橋　F. 御蔵の渡し　G. 富士見の渡し　H. 両国橋　I. 新大橋　J. 中洲の渡し　K. 永代橋　L. 相生橋　M. 佃の渡し　N. 月島の渡し　O. かちどきの渡し

(註)言問橋、清洲橋、かちどき橋などはいずれも昭和の架橋。

一　文明開化

明治時代がはじまった

明治時代は一八六八年にはじまった。この年は慶応四年だったのが、九月八日（新暦十月二十三日）から明治元年となったのである。

明治以後、大正、昭和、平成と元号は一世一元となるが、それまでは災害や悪疫などが流行ると、占いや易学などによってしょっちゅう変わった。万延や元治などは一年きりで、翌年はもう元号が変わっている。元号が変わるのは珍しくもないが、こんどばかりは様子がちがった。なにせそれまで天下に君臨していた徳川幕府が倒れ、世の中が政権交代の渦にいっきょに巻きこまれてしまったのだ。政権交代といっても現代のそれとはわけがちがう。日本の歴史のなかでも最大といってもいいほどのドラスティックな変化が起こったのだ。

年明け早々の一月に、鳥羽伏見の戦いで幕府軍が官軍（薩長土肥などの倒幕連合軍）に敗れ、五月には江戸城が官軍に明け渡されてしまった。旗本など幕府の残党は

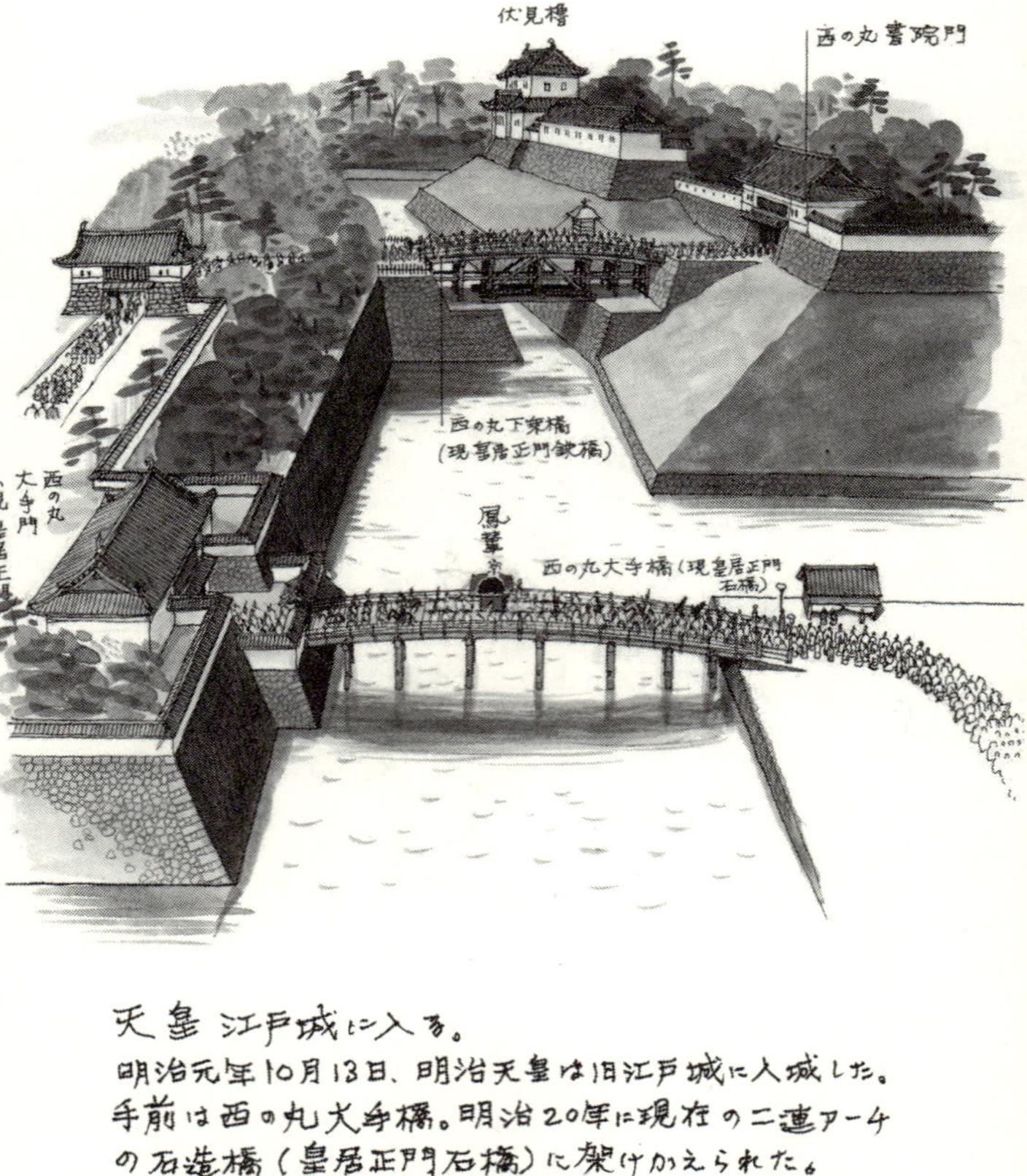

天皇江戸城に入る。

明治元年10月13日、明治天皇は旧江戸城に入城した。手前は西の丸大手橋。明治20年に現在の二連アーチの石造橋(皇居正門石橋)に架けかえられた。奥の西の丸下乗橋は慶長19年の造営以来、橋梁が二重になっていたので二重橋と通称された。明治21年に正門鉄橋となった。現在は両者を合わせて「二重橋」と呼ばれている。

彰義隊を結成し、上野の山に立てこもって抵抗を試みた。市民のなかには官軍の略奪や暴行沙汰に反感を強め、彰義隊に声援を送るものもいたが、ウッカリかくまったりすると罪に問われるし、だいいち泰平に慣れた江戸の侍たちは、近代装備の薩長軍の敵ではなく、結局はわずか一日であえなく平定されてしまう。いまから見ると大変な世の中の変化だったはずなのだが、おおかたの一般庶民にとっては、人の迷惑もかえりみず武士たちが勝手にドンパチやっているだけで、それに直接巻き込まれない地域では日常生活はさして変わったとも思えなかったのではないだろうか。芝居や寄席もふだんどおり営業していたし、福沢諭吉は彰義隊の陣営に撃ち込まれる大砲の音をよそに、平然と塾の講義をつづけていたそうである。

こうして時代の流れはいやおうなく江戸から明治へと移っていくことになった。「王政復古」のかけ声に乗って、将軍にかわって天皇が親政をとる明治新政府が誕生したのである。

これをきっかけに日本の首都をそれまでの京都からもっと便利な場所に移そうという案が政府内に生まれ、あれこれ論議のすえにあらためて江戸が首都にきまった。江戸という名も東京（トウケイと呼ばれたから東京＝京の俗字＝と書かれたこともあった）と改められた。江戸はなんといっても日本の中心的な大都市だった。幕府側の代表勝海舟と、官軍側のリーダー西郷隆盛が会談して、江戸の町が兵火からなんとかまぬかれたのも幸いだった。

即位したばかりの若い明治天皇は京都の御所から江戸城に入城し、新首都東京の存在を示したが、そのころまだ会津や北海道では、新政府軍と旧幕府主戦派との攻防戦がつづいており、明治時代はいわゆる「維新」の動乱のうちに幕を開けたのだった。

さあ、こうしてスタートを切ったのはいいが、新政権とはいっても、薩摩、長州、土佐、肥前といった各藩よりあいの政府自身にはさしたる政策上のプランやビジョンもない。とにかく先進西欧諸国に見ならい追いつくために、まず新しい国づくりの基本として「欧化政策」をかかげ、日本の制度や習慣の欧風化をはかることになる。いわゆる「文明開化」が新しい時代のキーワードになったのである。ついこの間まで攘夷論者だった連中が、政権をにぎると同時にケロリと百八十度変わってしまったわけだ。

そして旧幕時代に各国とむすんだ不平等条約の改正と先進国の国情視察のため、岩倉具視以下、閣僚の半分以上が大挙して二年間も日本を留守にして欧米に出かけるが、けっきょく国際条約についての無知がたたって条約改正はならず、視察見学だけに終わってしまった。これが明治四年の遣外使節団で、いわば国づくりのための修学旅行だった。その間に反政府クーデターでも起きたらどうするつもりだったのだろう。

政府にかぎらず各界の指導者たちも欧化政策に同調し、エンジン全開で西欧の技術や文化を摂取、同化することに取り組んだ。近代国家建設というひとつの目標に向かって国中が結束してことに当たる、その熱心さとスピードの速さには目をみはらせるものがあった。まったく明治というのは途方もなくエネルギッシュで、滅茶苦茶といっていいほど活気にみちた青年期の時代だったといえるだろう。いまの日本から見るとうらやましい限りだ。

そのいっぽうでは、江戸時代以来の文化も根強く生きていた。両者はやがて微妙にからみあって、独自の明治文化を生み出すわけだが、この江戸以来の伝統と西欧の近代文明がいりまじった不思議なエキゾチシズムこそ、明治独特の魅力といえるかもしれない。この伝統と近代化の二重構造は、現代のわれわれの生活やものの考えかたにまで及んでいるわけだが、その原点こそ明治に求めることができるはずである。

明治文化の中心はなんといっても東京であった。なにしろ東京は徳川将軍のお膝もととして二百七十年ものあいだ栄えてきた江戸の町をそっくりそのまま受けついだ都である。動乱で荒廃したとはいえ、明治人がまず理想とした文明開化の中心地であり、そのモデル都市だったのだ。

明治政府がめざしたのは「近代都市」としての東京だった。それはあくまで「帝都」すなわち国家の首都としてのハードな管理社会を意味していた。つまり、ともすれば快適性よりも国の体面や統治が優先され、政治性や経済性が追求されたのである。それに対して江戸以来の市民文化を受けつぎ、ソフトで自由な生活空間を求めたのが東京の一般市民たちだった。明治の東京はその「お上《かみ》」の意向と「市民」の声というふたつの要素の対立と共存の上に成り立っていたといっていいであろう。

一八六八年から一九一二年にいたる明治時代四十五年のあいだに、東京は急速に発展し変化していった。まずは明治初年からはじまって、時代とともに変わってゆく東京の町の様子を眺めてゆくことにしよう。

文明開化の音がする

明治になったばかりの東京は、新しい首都とはいえ、江戸の町がそのまま残っているというだけで、ほとんど変わりばえはしなかったようだ。それどころか、東京の面積の六割以上を占めていたかつての広大な武家地は、江戸勤番の大名や武士たちが屋敷を見捨ててそれぞれの国もとへ引き揚げてしまったので、すっかりさびれてしまった。空き家になった大名屋敷は朽ちかかり、広大な庭園は草ぼうぼうの荒れほうだいで、乞食がはびこり野犬や狐のすみかとなるありさまだったという。とりあえずこうした荒れ地は開墾して茶園や桑畑にすることが奨励実施された。渋谷の松濤でとれるお茶は、松濤茶といって当時の銘柄だった。しかしこれもたんなる場当たり的な政策だったので明治四年には廃止されている。

五十万人は下らないといわれる江戸勤番の地方武士たちが国もとへ帰ってしまうと、得意客を失って店じまいをする商人も現れ、東京の人口はいっきょに半分以下に激減してしまう。十八世紀のはじめすでに百三十万ともいわれ、ロンドンやパリをしのぐ世界最大の都市だったという江戸の人口も、あっという間に五十万そこそこに減ってしまったのだ。

天下泰平が長くつづいてきたとはいえ、制度上は江戸はしょせん軍事都市だった。商人や職人、その他のしがない庶民たちも、そのおかげで生活を保ってきたのである。さあ、どうしよう、状況はまさに死活問題、荒廃した東京がまた昔のように繁盛するようになるのかどうか、先行きまことに不安だった。

下町には縦横に堀割りが通じていた。

徳川幕府にかわって乗りこんできた明治新政府は薩長のいわば占領軍なので、市民の反政府感情も根づよく、おまけに戦火や不作のせいで米価の値上がりもひどかったようだ。庶民の不満はつのるばかり。明治当初の数年間は生活物資の運送もとどこおり、職を失って乞食ばかりが増え、捨て子や行き倒れ人も多く、堀割りに水死人が浮いているのも珍しくなかった。ドサクサにまぎれて泥棒やカッパライも横行する。治安が悪化し、世情は不安だった。

そのうえ旧幕府からカラッポの金庫を受けついだ新政府は、国家資金がほとんど一文なしというありさまで、首都再建のめども立たない状態だった。とりあえず皇居となった江戸城周辺の広い武家地の屋敷跡を利用して、官庁や兵営など、政府の施設を優先的に整備しはじめることになる。

いっぽう、庶民の住む地域、とくに下町一帯はあいかわらずの過密地帯で、まだ江戸のおもかげが色濃く残されたままだった。網の目のように張りめぐらされた堀割りにはたくさんの小舟が行き交い、岸辺の緑に彩られた隅田川の白魚漁や大森の海苔の採取も盛んだった。明治十年ごろまでは、東京の町の様子は江戸のころとほとんど変わっていなかったと思われる。人びとはまだチョン髷《まげ》を結い、残った武士たちは大小をさして歩いていたのだった。

しかし、やがて文明開化の波は確実に東京の町に広がりはじめ、人びとの生活や風俗も徐々に西洋の影響を受けるようになる。それはかつて誰も経験したことのない衝撃的なものだったはずだ。文明開化の風潮は新政府の方針であるばかりでなく、庶民のあいだにもしだいに流行するようになっていったのである。

時代が変われば風俗も変わる。まず目新しかったのは洋服姿の出現だった。幕府軍も新政府軍もすでに一部は洋式化され、軍服として洋服が採用されていた。やがて官庁の服制にもとりいれられ、一般にも着用が許されるようになる。当時の男性の洋服はマンテルと呼ばれており、これはフロックコートのことだ。横浜にはすでに仕立て屋も開業していた。

しかし、いくら洋服だけ着ても、チョン髷頭ではサマにならない。チョン髷は衛生的見地から、ザンギリと呼ばれる洋風の短いスタイルに変えるよう奨励された。祖先伝来の髷に固執する頑固な老人や、下町の粋な若い衆などもいたが、彼らの抵抗もむなしく、チョン髷は封建時代の遺物としてしだいに影をひそめるようになる。断髪は、

「ザンギリ頭をたたいてみれば、文明開化の音がする」

と歌われて、まさに時代のシンボルとなったのである。明治九年ごろは断髪六割、髷四割といわれる。明治四年の遣外使節のなかで、岩倉具視だけが髷を結っていたが、旅行の途中シカゴで断髪したらしい。六年には天皇も率先して断髪され、ザンギリ頭の流行は急速に全国に広まった。いままでの髪結い床でもいちはやく西洋の理髪術を

理髪店

習得して、たちまち西洋床、つまり理髪店として繁盛する店が出てきた。髪結い師の虎吉が横浜から職人を雇い入れて海運橋ぎわに開いたのが東京の理髪店第一号といわれている。

髪だけではない。旧武士は士族と名が変わったのに、まだ大小を腰にさして歩くものがいた。長年の習慣で、刀がないと腰がさびしいというのだが、これもしだいに流行らなくなり、明治九年の廃刀令で、このぶっそうな習慣もやがて影をひそめるようになる。ザンギリ頭にシャッポをかぶり、洋服に靴をはいてコウモリ傘を持って歩くのが時代の先端をゆくスタイルとなった。

明治五年、政府は文明国としての体面をつくろうため、違式詿違《かいい》条令を定めて裸で町を歩いたり立ち小便を禁止するなど、町なかの風俗取り締まりに乗り出した。いまの軽犯罪法のようなものである。

やがて町にはガス灯がともり、馬車が走り、牛鍋屋が繁盛しはじめるが、こうした文明開化の新風俗もたんに政府のかけ声に応じていきなり出てきたわけではないと思われる。近代化への胎動は、幕藩体制が揺らいでいた江戸末期から、すでに世の中に息づいていたのだ。

黒船来航以前から長崎の出島を通じて世界の情報ははいってきていた。身のまわりの生活物資から、科学、経済、社会制度から政治体制にいたるまで、近代化の波はいつのまにかしみこんできていたのである。まごまごしていると日本はその波に取り残されて、先進国の植民地にされてしまう恐れもあった。独自の江戸文化を育ててきた江戸っ子たちの旺盛な好奇心と、とかく新しもの好きで楽天的ともいえる気質が、そうした近代化の機運にピッタリだったにちがいない。幕府もなにがしか開化への対応策を準備してはいたのだろうが、うまくことが運ばないまま時代が変わってしまった、というのが実情だったと思う。そして、日本全体が新しい統一国家として生まれかわるには、やはり維新動乱というショック療法を経るほかはなかったのかもしれない。

人びとは明治維新の変革を、敬意をこめて「御一新」と呼んでいた。そこには、世の中の仕組みがまったく一新されるようになるだろう、という庶民の期待がこめられていたのである。

異人さんがやってきた

町にはそれまで見たこともないような西洋風の建築がポツポツ建ちはじめた。そのはじまりは外国人居留地だった。

幕府は外国貿易と海外情報の独占を目的に、開港後もなるべく外国人と日本人との接触を避けるため、すでに神戸や横浜の港の一画に外国人居留地を定めていた。長崎の出島の例にならったわけだ。このやりかたは明治政府にも受けつがれ、明治元年十一月、東京にも築地に居留地が開かれることになった。

居留地は周囲を堀でかこまれ、入船町、新栄町、新湊町、明石町にまたがる八万六千平方メートルもの敷地が充てられた。ここに各国の商館や宿舎があいついで開業し、運上所（税関）も置かれた。

築地はもともと江戸蘭学の発生地としてモダンな土地柄だった。福沢諭吉もはじめは鉄砲洲で英学塾を開き、これが慶応義塾の前身となった。築地にあった幕府の軍艦操練所（のちの海軍伝習所）一帯もひきつづき新政府の海軍用地となり、明治四年には海軍兵学寮が新築されている。現在の国立がんセンターの構内には「海軍兵学寮跡」の碑がある。

居留地には西洋館が立ち並び、日曜日ともなると教会から賛美歌が流れ、芝生では異人さんたちがスポーツにうち興じる姿が見られるようになった。ミッションスクー

築地居留地

ルや病院もあって、まるで東京のなかに小さな外国ができたようなあんばいだった。しかも、ここは治外法権だったので、たとえ外国人による犯罪が起きても日本の法律は及ばなかったのである。

居留地の近くの旧武家地跡には、外人客を当てこんだホテルや遊廓もつくられた。京都の島原から名をとった新島原遊廓は、居留地には遊廓が必要だ、という当時のきわめて日本的な発想から、政府がみずから計画してつくった施設である。いまの晴海通りの南の海辺には、居留地に隣接して旅館と貿易所をかねたホテルも開業している。

この築地ホテル館は、東京に建った初の本格的ホテルで、江戸ホテルとも呼ばれた。もともと幕府の計画によって前年

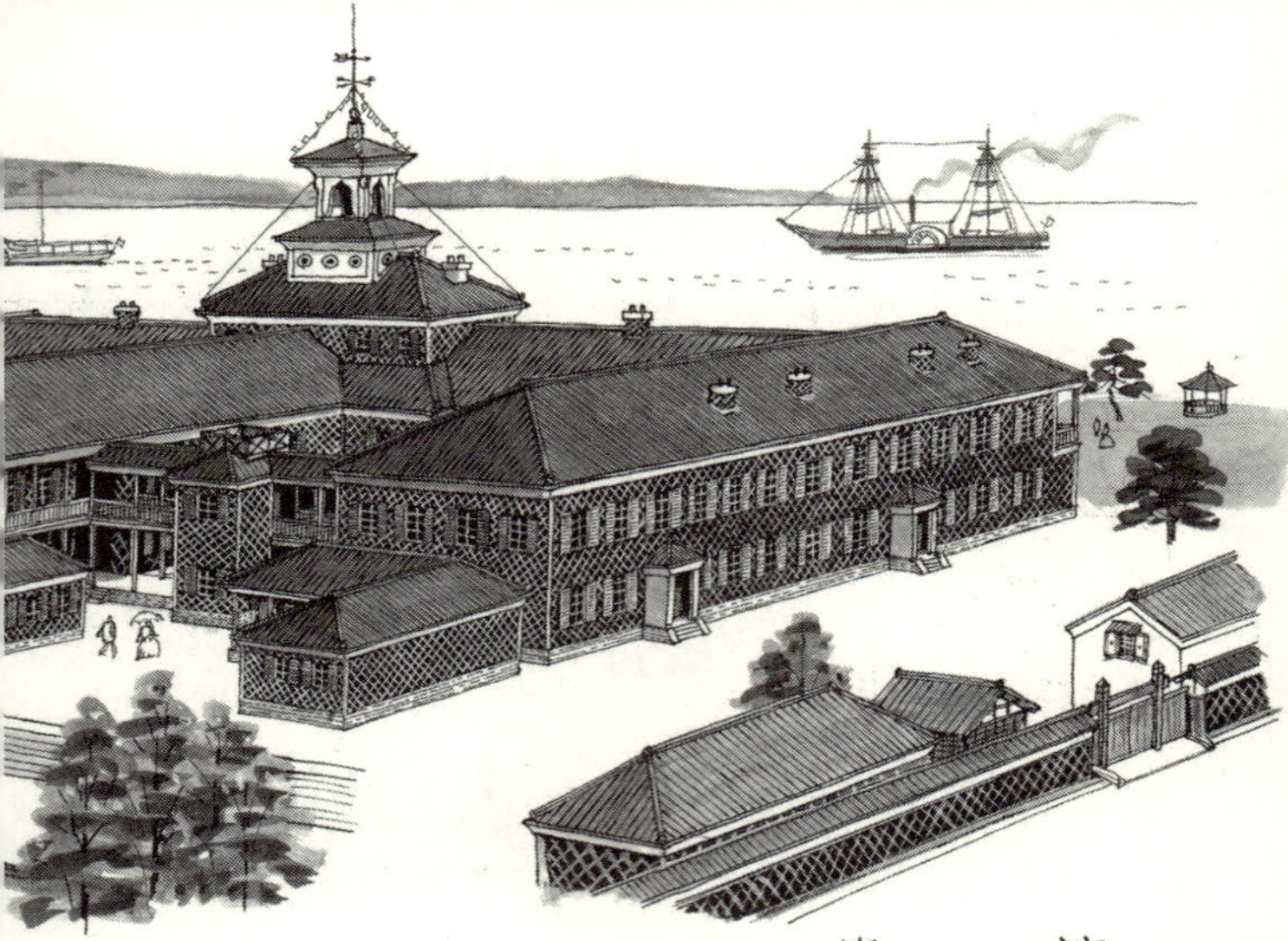

築地ホテル館

海軍兵学寮（明治4年）

に着工したのだが、そのまま明治政府に受けつがれ、明治元年十一月に完成した。工事を請け負ったのは江戸大工の棟梁二代目清水（屋）喜助である。喜助は江戸城西の丸御殿の普請や日光東照宮の修理にも参加し、すでに横浜で洋風建築を手がけた経験を持っていた。ホテル館の設計はアメリカ人ブリジェンスといわれているが、建材や工法は昔ながらの和風の技術にしたがわざるを得ず、けっきょく喜助の裁量に大部分がまかされたようである。

完成した築地ホテル館は、喜助自身の独自のデザインが人目をひいた。外観は土蔵のようななまこ壁で、これは海軍兵学寮の外観にもとりいれられている。屋根の中央にはお寺の鐘楼のような塔がそびえていた。塔への上り口には珍しい螺旋階段があった。和風とも洋風ともつかない、いかにも奇妙な建物だが、それなりに独特の雰囲気と個性的な表情を持っている。建物は間口七十六メートル、奥行き七十二メートル、塔の高さは二十八メートル、部屋数は百二室もあった。海側にはバルコニーをめぐらし、室内の壁は白漆喰塗りで、壁紙を貼った部屋もあった。また各所に暖炉が設けられ、黒漆喰の上には美しい蒔絵がほどこされていたという。

敷地は二万三千平方メートル以上もあり、海側は日本庭園になっていた。当時の絵を見ると、ホテルの正門は大名屋敷跡の長屋門だが、建物にはいる肝心の玄関がどこなのか、よくわからない。当初、海から上陸してはいるように計画されていたのが、外国人が海から直接上がることが禁止され、裏門だった長屋門が正門になったというから、その間の事情で入口の使い勝手がおかしくなったのだろう。ホテルなら当然レストランもあったはずなのに、厨房もどこにあったのかハッキリしない。

このホテル館は開業と同時に新名所として東京中の人気を集め、連日見物人が押しかけた。ホテル館を描いた錦絵は、百種類以上も売り出された。

しかし、築地居留地は横浜居留地に押されてあまり振るわなかったようだ。ホテル経営もはじめは半官半民の形で喜助自身が当たっていたが、思うようにはうまくいかなかったらしく、そうこうしているうちに明治五年の大火であっけなく焼失し、わずか三年あまりの短い歴史を閉じてしまった。

新島原も思ったほど繁盛せず、明治四年に廃止されてふつうの町家になって新富町と名が変わった。当時築地〜横浜間には蒸気船が就航していたが、鉄道が開通して横浜から日帰りできるようになると、居留地は貿易地というよりも教会や学校、病院などが集まる文教地区として知られるようになる。築地居留地は明治三十二年に廃止されるが、この町の持つエキゾチックなたたずまいはその後もながく市民に親しまれたのだった。

西洋長屋レンガ街

明治五年二月、和田倉門内の旧会津藩邸から出火した火災は、京橋、銀座、築地一帯を焼きつくした。築地ホテル館が焼けたのもこのときである。この火災をきっかけに東京を欧米並みの不燃都市に改造しようという動きが急になり、新橋から京橋にいたる銀座通り（そのころは両替町といった）とその一帯がモデル地区として選ばれることになった。東京における最初の都市計画である。

はじめの着想は東京府の案だったようだが、新国家の首都整備をめざす国家的事業ということで大蔵省が乗り出し実行に移すことになった。さすがに東京全域というわけにはいかないが、これが実現すると東京の新しい玄関口として計画中の新橋駅から、築地居留地、丸の内官庁街、江戸以来の繁華街日本橋方面へとつらなる町すじがいっきょに洋風化され、新時代の首都にふさわしく一新されることになるわけである。

　文明開化のシンボル銀座レンガ街の建設はこうして着手され、設計と工事の指導にはイギリス人ウォートルス（ウォータース）が当たることになった。ウォートルスは大蔵省関係の仕事を多く手がけていたお雇い外国人だったが、正規の建築家というわけではなく、当時の開発途上国をわたり歩いていた万能技術者のひとりだった。建築はもとより、土木、測量、機械の据え付けなど、あらゆる技術をこなす有能で重宝な人物だったようである。レンガ街の建設に当たっても、東京近辺ではまだ良質のレンガが生産できなかったので、みずから小

銀座レンガ街の建設がはじまった。

菅のレンガ工場に最新式のホフマン円形窯を建設して生産と指導をおこなっている。

　このとき銀座通りの焼け跡は、すべて東京府が強制的に買い上げて整地し、もとは六間しかなかった道幅は二十五間の大通りとして計画されたが、けっきょく十五間に決着した。中央八間を馬車道、左右をレンガや石敷きの歩道とし、松、桜、楓の並木を植えることにした。のちにこの並木はあまり長もちしないことがわかり柳に変えられている。現在でも銀座中央通りはこの時の十五間（約二十七メートル）の道幅のままである。中央の車道は、馬車が走りやすいように砕石をつき固めた簡易舗装がほどこされていた。横道は八間、裏道は六間とされた。建物はレンガと石を使った二階建て連屋（長屋）式で、アーケードのついたジョージアン様式で統一されていた。

　ところが政府がせっかく力をいれてつくったレンガ街も、はじめはほとんど入居申込者がいなかったようである。「レンガの家に住むと、青ぶくれになって死ぬ」という噂が立ったからだ。住み手のいないレンガ街は、縁日や大道芸人の興行師が臨時に借り受け、熊相撲や犬踊り、猿芝居、ろくろ首、のぞきからくりなどの見世物がにぎわうという珍奇な現象が目立ったらしい。

　レンガ街計画は首都の体裁を整えようとする政府の考えだけで進められ、いわば住民不在の地域開発だった。焼け残った家屋の強制立ち退きをはじめ、レンガ造のコスト高による家賃や払い下げ料の問題、日本の気候湿度にそぐわない設計の弱点、それに住み手の生活様式との食いちがいも目立った。ウォートルスの計画地域もはじめにくらべてかなり縮小された。当初は表通りを一等レンガ、裏通りを二等、三等としていたのが、そのうち裏通りには土蔵造りや塗り家造りも建てられるようになり、外まわりや内部も住み手が適当に日本風に改造する例が多かったようである。室内はうす暗くてなんとなく湿っぽく、あまり快適な住み心地とはいえなかった。

外観は一貫したデザインで統一されてはいたが、低い家

銀座レンガ街
朝野新聞は現在の銀座4丁目の和光の場所にあたる。

銀座レンガ街の店舗の内部
便所
台所
物置
六帖
店
入口
アーケード

並みがつらなっているだけで、変化にとぼしい文字どおりの西洋長屋だった。明治七年ごろには表通りがなんとか完成し、その年の暮れにはガスの街灯もついた。しかし資金難がつきまとい、明治十年ごろには全体の計画が打ち切られることになってしまった。

それでも完成してみれば、その当時としてはやはりなかなか立派な出来だというので大評判、もの珍しさに見物人も集まってくる。最初こそ借り手のなかったこの町にも、やがてハイカラな商店や新聞社、レストランなどがしだいに増え、明治十五年には鉄道馬車も開通して「文明開化の渡り廊下」などと呼ばれた。こうして「銀座通りを一目せずんば、いまだ東京の繁華を語るに足らざるなり」といわれ、かつて江戸いちばんの繁華街といわれた日本橋を追いこして、まさに文明開化のシンボルとなり、名実ともに東京一の、いや日本一のモダンな町としてにぎわいを見せるようになったわけである。

牛肉食わぬは開けぬやつ

古来、日本人は牛や豚などの獣肉を忌みきらって、食べる風習がなかった。しかし、ところによっては猪や鹿を食べていたらしく、江戸時代には「ももんじ屋」という店があって、猪や鹿の肉、つまりももんじを売っていた。

牛鍋屋

肉食の習慣を日本に持ちこんだのは、もちろん西洋人だった。そのため慶応元年に横浜に屠牛場ができ、三河の人中川嘉兵衛が元町で牛肉の販売をはじめ、翌年には江戸にも進出している。横浜ではすでにこれ以前から日本人向けに牛肉を鍋料理にして食べさせる「牛鍋屋」が出現しており、江戸でもややおくれて牛肉、牛鍋屋があちこちに開業しはじめる。いまのスキヤキのはじまりで、ミソ仕立てもあったらしい。

当時は牛肉を食べることを「薬食い」と称し、いわば健康栄養食品とされていたのである。明治になってこれが一般に流行するようになると「御養生牛肉」と赤く染め抜いた旗

上野精養軒は上野公園ができる前から開業していたがこの建物は明治9年ごろのもの
明治6年、采女《うねめ》町に開店した築地精養軒。

が牛肉屋の目じるしになった。これこそ文明開化の味だとばかりに新しもの好きの東京っ子たちが押しかけ、「牛肉食わぬは開けぬやつ」といわれたほどである。明治十年ごろには市内の牛鍋屋は五百軒以上にも及び、中にはチェーン店もあって、さしずめいまの外食産業のはしりといったところだろう。牛鍋屋の店先は、ステンドグラスを思わせる五色のガラス障子がランプの灯に映えて、町の風物を彩っていた。

いっぽう横浜では、本格的な西洋料理店も営業をはじめていた。東京では明治初年に神田に三河屋久兵衛が開業し、ついで明治五年には北村重威が馬場先門に西洋料理店を開いた。しかし開店したその日に明治五年の銀座大火

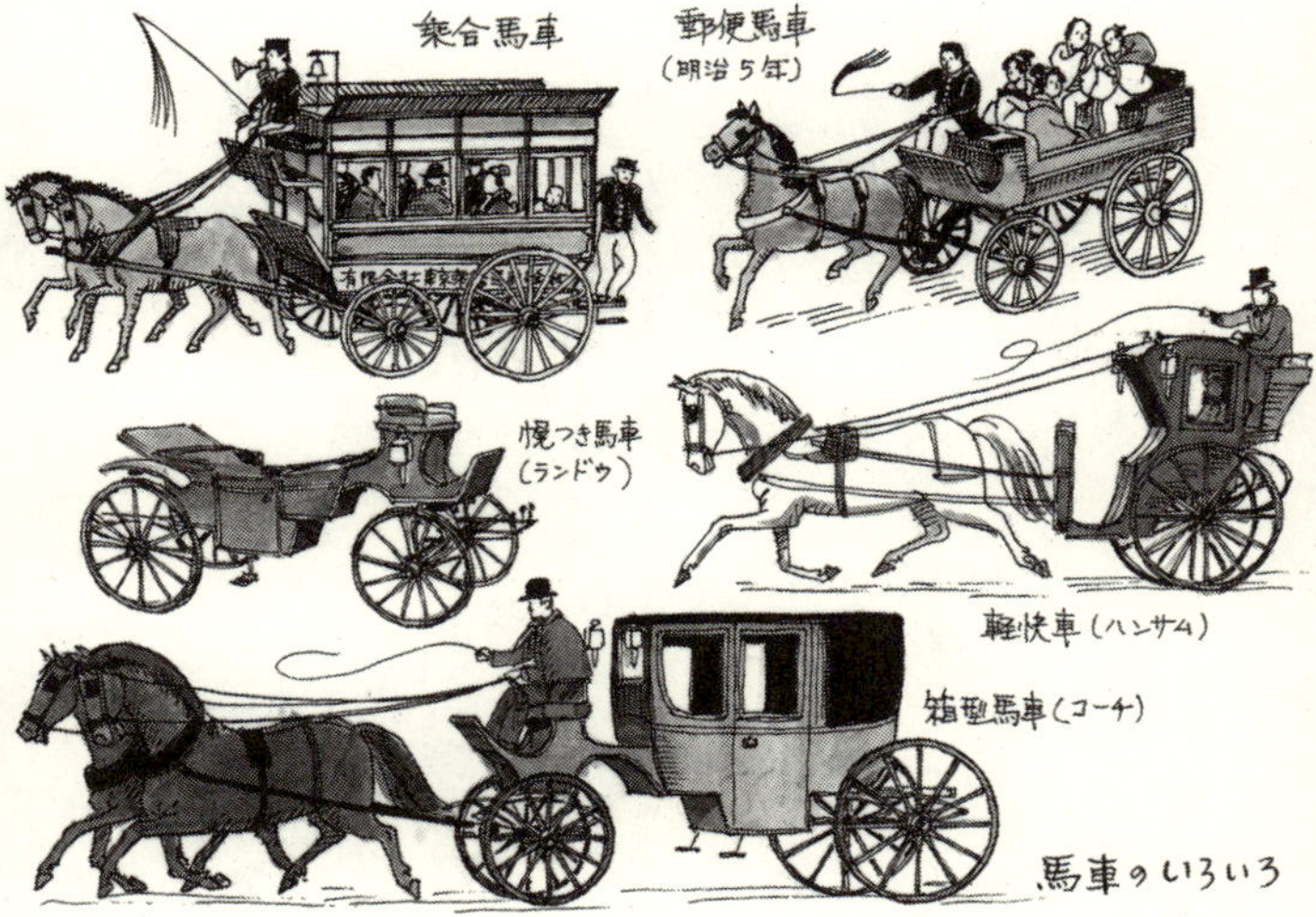

で焼けてしまい、翌年海軍用地を借りて京橋采女町《うねめちょう》にあらたに「築地精養軒」を開業している。北村は上野山内にも西洋料理店を開業した。これが「上野精養軒」である。京都出身の北村は岩倉具視らの官界にコネがあったらしく、いまでも不忍池を一望する最高の立地条件を占めている。

　牛鍋が庶民の味であったのに対し、西洋料理ははじめあまり人気がなかったようだ。しかし宮中で外国の王族や使臣らをもてなすのに、料理はすべてフランス式を採用することになったので、上流家庭のあいだにたちまち西洋料理の人気が高まり、料理店も繁盛するようになった。

　ミルク、バター、チーズ、パン、ア

イスクリーム、コーヒー、ラムネ、ビール……などの西洋食品も、幕末から明治初年に日本にはいってきていた。肉食や乳製品の需要を見こして酪農が奨励され、やがて東京のあちこちに乳牛牧場を経営するものが現れる。はじめは芝や麴町など都心部の武家屋敷跡に多かったようだが、やがては市街地周辺に移り、青山には開拓使のモデル農場も開設されている。開拓使は北海道を内国植民地として開拓する目的で明治初年に設けられた行政機関だが、経営はさして振るわず、明治十五年に廃止された。

明治二年ごろにはすでにパン屋が市内に開業しているが、パン食は脚気に効くといわれて繁盛するようになった。当時は脚気に悩む人が非常に多かったらしい。銀座に店を出した木村屋は、日本人の口に合うように米麴パンの中に餡を入れたアンパンを考案して人気商品になり、明治天皇もこれがお気に召して宮内省御用達となった。

アイスクリームがはじめて東京で売り出されたのは明治十一年のことである。凮月堂が製造販売したといわれているが、なかなか高価なぜいたく品だったようだ。前述の中川嘉兵衛は、函館五稜郭の天然氷を切り出して東京に運び、冷蔵用に使った。銀座の函館屋はこの氷を使って氷水を売り出したが、冷房などないころなので庶民にもおおいに喜ばれたのだった。

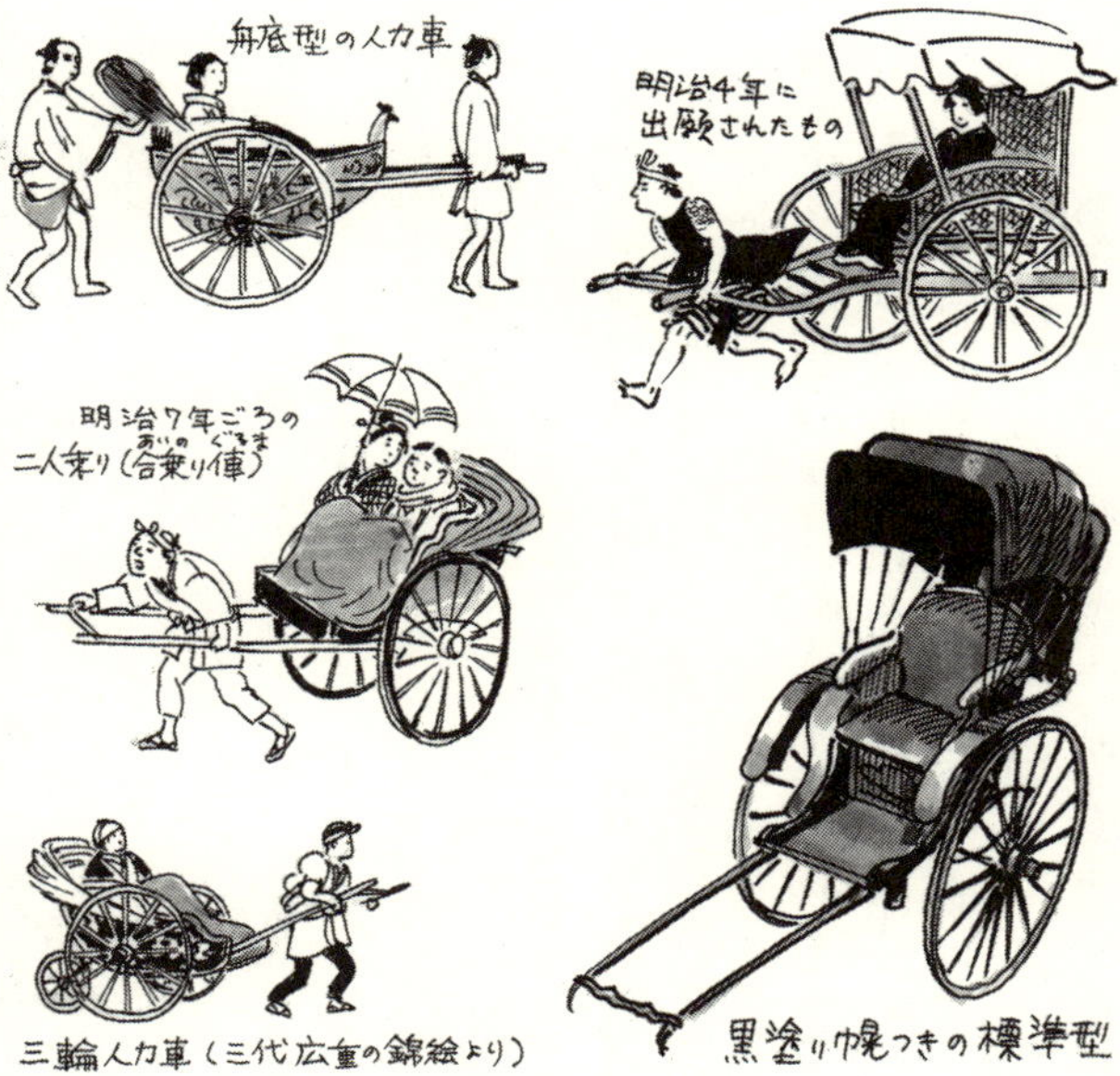

人力車のいろいろ

町にクルマが走りだす

それまではクルマと名のつくものはお上から制限され、せいぜい荷車や牛車ぐらいしかなかった。明治になってこの規制が緩和されると、たちまちクルマのついた乗り物が大流行となる。

まず西洋人が馬車を持ちこんで居留地を走らせ、そのスピードに人びとは目をみはった。これをまねて政府高官や実業家らも馬車を得意げに乗りまわすようになり、やがて民間でも商人馬車、荷馬車とともに乗合馬車（オムニバス）が登場する。

明治七年、下岡蓮杖《れんじょう》は横浜～東京間に京浜乗合馬車を開業したが、鉄道に押されてやがて廃業に追いこまれてしまう。しかし乗合馬車、通称ガタ馬車は東京市内では唯一の公共交通機関として発展し、各路線にトテトテとラッパの音をひびかせたのである。なかには二階建てというのも出現したが、当時の道路状況では危険のため一カ月で禁止になったという。鉄道馬車開通後もおもに都心から遠い地区では営業をつづけ、遠距離用とともに地方でも長いあいだおおいに活躍した。

咄家の橘家円太郎は寄席の高座にラッパを持ちこみ、乗合馬車の馬丁のまねをしたのがおおいに受けていちやく人気者になった。それ以来、乗合馬車のことを俗に「円太郎馬車」と呼ぶようになった。

しかし、それまでののんびりした徒歩中心の交通システムから、いっきょに馬車のスピードと重量にとってかわるには、かなり無理があったはずだ。だいいち舗装道路もなく、道幅も明治初年にはまだ江戸時代そのままだった。そんな道路状況に見あった軽量小型のシティ・コミューターとして登場したのが人力車である。人を乗せて人が曳くというのは、日本人の体質に合ったいかにも日本的なシステムといえるが、車輪による効率のよさは人件費も半分ですむし駕籠などの比ではない。これぞ文明開化の一大進歩だった。かくて人力車は発明以来五十年以上ものあいだ人びとの足として活躍し、日本最大の発明とさえいわれたのである。

明治三年に人力車の製造、営業を東京府に申請したのは、和泉要助、高山幸助、鈴木徳次郎の連名で、この三名の発明とされている。はじめは畳敷きの大八車の四隅に柱を立て天井を張ったぶかっこうなものだったようだが、しだいに改良されて軽くスマートになり、後年のような軽快なものにまで発展したのである。ひところは二人乗りの相乗り車も流行した。初期には車体に蒔絵の装飾をほどこし、花鳥、山水、美人画、武者絵など華麗をきそったものだそうだが、明治六年末以後はほとんど黒無地か紅無地のみになったという。

このころはまだ特許法がなかったので、和泉らの発明者としての利益は保護されなかったが、そのかわり彼らは車体製造と同時にタクシー営業を申請して許可され、発起人として営業権を独占することになった。人気に乗って営業希望者が多く、新規加入者には鑑札を発行することにした。

駅の広場や橋のたもとには辻車の溜まりがあって、ハッピにももひき、まんじゅう笠にわらじがけというスタイルの人力車夫がおおぜいたむろして客待ちをしていた。実業家や官吏、医者や政治家などはたいてい自家用のおかかえ車夫を雇っていた。「俥宿」はいまのハイヤー営業に当たるが、「朦朧《もうろう》」と呼ばれる流し営業専門のあやしげな車夫も多く、女性客には不当な料金をねだるなど、かつての雲助かご屋のような存在だった。運賃は一里（四キロ）が八銭ときまっていた。木製の車輪に鉄タイヤがはめられるようになったのは明治十六年ころからで、ガラガラと大きな音を立てて、「アラヨッ！」と威勢のいいかけ声を上げながら東京の町を駆けまわったのだった。ワイヤースポークにゴムタイヤの出現するのは、明治も末年のことである。

いずれにせよ人力車の普及は驚くべきもので、明治三十年代にはピークを迎え、東京だけで四万五千台、全国では二十万台以上に達し、さらに「リキシャ」と呼ばれて中国、東南アジアからインド、アフリカにまで輸出されている。その後、明治三十五年をピークに、鉄道馬車や市街電車などの交通機関の発達によってしだいに衰えてゆくが、それでも関東大震災までは全国で十万台の人力車が走っていたといわれる。

下谷の長明寺と青山の善光寺境内にはそれぞれ「人力車発明記念之碑」がある。

二　新しい国づくり

政府がつくった新工場

新しい国づくりを進めるためには、工業化政策つまり「殖産興業」を急がなければならなかった。民間資本の力がまだ弱かったので、政府はまずみずから大工場を建て、先進国から技術を導入して近代産業の育成をはかることになった。

たとえば当時の輸出産業の中心である生糸の生産と品質改良のため、明治五年には群馬県富岡町に世界でも有数の大規模な製糸工場がつくられた。工場の建物や機械の据え付けは、フランスの先進技術が導入され、フラン

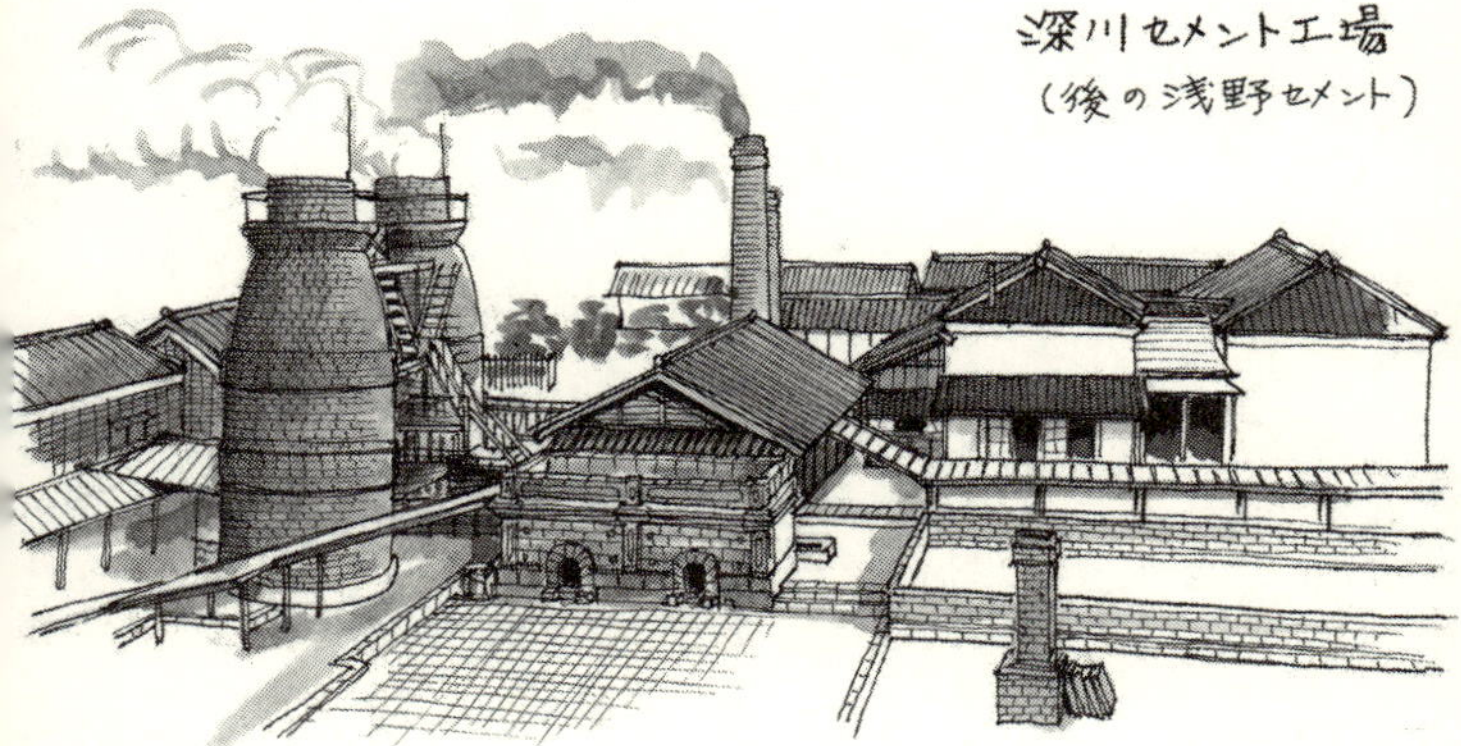

スから技師や女性指導員を招いて指導に当たらせている。絹織物は、当時アメリカやヨーロッパの女性たちの人気の的だったのである。こうして従来日本でおこなわれていた家内的な手作業の製糸産業は、大規模産業として量産方式を確立し、基幹輸出産業となったのである。各地方から集められた工女たちは、製糸技術を習得し、のちに故郷へ帰って指導的な立場についた。

東京では品川にガラス工場、赤羽に機械製作工場、深川にセメント工場が生まれ、それぞれ模範官営工場として政府の指導のもとに運営がおこなわれることになった。小石川の砲兵工廠や千住の製絨《せいじゅう》工場（軍服を作る工場）、石川島の造船所など、軍需工場の操業も開始された。いっぽう民間工場はまだ小規模だったが、三田や王子の製紙工場がいままでの和紙にかわる洋紙の需要にこたえるために生産を開始している。

これら産業の現場には多くの外国人技術者が参加して、建築や機械の据え付け、生産の指導に当たった。総計三千人以上ともいわれる彼ら「お雇い外国人」たちは、技術畑だけでなく政治、産業、科学や芸術など多方面の分野に活躍し、日本の近代化に大きな役割をはたしたのである。

紙幣寮製造所本館

東洋の辺境ともいえる島国に赴任してくるわけだから、その待遇も並ではなかった。総理大臣以上の給料が払われたという例も少なくなかったそうである。

しかしこうした模範官営工場は、さしたる経営利益を上げることができず、次第に安く民間に払い下げられるようになった。その後の鉄道、郵政、たばこなどの国営事業も、いわゆる親方日の丸式のお役所的体質から、規模ばかり大きくなっても必ずしも儲からなかった。この体質はけっきょく公益法人民営化が流行する現在まで引きずっているようである。

ところで、明治四年には新しい

貨幣制度が生まれて、江戸時代の両、分、朱にかわって、円、銭、厘という新貨幣単位が実施されることになった。それまでは幕府の定めた貨幣のほかに、諸藩がそれぞれの藩内で通用する各種の紙幣（藩札）を発行していたのである。政府は廃藩置県と同時にこれらの藩札を回収し、新しい政府紙幣を発行することにした。

この新貨製造のために、明治三年大阪天満に造幣寮がつくられ、翌年には東京の常盤橋内に紙幣寮（のちの大蔵省印刷局）が開設されることになった。当初は紙幣、切手、公債証書などの工芸印刷は外国に発注しなければならなかったのである。そんなことから外国製と思われる精巧な偽札事件が起きたりもしている。

明治八年、イタリアから銅版彫刻家キヨソーネを招いて銅版の図案と彫刻の指導に当たらせ、その技術は現行の紙幣にまで受けつがれている。翌九年には紙幣寮製造所の本館が竣工した。当時としてはなかなかモダンな建物で、明治政府の威信を示すシンボルのひとつともなった。かつて大手町逓信総合博物館があった大手町二丁目のあたりである。

キヨソーネは天皇をはじめ、大久保利通、西郷隆盛などの肖像も銅版画に描いている。明治天皇も西郷隆盛も写真嫌いだったらしく、この肖像画がのちまで写真の代わりに流布することになる。

海運橋の天守楼

為替金融業者の三井組は、旧幕政府の御用商人としてすでに大をなしていたが、金欠状態の明治新政府に対しても積極的にはたらきかけ、政権と密接な関係を維持しながら特権的な商業資本として拡大成長していった。

三井は早くから新時代に対応する近代的な銀行の創設を意図し、明治四年、日本橋兜町の海運橋ぎわにそのための新しい建築を着工する。この建物は三井ハウスと呼ばれ、築地ホテルでの実績を買われて清水喜助が設計と工事に当たった。喜助はホテルの経験をもとにさらに自分なりの意匠を凝らし、腕を振るったのである。

それにしても、この三井ハウスはなんとも不思議な建物だ。和洋折衷の五階建てで、二階正面にはバルコニーを設け、寺院を思わせる唐破風つきの大屋根、城郭の天守楼に匹敵する物見の塔など、あらゆる異質の要素を渾然一体にまとめ上げている。その手腕には、当時の人ならずともただ驚くほかはない。洋風建築にはじめて接した日本の大工たちが、自分たちの技術を使って、見よう見まねで作り出したこのような明治初年の建築を「擬洋風建築」といっている。当時の諸官庁などの多くがこのやりかたで建てられ、地方の役所や学校建築などにも大きな影響をあたえた。その集大成ともいうべき三井ハウスの自由奔放な造形性のもつバイタリティこそ、明治擬洋風建築の頂点をなすものといっていい。人びとはこの建物の異様な魅力に目をみはり、たちま

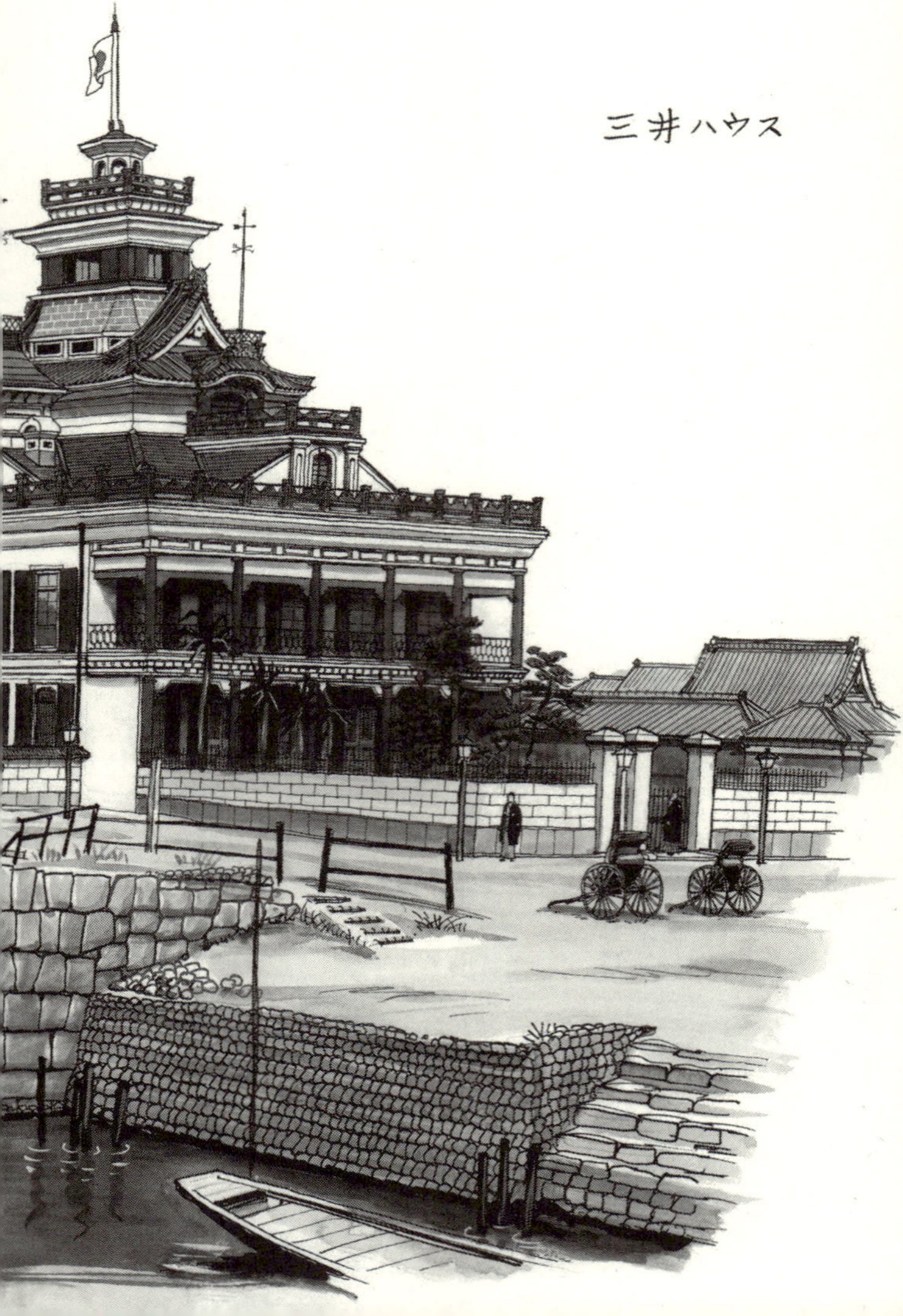

三井ハウス

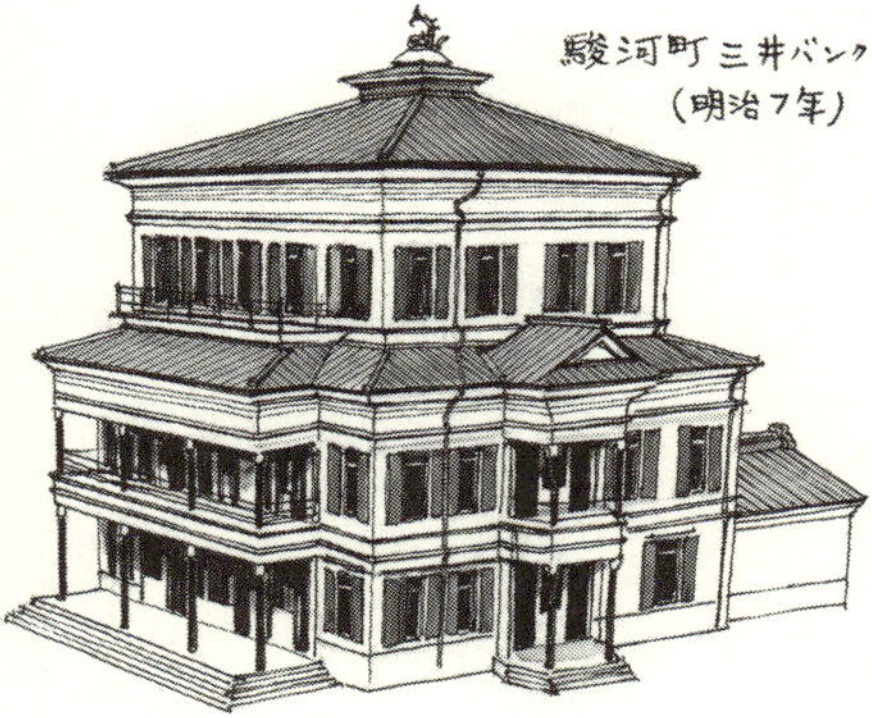
駿河町三井バンク
(明治7年)

海運橋

ち新名所として東京中の話題をさらったのだった。

後年、明治政府の要請によって東京の官庁計画を担当するために来日したドイツの建築家エンデは、三井ハウスの造形に一驚したそうだが、そういえばエンデ・ベックマン事務所による国会議事堂設計案のなかにも、まるで三井ハウスを思わせるような日本風ともいうべきデザインが見られる。おそらく喜助のデザインからヒントを得たものにちがいない。

さて、新しい制度と取り組むためには膨大な費用が必要だった。赤字財政に悩む政府は外国から巨額の資金を借り、また税制も整備していかなければならなかった。新政府は発足以来発行していた巨額の不換紙幣（金貨と引き換えできない紙幣）を整理するため、明治五年国立銀行条例を実施し、このため三井ハウスはこの六月完成と同時に政府にゆずられて、第一国立銀行となった。国立といっても国営の銀行という意味ではなく、アメリカのナショナルバンクの直訳で、国立銀行条例にしたがって渋沢栄一らが計画した銀行だ。後の日銀とは別物である。

国立銀行は銀行券と金貨を交換することになっていたのだが、紙幣価値が下がると資金繰りが困難になり、兌換《だかん》制度をあらためることで、なんとか持ち直した。以後全国的に多くの国立銀行が生まれ、明治十二年、最後の第百五十三銀行にいたるまでつづいた。

三井はその後ふたたび清水喜助によって日本橋駿河町に新三井ハウスを建て「為替バンク三井組」を開業するが、この建物のデザインには最初のものほどの迫力は見られないようだ。海運橋の第一国立銀行は明治三十年に取りこわされ二十五年の生涯を閉じている。

徴兵懲役一字のちがい

殖産興業に力をいれるいっぽう、明治政府は諸外国にならって強大な軍事力を目ざした。弱肉強食の世界情勢のなかにあって、富国と強兵は国家経営の車の両輪だったのである。

しかし、明治初年にはまだ国家直属の軍隊はなく、あいかわらず各藩がそれぞれ藩兵をかかえていた。これを解体して新しい兵制の確立を進めるとともに、直接には「廃藩置県」に対する士族の反発に備えるため、まず明治四年、薩長土の藩兵約一万人が、御親兵つまり朝廷の常備軍として東京に集められた。廃藩置県がスムーズにおこなわれたのは、この御親兵がにらみをきかせていたからだといわれている。その後、近衛兵と名をあらためて江戸城北の丸の清水、田安旧邸跡に駐屯した。

明治七年に完成したこの近衛歩兵営は竹橋陣営と呼ばれ、日本最初の時計台をそなえた大規模なレンガ造の洋風建築で太平洋戦争末期まで兵営として使われていたが、

陸軍の軍服
明治初年にはたびたび改正され、西南、日清、
日露戦役以後も変っていった。兵科、階級、季節、正略服によってそれぞれ多種多様である。

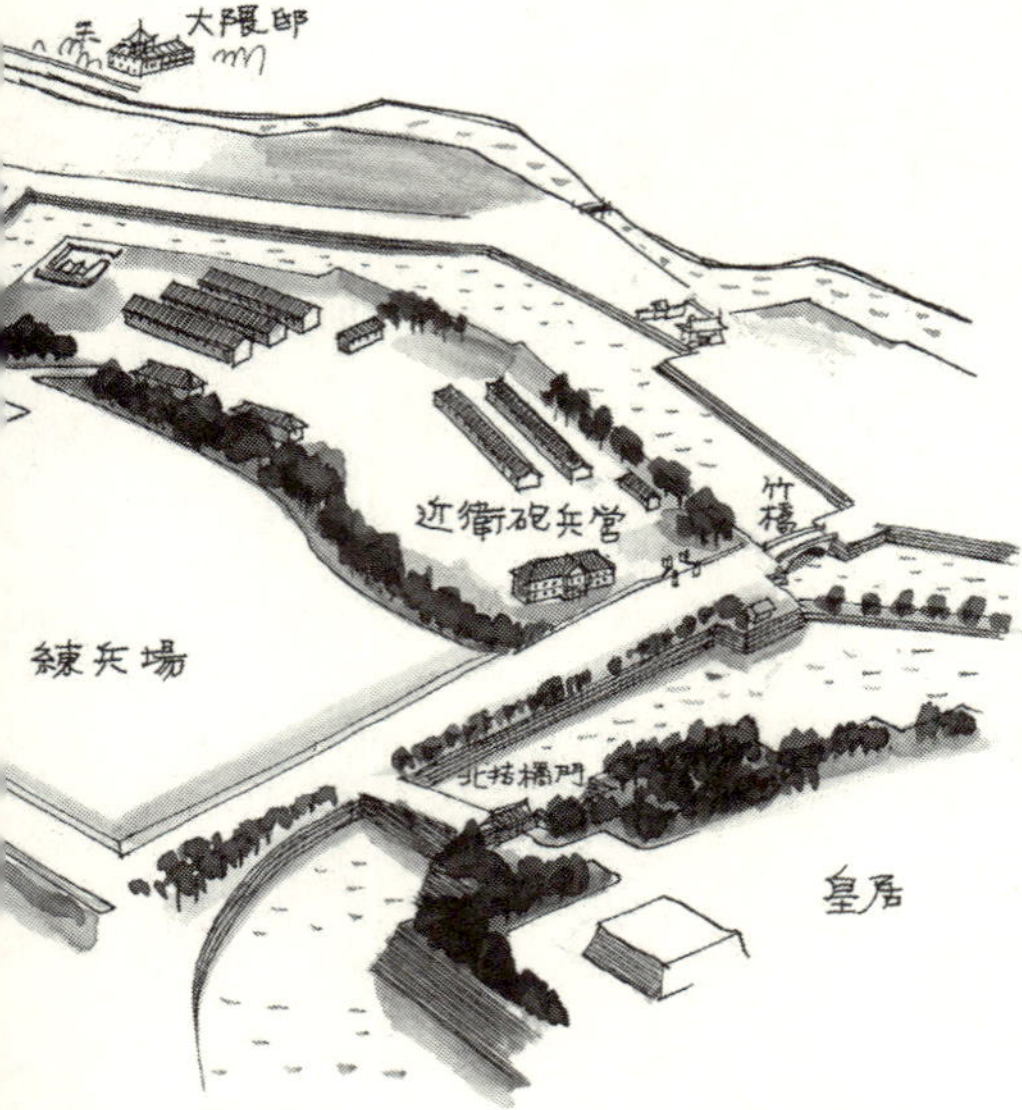

空襲によって焼失した。現在武道館のある皇居北の丸公園の敷地に当たっている。近衛兵団のほかに、東京、大阪、名古屋、広島、仙台、熊本には鎮台がおかれ、地方鎮守に当たった。

ところで、江戸時代までは戦場で戦うのは職業軍人である武士の役目だった。しかし明治になり士農工商の身分差別がなくなると、「国民皆兵」の原則が導入されることになる。明治六年「徴兵令」が定められ、士族ばかりでなく農工商の一般平民にも兵役の義務が負わされることになった。

とはいっても、官吏や高等教育を受けたもの、多額納税者、戸主

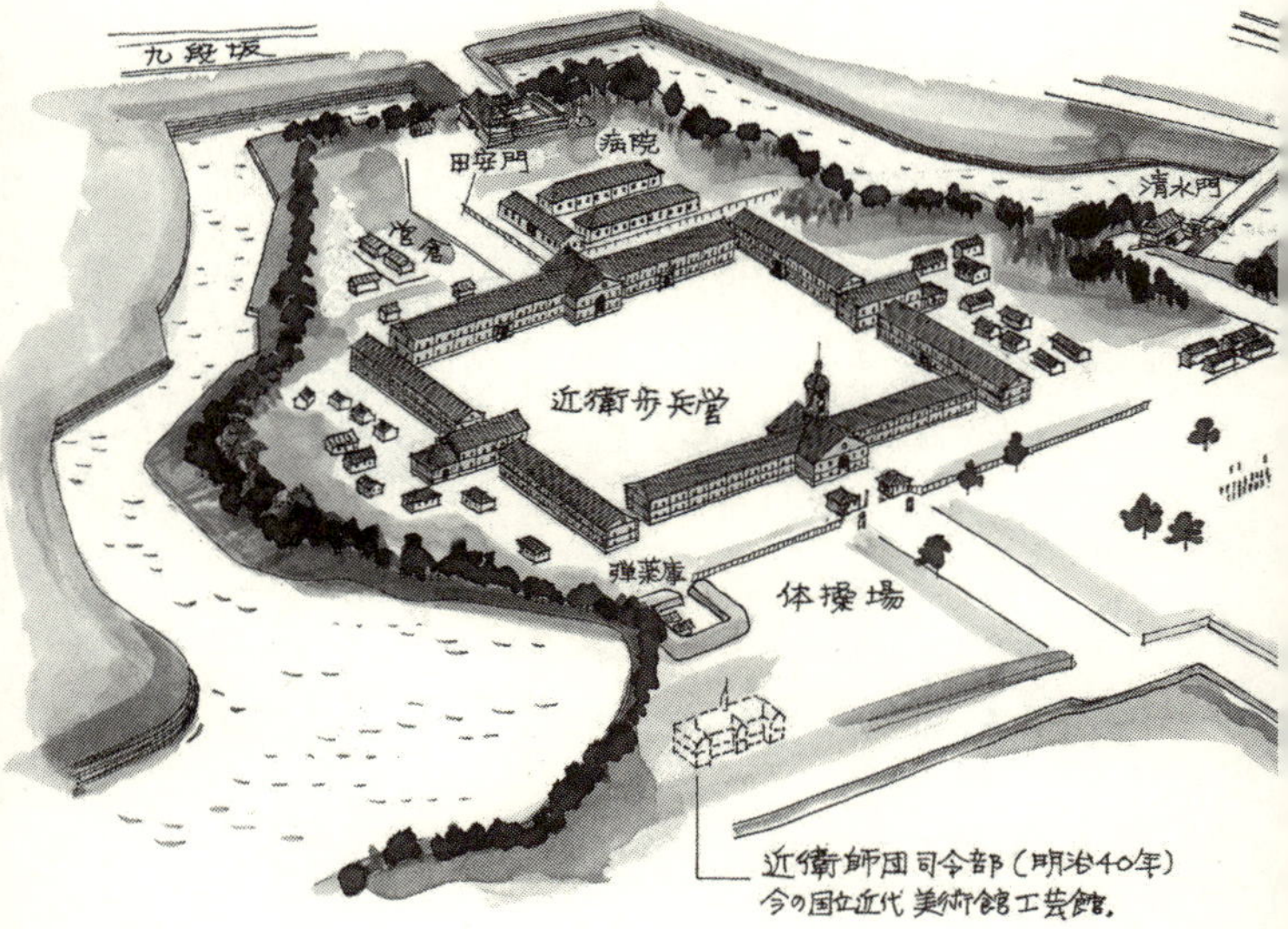

やその跡継ぎは兵役を免除されたので、けっきょく上流階級や金持ちは兵隊に取られずにすんだのである。当時は二百七十円を納めれば兵役免除になったそうだ。それにひきかえ一般庶民、とりわけ農民は働き手を三年間も兵役に取られるとなるとおおいに難渋した。そのため、徴兵反対の一揆が各地に起きている。庶民は皮肉をこめて「徴兵懲役一字のちがい、腰にサーベル鉄鎖」と歌い、なんとか徴兵をまぬがれようとあれこれ思案をめぐらせたのだった。

はじめは武士とちがって平民の軍隊では弱くて役に立たないのではないか、と危ぶまれていたのだが、近代的な装備訓練と物量作戦によって、明治十年（一八七七）の西南戦争では西郷隆盛のひきいる豪勇で知られた薩摩武士の反乱軍を打ち破るほどに成長していった。

ところがそのときの論功行賞の不満が爆発して、翌年近衛砲兵二百数十人が脱営反乱を起こし、隊長を殺し大隈重信邸に銃弾をぶちこんで天皇に直訴をくわだてるという事件が起きた。有名な「竹橋騒動」である。暴動はたちまち鎮圧され五十三名もの兵士が首謀者として銃殺刑に処せられてしまった。だが内乱を鎮圧する側が内乱を起こしたのだから政府はおおいに慌てて、報道管制とともに、軍隊内の規律管理をきびしくした。こうして日本の軍事力は、内乱鎮圧の目的だけでなく、やがては外国の軍隊にも対抗できるような強力な兵力に育っていくのである。

官員ポリスのなまずひげ

王政復古をスローガンにして生まれ出た新政府は、その機構も大化の改新当時にならって古めかしい太政官《だじょう》制にのっとっていた。しかし、その中身は王朝時代の復活をねがう公家と、あいかわらずの武家政治をねらう旧大名と、プロイセン型の近代政治をめざす開明派官僚たちが、たがいに牽制しあう奇妙な政治体制だった。旧大名屋敷をそのまま利用した各官庁には、衣冠束帯、チョン髷に大小、ザンギリに洋服といったさまざまの役人たちがいりまじって、それぞれの思惑であわただしく動きまわっていた。

当初は政府の組織が目まぐるしく変わり、まさに朝令暮改、いろいろ試行錯誤がくりかえされていたが、明治四年ごろには中央政府である太政官のもとに大蔵省、兵部省（後の陸、海軍省）、司法省、宮内省、外務省、工部省、文部省などが置かれ、明治六年に内務省が設置されて体制が整うにいたった。工部省は十八年に廃止され、逓信省と農商務省に受け継がれる。この間に政府部内では大久保利通、伊藤博文、大隈重信、井上馨らの開明派がどんどん実権をにぎるようになり、ほかの勢力は次第に影がうすくなっていった。

官吏、つまり政府の公務員は官員と呼ばれ、とくに薩、長、土、肥出身の士族らが幅をきかせていた。官員は国民の公僕というより反対に庶民を抑えつけ、いちだんと

大蔵省
明治5年ごろ
大手町に竣工

内務省
はじめ大蔵省と同居していたが、大蔵省の新築にともない、明治7年に本館を新築した。

元老院議事堂
（明治3年）

大審院（明治3年）
国会開設以前は国政は元老院と大審院で審議されていた。

警視庁（明治7年ごろ）
鍛冶橋門内。今の東海道線が走っているあたり。黒塗りの火の見櫓が立っていた。

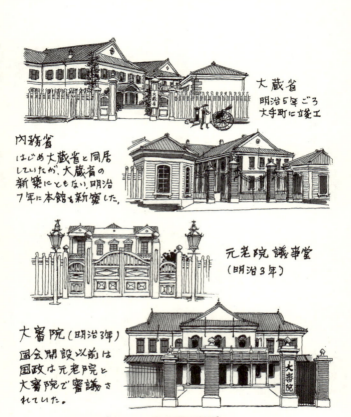

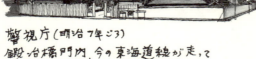

低く見る昔ながらの武士の気分が抜けないものが多かったようだ。彼らは庶民を威圧するような立派な髭を生やしていたので、通称「なまず」とかげ口をたたかれていた。下っぱの役人は「どじょう」といわれた。髭も西洋人をまねた新しい風俗で、江戸時代には一部をのぞいて禁止されていたのである。やがて、上級官員は空き地の広がる山の手に立派な邸宅をかまえ、洋服を着て馬車や人力車で役所に通うようになる。

ところで、新政府が江戸にできた当初は、幕府時代の統治機構をそのまま生かして、とりあえず南北の町奉行所に行政一般がまかされ、与力や同心が市中の保安に当たっていた。薩長の進駐軍がいきなり行政に当たると、市民の反発をまねく恐れがあったからだ。明治四年、政府は旧藩士から羅卒

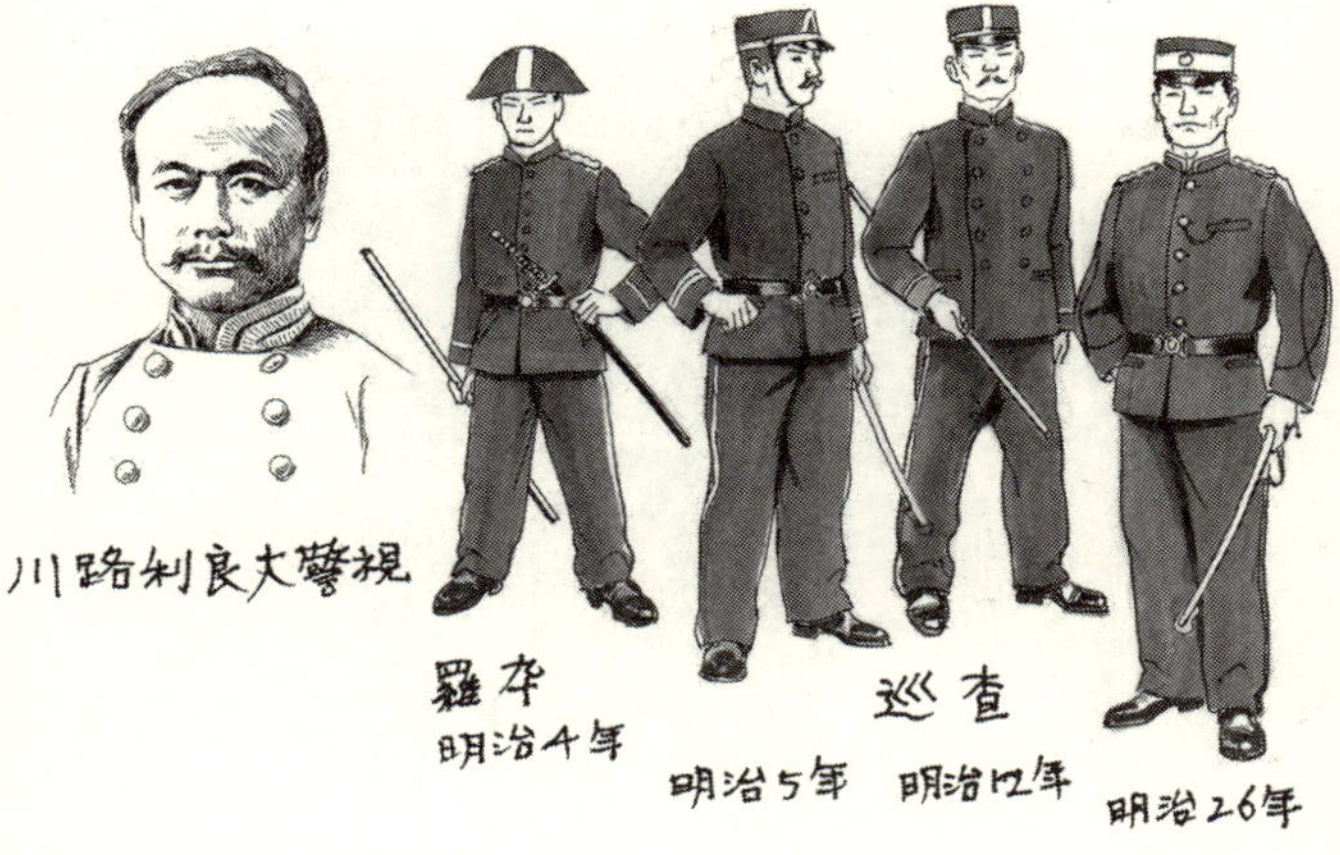

三千人を募集して市中の取り締まりに当たらせることにし、司法省警保寮の管轄下に置くが、さらに内務省が新設されると警保寮はその下に移されて明治三年あらたに警視庁が生まれ、羅卒は巡査と改められた。フランスにわたって、かねてからその警察機構を取りいれることを政府に進言していた川路利良《としよし》は、警視庁の発足とともにみずからその長官として大警視に就任する。

内務省の設置は、内治第一主義をとなえる大久保利通のかねてからの願いだった。彼はすぐれた政治力と信念を持ち、新国家経営のために権力を中央に集め、全国の行政を一手に取りしきるような機構をつくり出そうと考えていた。これはある意味で国家権力そのものといえるほどの強力な組織といっていい。

神田錦華小学校

明治六年内務省が発足すると、大久保自身がその長官（内務卿）におさまり、事実上の首相の地位についた。こうして内務省は川路のひきいる警察機構を組みこみ、太平洋戦争後に解体されるまで、その後の日本の政治体制のなかで隠然とした勢力を形づくってゆく。そのため「首都」東京もまた内務省の管理と支配の下に置かれ、つねにその束縛を受けてきた。知事も内務省によって任命され、市民の自治権はその後もながく制限されつづけたのである。

警察も庶民を抑えつける「お上」の気風が根強く、巡査は通称ポリスと呼ばれ、一般人を「オイ、コラッ」と呼びすてにして恐れられたのだった。

書生、書生と軽蔑するな

明治五年、フランスの制度を参考にして「学制」が定められた。小学校は義務教育となり、国家主導型の近代的な教育制度が生まれたのである。

江戸の町かたには庶民の教育機関として町内のコミュニティも兼ねた寺子屋がたくさんあったが、明治になってこれが私立小学校に組み替えられたところが多かった。明治の日本の初等教育の充実は、こうした寺子屋の存在に負うところが大きかったといわれている。義務教育とともに教育の機会均等をうたって身分や貧富の差なく画一的にアメリカ式の平等な教育がおこなわれることになったわけだが、公立小学校の月

開成学校（明治6年） 天皇の臨幸のもとに開校した。

東京大学法文科教室（明治17年） 設計 J.コンドル

東京医学校本館（重文）
明治9年、本郷の現東大構内
に建てられた。東大医学部の前身。
多少の変更を加えられて、小石川の
植物園内に移築現存。

学習院　明治10年、神田錦町に建てられた。

謝五十銭は、当時の庶民には大きな負担だったので、寺子屋と大差ないこれら私立の代用小学校に通う児童が多かったようである。子供を学校に通わせるといままでのように家業の手伝いがさせられなくなる、という不満を訴えるものもあった。

はじめは三〇%とそれほど高くなかった就学率も、教育費の国家補助法が生まれて、明治三十年代には七〇%、四十年代には九〇%を超えるようになる。小学校の教科書も検定制になり、三十六年には国定教科書に統一された。小学校の上には中学校や師範学校が設けられたが、学校として形の整うのは明治十年代以降で、全国的に一般化するのは、三十年代になってからのことである。

国家のエリートを養成する高等教育の場

としては、旧幕時代の教育機関を引きついで明治二年、大学南校《なんこう》と東校がつくられ、やがて開成学校、東京医学校と名前が変わり、外国人教師を多く雇って西欧式の進んだ学問をとりいれることになった。文部大臣森有礼《ありのり》の学制改革によって両校は明治十年に合併されて法、理、文、医学部からなる日本最初の総合大学に発展し、東京帝国大学となる。現在の東京大学である。また工部省の下には工部大学校があり、のちに東京帝国大学に合併されることになった。東京帝大の予備機関として大学予備門も同時に生まれている。明治十九年に第一高等中学となるが、これが旧制一高の前身で現在の東大教養学部である。

官立学校では、このほか師範学校、外国語学校、商業学校、商船学校、陸軍士官学校、海軍兵学校などが生まれて、国家有用の人材養成が期待されたのだった。

こうした官立の教育機関に対して、民間でも独自の私立学校が名乗りを上げる。その先駆けとなったのは福沢諭吉の慶応義塾である。安政五年（一八五八）鉄砲洲の中津藩邸内に開いた洋学塾をもとに、慶応四年（一八六八）芝新銭座《しばしんせんざ》に慶応義塾として発足し、明治四年（一八七一）現在の三田に移転している。彼の著書『西洋事情』や『学問のすすめ』は当時のベストセラーだった。京都の公家の教育機関だった学習院も東京に進出した。また築地居留地には多くのミッションスクールが生まれ、のちの立教大学や青山学院のもとを築いた。

明治十年代になると法律の専門学校が多く設立され、のちに法政、専修、明治、中央などの各大学に発展する。大隈重信が早稲田大学の前身、東京専門学校をつくったのは明治十五年のことである。私学は官学に対して在野精神にあふれ、代言人《だいげんにん》（弁護士）や新聞記者などを多く輩出した。

明治五年には湯島聖堂内に書籍館《しょじゃくかん》つまり図書館が開かれ、明治三十九年に上野に移って帝国図書館となった。最初の国立図書館である。この建物は現在国立国会図書館の上野支部を経て、国際子ども図書館となっている。

東京音楽学校（現東京芸術大学音楽部）の前身は明治十二年に設置された文部省の音楽取調掛《とりしらべがかり》である。明治二十三年に講堂兼ホールとして「奏楽堂」が建てられ、現在は上野公園内に移築されて国の重要文化財に指定されている。

工部美術学校はイタリアから教師を招いてつくった官立の洋画、彫刻の学校だったが、明治十六年に閉鎖され、二十年に図画取調掛から発展して東京美術学校（現・東京芸術大学美術部）が生まれた。当時、日本美術の芸術性に傾倒していたアメリカの哲学者アーネスト・フェノロサや岡倉天心が中心となり、洋画部はなく日本画部だけが設けられたのである。洋画科がやっと設置されたのは、明治二十九年のことである。

西洋画に対する関心は幕末以来もの珍しさもあってしだいに高まりつつあった。私費でヨーロッパへ渡って西洋画を習得するものもおり、彼らは帰朝後洋画塾をひらいて後進の指導にあたった。

学生のことを当時は書生といっていた。地方の士族の子弟たちは、新時代を迎え上京して学問をおさめ、政治家や官庁の役人になったり、あるいは実業界に進出して活躍することを夢見ていた。彼らの多くは「苦学力行」しながらも、なんとか社会の上層にはい上がって成功をおさめ名を成そうという「立身出世」の夢を追い求めたのだった。しかし、単なる個人的な出世のためというより、国を興すという大きな責任と名誉を感じていたものも少なくなかったようだ。酒を酌み、牛鍋をつつきながら天下国家を論じ、

「書生、書生と軽蔑するな、大臣参議ももと書生」

と高歌放吟するのが明治初年の書生風俗だった。彼らにとって東京は活力と自由にあふれた新天地であり青雲の都だったのだ。そのころの東京は「車夫と書生の町」といわれていた。人力車夫と書生がやたらに多かったからだ。本郷から神田界隈には下宿屋や書店が立ち並び、学生街として知られるようになっていった。

華族女学校（のちの女子学習院）、跡見女学校、竹橋女学校、駿台英和女学校、女子師範学校など女子教育も盛んとなったが、生徒は上流階級の良家の子女が大部分だった。町を行く女学生たちは髪にリボンをかざり、海老茶色の袴にこうもり傘を持って、当時の先端をゆく風俗となった。

国費や私費で海外へ留学するものもたくさんいた。明治三年、最初の国費留学生三十七名が選ばれ、翌年には岩倉具視一行の欧米視察団とともに五十九名が渡航している。そのなかにはまだ幼い少女たち五名もふくまれ、最初の女子留学生といわれている。最年少の津田梅子はわずか八歳だったが、帰国後女子英学塾（現・津田塾大学）の創始者となった。

留学生たちは先進の学問や技術を身につけるために必死に勉学にはげみ、帰国後は「洋行帰り」として各界の重要な役職や、指導的な地位につくものが多かった。

汽笛一声新橋を

ペリーが来日したとき、はじめて汽車の模型が将軍にプレゼントされたといわれているが、それから二十年もたって、明治二年に日本でもようやく鉄道建設案が決定した。

鉄道建設は大隈重信、伊藤博文ら開明派官僚が計画推進した一大国家的事業であった。産業輸送の必要から、近代的な交通、通信組織の整備は目下の急務だった。鉄道なくして文明国といえるか、というわけで、人びとに文明開化の実績を目のあたりに実感させるには鉄道がいちばんてっとりばやかったのである。

しかし、計画の実施にあたっては国内資金にはソッポを向かれ、技術的にも資金的にも先進国にたよらざるを得なかった。イギリス公使パークスの斡旋で、資金はイギリスのオリエンタル銀行から借り、また鉄道技術者エドワード・モレルはじめ、建設指導者や機関士らをイギリスから招き、機関車やレールなどの資材もイギリスから買いつけて、翌年からさっそく東京〜横浜、神戸〜大阪間の工事が着手されることになった。当時は石炭も国内産の流通機構がなく、イギリスから輸入しなければならなかったのである。線路の軌間はモレルの意見によって三フィート六インチ（一〇六七ミリ）の狭軌とし、のちのち日本の鉄道の標準軌間となった。モレルは慣れない国ではたらき過ぎたせいで結核をわずらい、鉄道の完成を待たず明治四年に東京で亡くなってしまった。

このような巨額の国費負担には政府部内の反対も多く、ことに西郷隆盛をトップとする陸軍（兵部省）の反対意見が強かったようだ。鉄道などより軍備拡充を先行すべし、というわけである。汽車の吐きだす煤煙や火の粉の煙害を心配する地元住民の反

第1号蒸気機関車

新橋ステーション　入口の庇《ひさし》は竣工後に追加された。
（明治5年）

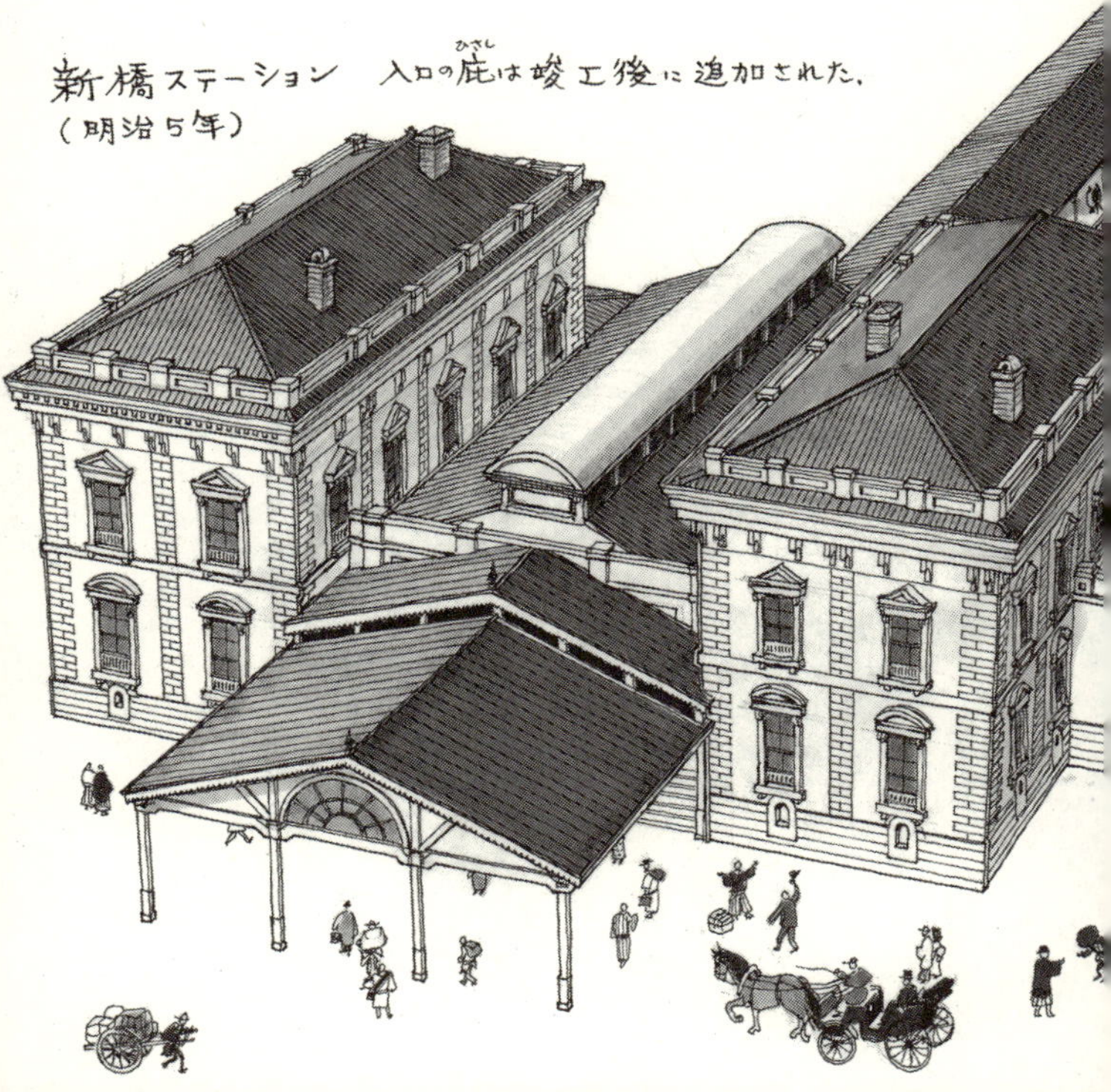

対も少なくなかった。

このため、高輪付近は用地の測量が妨害されけっきょくこのあたりは海上を埋め立てて土手を築き、ここに線路を走らせることになった。しかし、鉄道反対の急先鋒だった陸軍ものちの西南戦争の際の兵員や物資輸送の経験から、けっきょくは鉄道建設に積極的な立場をとるようになったらしい。

こうして、橋を架け山を崩し、入り江を埋

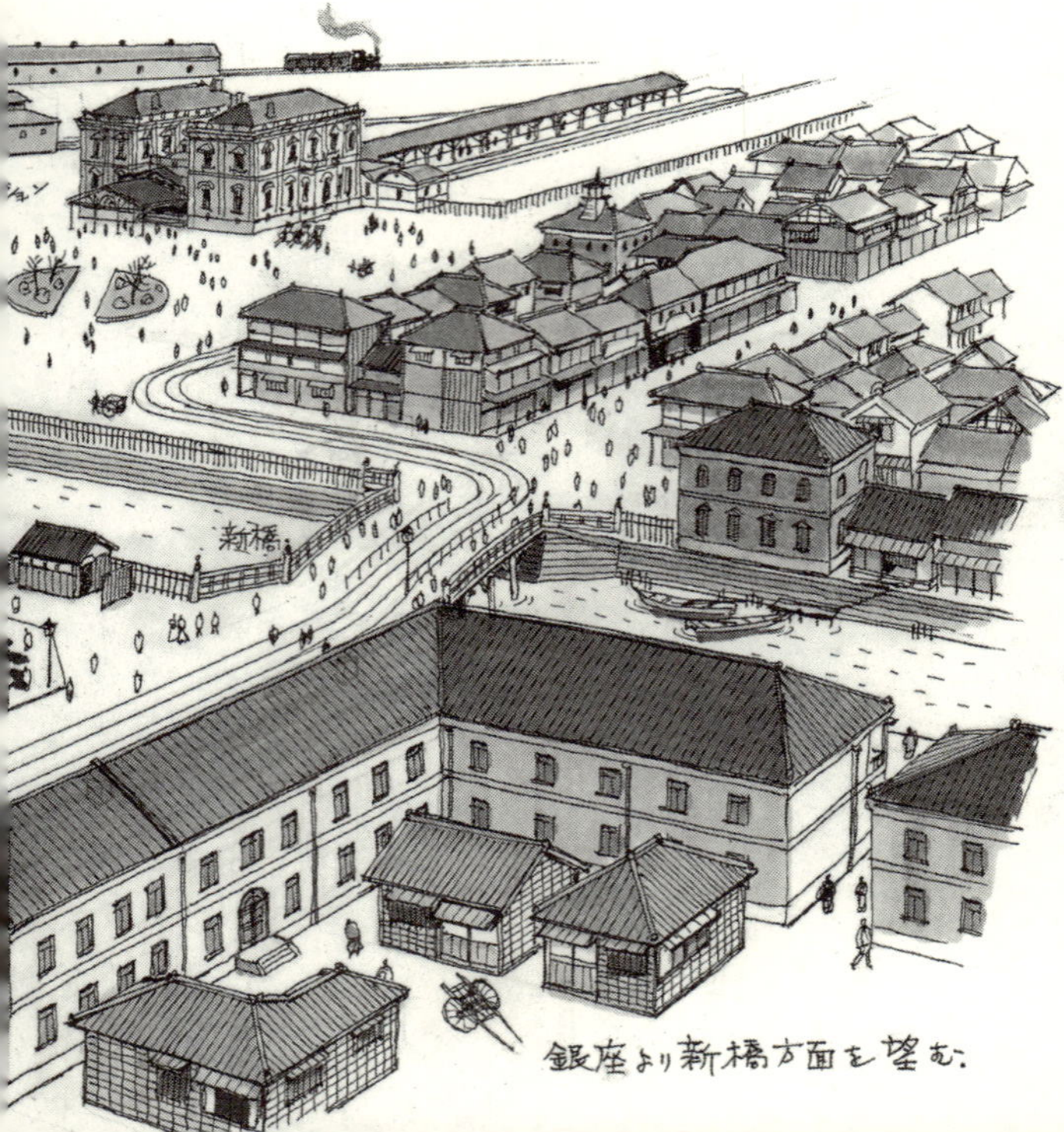

銀座より新橋方面を望む

め立てて、二年間の突貫工事の結果、明治五年（一八七二）五月には品川～横浜間が営業を始め、十月十四日には新橋～横浜間の鉄道開通式を迎えることができた。新装なった新橋ステーションの開場式は、式場に天皇の行幸をあおぎ、内外使臣の参列のもとにはなばなしくおこなわれた。にぎやかに飾りつけられた式場のそとには打ち上げ花火がとどろきたくさんの見物人がつ

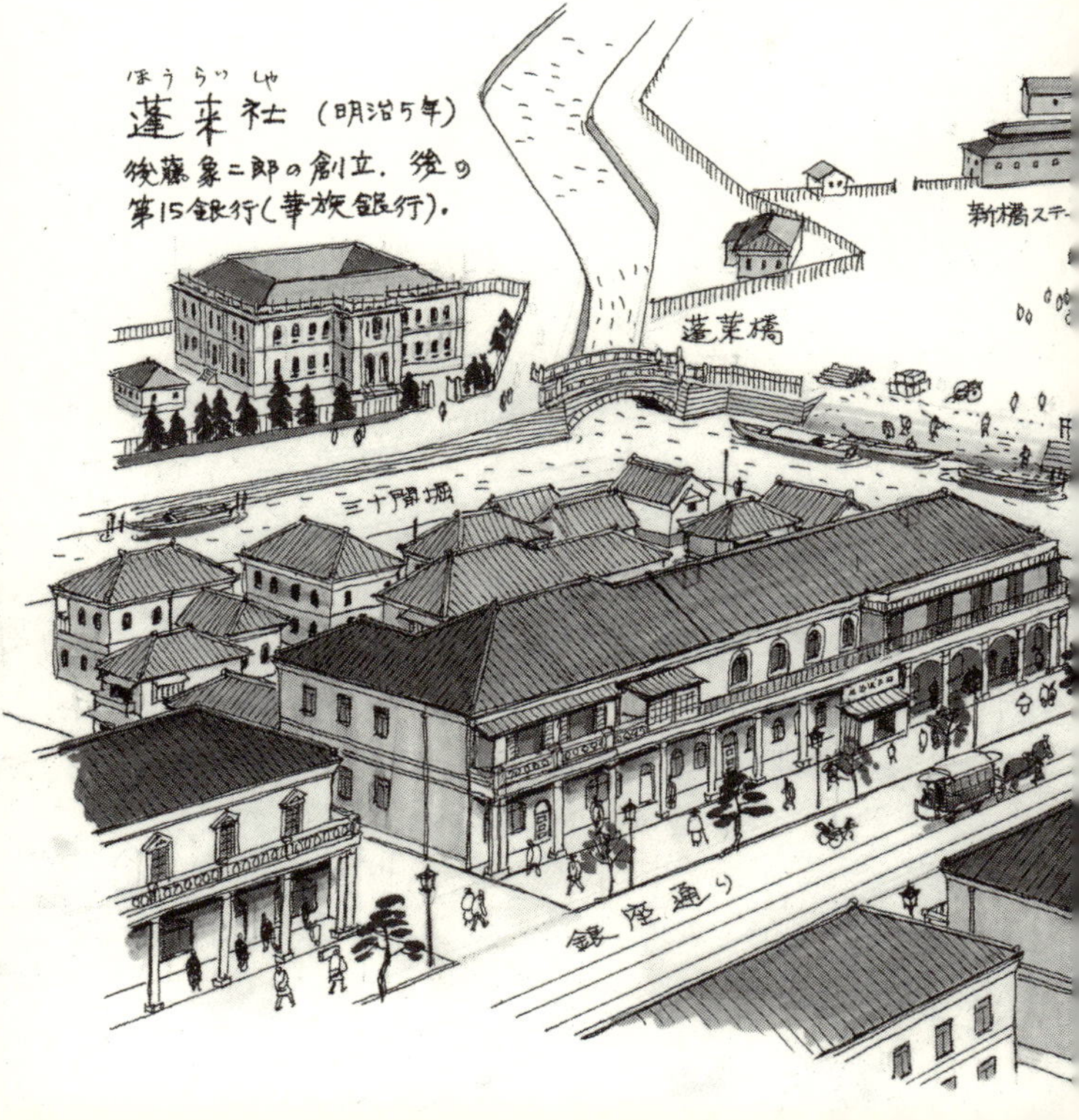

めかけた。

駅舎は築地ホテル館の建設にもたずさわったブリジェンスの設計だった。木骨に石貼りの二階建てで、文明開化の東京の玄関口に堂々とした偉容をかまえ、まさに近代日本の始発駅と呼ぶにふさわしい存在だった。横浜ステーションも新橋とまったく同じ建物がつくられた。現在汐留の跡地には新橋ステーションの駅舎が復元されている。

汽車は新橋〜横浜間二十九キロを五十三分で走った。当時の人びとは「陸蒸気《おかじょうき》」と呼んで珍しがり、

「恋の重荷を車に乗せて　胸で火をたく陸蒸気」

などと歌った。

乗客心得に「吸煙車以外は煙草を許さず」とあってトイレはなく、運賃は上等が片道一円五十銭、中等が一円、下等が五十銭と、米十キロ三十六銭という時代にはけっこう高かったようである。

日本の鉄道はイギリスで開始されてから四十二年後、世界ではトルコに次いで十六番目に当たっている。しかし、開業の翌年には乗降客百四十一万人を数え、明治七年には大阪〜神戸間、十年には京都〜大阪間、二十二年には新橋〜神戸間が開通するなど、その後の鉄道の発達には目ざましいものがあった。そのころ新橋〜神戸間は約二十時間かかったそうである。

切手に消印

銀座通りが洋風レンガ街としてようやく形をととのえだしたころ、日本橋から江戸橋界隈にもこれに呼応するかのようにぞくぞくと洋風建築が建ち並びはじめる。日本橋南橋詰めの電信支局、それに並んで四日市河岸の三菱倉庫（通称七つ倉）、江戸橋ぎわに四日市駅逓寮、そして海運橋をはさんでこれとあい対する第一国立銀行などである。しかしそれ以外は魚河岸はじめ江戸のころとちっとも変わっていなかったので「日本橋一里以内の文明開化」などとからかわれたらしい。

現在、昭和通りに面している日本橋郵便局の表玄関には「日本郵政発祥の地」の記念碑があるが、この場所がかつて駅逓寮の建っていた場所である。

江戸時代、手紙といえば民間の飛脚が一手に引き受けていた。明治三年、官庁の文書を各地に送る駅逓司《えきていし》が設けられ、前島密《ひそか》が駅逓権正《ごんのかみ》に任ぜられた。前島は越後の出身で、のちに幕臣の家を継いだが、薩摩藩とも接点を持ち、大久保利通に東京遷都を進言したといわれている。前島はかねてから外国の郵便制度に関心を持ち、近代的な郵便制度の設立を政府に進言していた。駅逓司が飛脚に支払う官庁文書の送り賃が、年間ばかにならない額に達していたのである。

しかし外国の郵便実務がどのようにおこなわれているのか、実際に見たことがないのでわからない。たとえば郵便切手は知っていたが、そのままではがしてまた何回

駅逓寮（明治7年）

も使われてしまう心配があった。

　ちょうどこのとき鉄道資金の交渉のため渡英する一行に前島も同行することになり、各国の郵政業務をくわしく見聞する機会にめぐまれた。先進各国では郵便が国営事業として整備され、郵便局やポスト、郵便馬車ばかりか郵便専用の汽車や汽船まであること、また郵便料金は全国どこへ送っても同額であることなどを知ることができた。いちど使った切手は、再使用を防ぐためスタンプで消印を押せばいいということも、やっとわかった。

　前島の熱心な調査のおかげで切手の使用法もわかり郵便受け箱（ポスト）を設け切手を売り出して、翌明治四年からいよいよ東京・京都・大阪間に郵便業務がスタートした。郵便という言葉も前島の造語だといわれている。当時の東京からの郵便物は、横浜は即日配達、

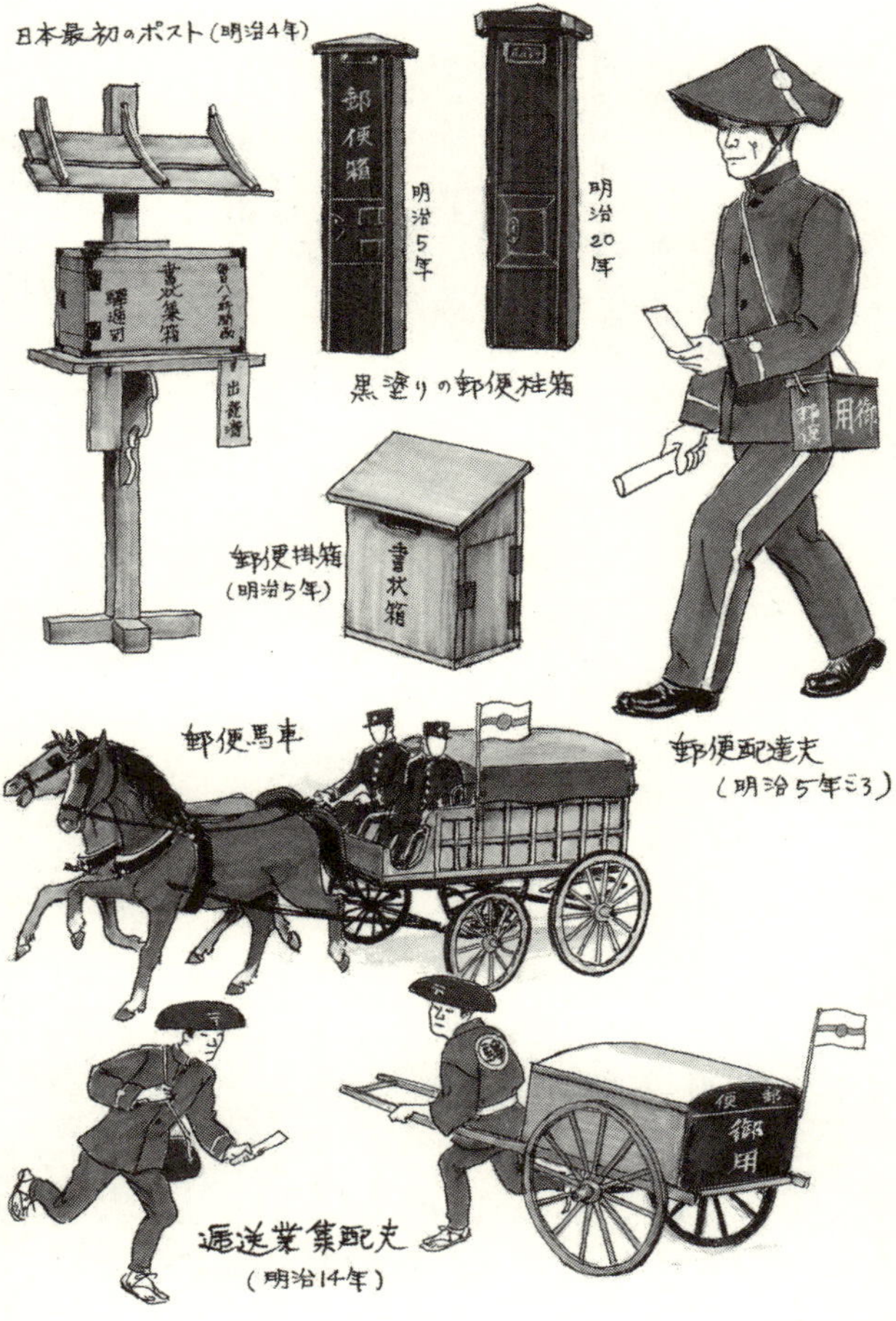

日本最初のポスト（明治4年）
書状集箱
駅逓司
郵便箱
明治5年
明治20年
黒塗りの郵便柱箱
郵便掛箱
（明治5年）
書状箱
郵便配達夫
（明治5年ごろ）
郵便馬車
逓送業集配夫
（明治14年）
郵便
御用

福岡、長崎は十日目、鹿児島へは十三日目にとどいたという。
前島は帰国後、駅逓頭《えきていのかみ》という後の郵政大臣に当たる職についた。駅逓司は駅逓寮とあらためられ、明治七年に庁舎が完成して東京郵便役所を併設した。いまでいえば郵政事業（逓信省、郵政公社をへて現在は日本郵便となった）と中央郵便局をいっしょにしたような施設である。明治八年には外国郵便も開業し、こうして日本の郵便制度は急速に発展をとげることになった。駅逓寮はのちに逓信省とあらためられて木挽町の新庁舎に移り、四日市駅逓寮の建物は明治二十五年に建てかえられて東京郵便電信局となった。

前島は日本郵便制度の父として後世に名を残したが、この制度ができていちばん困ったのはいままでの飛脚たちだった。前島は彼らの代表と話しあって、失業した飛脚を優先的に郵便配達夫に採用し、いっぽう内国通運会社を設立させて郵便貨物の運送業務をまかせたりしている。これがいまの日本通運のはじまりで、伝馬制度にかわって国内貨物の輸送に役立つようになったのである。

逓信省（明治18年）

このあと明治42年にはさらに巨大なレンガ造の庁舎を建てている。

郵便とともに明治二年には早くも電信業務も開始された。まず横浜で実地試験の結果、よい成果を得たので、さっそく横浜と東京に電信局を設けてその間三十キロあまりの距離に電柱を立て、電線を架設した。

人びとは電線を伝わって手紙が送られてくると聞いてびっくりした。手紙が通るところをひとめ見ようと、電信柱の下にむしろを敷いて弁当持ちで坐りこむものもいる始末。小包や手紙を電線にぶら下げて、あて先までとどけてもらおうとしたものもいたそうだ。とにかく電信は「針金だより」と呼ばれて珍しがられた。電線や電柱にいたずらするものを見まわる役人も必要だった。黒塗りの陣笠姿で馬に乗り、長い竿をかついだ供の者をしたがえ、電線にひっかかった凧などを取りはずさせたりした。電信はテレガラフと呼ばれ、

「海山へだてて暮らしていても、心は切れないテレガラフ」

と歌われた。

電話が発明されたのは明治九年、その翌年には早くも日本に輸入されている。はじめは官庁間だけに使用されていたが、明治二十三年からは一般用が認可され、三十三年には上野と新橋の駅構内に最初の公衆電話が設置された。そのころは自働電話と呼ばれており、街頭に電話ボックスが設けられたのはその翌年といわれている。

三　町の施設

鉄道馬車は市民の足

新しい都市公共交通機関として新橋〜日本橋間に鉄道馬車が開通したのは、明治十五年（一八八二）六月のことである。砂塵を上げて走るそれまでの乗合馬車にかわって、鉄道つまり大通りの真ん中に敷かれた二本のレールの上を、二頭立ての馬に曳かせる箱馬車である。車体はイギリス製が使われ、二、三十人ほどの乗客を乗せることができた。深紅の車体に真っ赤なシートの大型馬車が走るその目新しさは、それまでの円太郎馬車の存在をいともみすぼらしく感じさせたようである。人びとはわざわざレンガ街まで見物に出かけ、用もないのに乗車しては悦にいるものさえ現れたりした。しかし鉄道馬車の出現に脅威を感じたのは人力車夫だった。車夫たちを組織して「車《しゃ》会党《かいとう》」をつくり反対運動を起こしたものもいたが、けっきょくは両者は併存して利用された。

鉄道馬車はほどなく浅草から品川まで路線を延ばし、新橋〜上野間から順次複線化

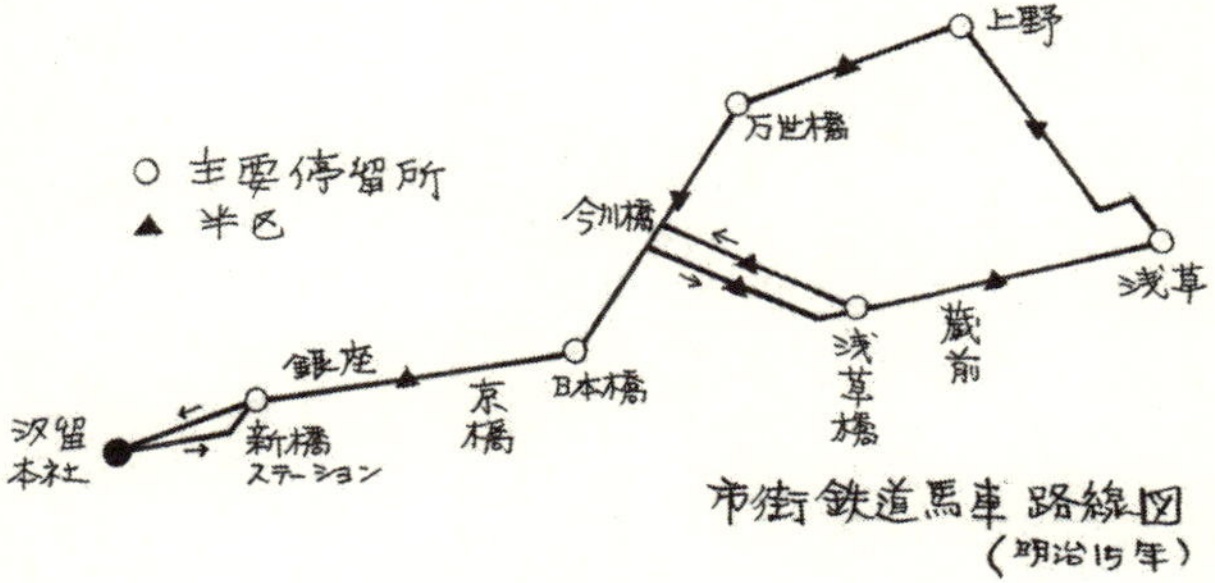

の工事も進んだ。沿線各所には乗降客のための停留所が設けられ、以後市街電車が開通するまでの約二十年間、東京市民の足として親しまれたのである。

路線は順調に延び、十月には日本橋から万世橋を経て上野広小路へ、さらに浅草の雷門から蔵前通りに線路が敷かれ、あらたに架けかえられた浅草橋から今川橋へもどる全線が開通した。全線で一日約三十台の馬車が稼働し、二百頭以上の馬が使われていたという。

東京にはいまも一部に都電が走っているが、この軌間は四フィート六インチ（一三七二ミリ）という特殊なもので、この明治の鉄道馬車の軌間をそのまま受けついだ世界でも珍しいものだといわれている。現在も都電荒川線以外に東急世田谷線、函館市電などに使われている。

行く先を示す赤や青のランプをともし、ラッパにかわってリンリンと鈴を鳴らし、レールをきしませてメインストリートを行き交う鉄道馬車の姿は、東京にまたひとつ文明開化のシンボルをもたらし、明治二十年代の東京を代表する風物となった。時速八キロメートルほどのスピードで新橋〜日本橋間を十四分で走った。しかし凹型断面のレールだったので土砂がたまりやすく、人力車夫らの妨害もあって、カーブではよく脱線し、そのたびに乗客は降りて車台をレールに戻すのを手伝ったり歩いたりしなければならなかった。また馬のまき散らす糞尿の臭いには、乗客も沿線の人たちもおおいに閉口したようだ。いまの東京では考えられない風景である。

鉄道馬車の運賃は区間制で、たとえば新橋から日本橋までが一区間、日本橋から上野までが一区間、さらに雷門までが一区間である。開業当時は一区間一等三銭だったが、一年後には二銭に値下げされた。

こうした新しい陸上交通機関に対して、水運はまだまだ東京の重要な交通手段となっていた。とくに隅田川はメインの交通路で、江戸以来の渡し船も各所にあった。手こぎの渡し船に対して蒸気船が就航したのは明治十八年、吾妻橋が洪水で流失し、かわりに蒸気船を使って臨時に浅草〜本所間（一説に浅草〜京橋区湊橋間）を運航し

通運丸（内国通運会社）

隅田川の一銭蒸気

たのが最初といわれている。やがて吾妻橋〜永代橋間の定期運行が開始され、料金は一区一銭だったので一銭蒸気と呼ばれて最盛期には年間二百万人の乗客を運んだ。

　またこれとは別に、明治十年には両国や蠣殻町を起点に、小名木川から行徳や利根川方面に通う長距離用の大型外輪船「通運丸」が内国通運会社の経営によって就航している。現在の水上バスの元祖である。

　これらの船は、陸蒸気に対して川蒸気とかポンポン蒸気と呼ばれてながく市民に親しまれ、現在の観光用水上バスに受けつがれている。佃の渡しは大正時代には蒸気船になった。

時計台の鐘が鳴る

明治五年の年の暮れは、まことに珍妙なことになった。というのは、政令によっていままでの大陰暦（旧暦）にかわり、あらたに太陽暦（新暦）が採用されることになったからである。おかげで十二月はたったの二日で終わり、翌三日はもう明治六年一月元旦ということになってしまったのだ。このためお役所で支払うサラリーが一カ月分助かったそうだ。

だが突然の正月の支度で市民はまごまごするばかり。それだけでなく、お節句やお月見などの年中行事もすべて新暦になったのでどうも季節感が合わない。農家ではその後もあいかわらず旧暦を使うところが多く、公式に旧暦が廃止されるのは明治四十二年になってからである。

明治九年には曜日制もきまった。明治の直前から「一六ぞんたく（ドンタク）」といって、十日のうち一の日と六の日の二日を休日と定めていたのが、今度は西洋風に日曜日が休みで、土曜日を半休《ハンドン》にすることになったのである。

太陽暦の採用とともに時制も変わり、一日を二十四時間とする定時法がおこなわれるようになる。市民に正しい時刻を知らせるため、江戸の時の鐘にかわって陸軍砲兵連隊の号砲係によって毎日正午に皇居本丸の砲台から空砲が鳴らされた。これを午砲といい、人びとには「ドン」という名で親しまれた。ドンが鳴ると「さて、お昼にし

通称「八官町の大時計」
と呼ばれて銀座の名物
だった。元日航ホテルの場所。

時計商 小林傳次郎本店
(明治9年)

ようか……」というあんばいだったのである。ドンは明治四年から昭和四年まで五十八年間もつづいた。この大砲は現在小金井の江戸東京たてもの園内に保存されている。

時刻を知らせるもう一つの施設が時計台である。時計台とか時計塔というと、なんとなくロマンチックな感じがするが、このころにはじまった流行なのである。

まず明治四年の竹橋陣営の時計台にはじまり、虎ノ門の工部大学校、四日市駅逓寮など、おもに官庁や学校などに設けられた。市中でも時計台を持つ商店が人目をひくようになり、それまでの浅草寺

竹橋陣営（近衛歩兵営）
明治7年

虎の門 工部大学校生徒館
（明治6年）今の文科省のあたり。

京屋時計店 銀座支店（明治9年）
今の銀座松屋デパートの隣り。

や上野寛永寺の時の鐘に対して、西洋風の鐘の音色を東京の町に響かせはじめた。時計台建築の流行は、目に見える宣伝効果をねらって時計店や勧工場（名店街）をはじめ吉原や洲崎の妓楼にまで及ぶようになった。文明開化のランドマークとして町の風物を彩ると同時に、新時代の時の流れを人びとの目に焼きつけたのである。

　各家庭にも時計が普及しはじめ、柱時計のチクタクと時をきざむ音と、ボーン、ボーンと時刻を打つ音が家のなかに響きわたった。懐中時計は袖時計などとも呼ばれ、上流紳士のステイタスシンボルだった。長い銀鎖をつけて和服の帯からぶら下げたり、襟にかけたりしたようだが、なんといっても洋服のチョッキのポケットに入れ、鎖を垂らしたスタイルがハイカラだった。

江戸時代までの不定時法では、さほど正確な時刻を知る必要はなかった。太陽の高さでだいたいの時を知れば用が足りたのである。時計の出現とともに、一日二十四時間を分秒きざみで有効に使わねばならない、という考えが生まれたことは、ある意味では現代人の不幸のはじまりといえるかもしれない。「時は金なり」という考えが近代化の第一歩とされたのである。そして、

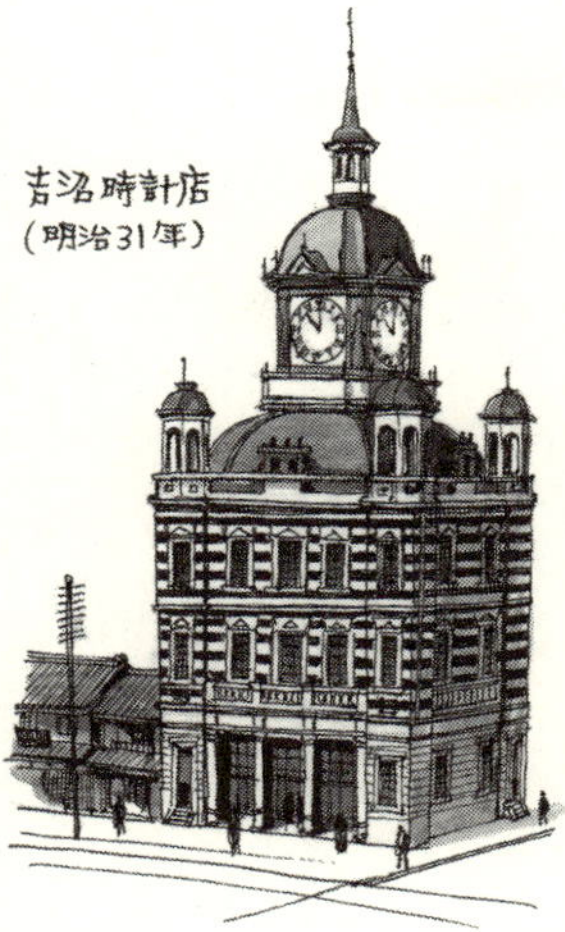

吉沼時計店
（明治31年）

「時計のはりのたえまなく　めぐる
がごとくときのまも光《ひ》陰《かげ》惜しみては
げみなば　いかなる業かならざらん」
（「金剛石」明治二十年）

という皇后作詞の文部省唱歌によって国民も勉学や仕事に精を出さなければいけない、といやおうなしに教えこまれたわけである。

柱時計も懐中時計も明治以前から

輸入されていたのだが、昔の日本時刻と西洋式の時間とを換算するのが面倒なので、ごく一部の大名屋敷などで置き時計が使われたにすぎなかった。明治になっても一般の庶民にはとても高価で手が出なかったようだ。しかし、時計の需要はその後おおいに伸び、それまで輸入に頼っていたのが、やっと国産化にこぎつけるのは明治二十年代のことだ。明治二十五年には本所石原に精工舎が生まれた。現在のセイコーのはじまりである。

博覧会は花ざかり

十九世紀は博覧会の世紀ともいわれている。博覧会は国内産業育成のために、十八世紀ごろからヨーロッパ各国で開かれるようになり、ナポレオン三世などもさかんに奨励したといわれている。そしてさらに国際的な形に発展するのは、産業革命のいちおうの完成を見る十九世紀半ばで、これが万国博覧会のはじまりである。

一八五一年ロンドン万博、一八五五年パリ万博（日本も参加している）につづき、一八六〇年代にもロンドンとパリで開催され、七三年のウィーン万博ののち、フィラデルフィア、シドニー、さらに八〇年代に四回、二十世紀に入って第一次世界大戦までに八回もの万博が開かれている。岩倉具視らの遣外使節団も欧米回遊の途上、明治六年のウィーン万博を視察し、おおいに感銘を受けたようである。

この博覧会流行の波は明治初年の日本にも及び、東京はじめ大阪、京都などでたびたび開かれている。当時のおもな展示物は、美術骨董品や名古屋城の金の鯱鉾《しゃちほこ》などの珍品にかぎられていた。

殖産興業の立場から、内務卿大久保利通の肝いりでそれまでにない大規模な企画の「第一回内国勧業博覧会」が開催され、明治十年（一八七七）八月から約三カ月にわたった。この間、上野公園周辺の会場は連日の人出でにぎわった。近代産業を育て、新技術による製品の質的向上をはかり、国民の啓蒙に役立てようというわけである。おりしも九州では西南戦争のまっ

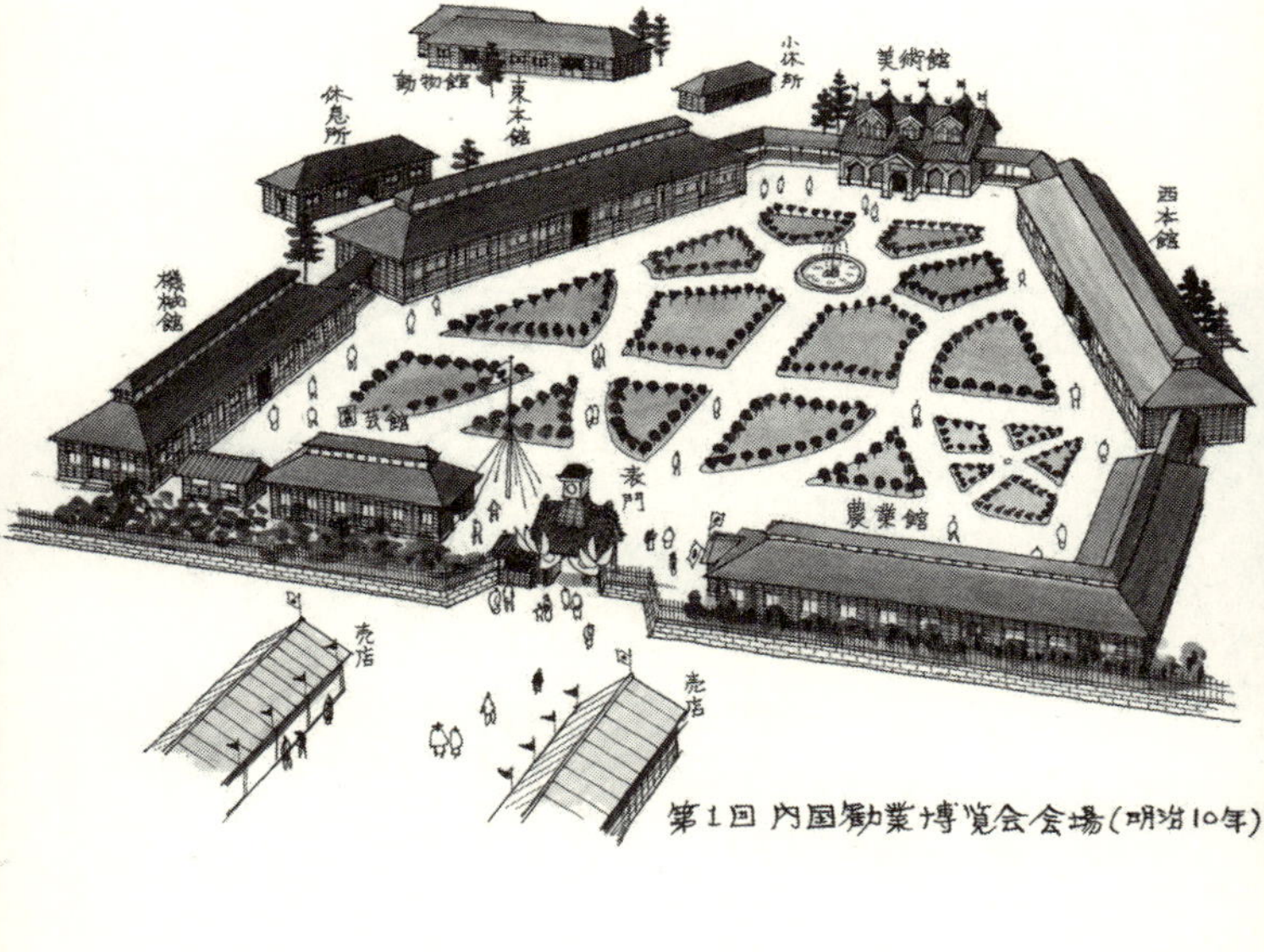

第1回 内国勧業博覧会会場（明治10年）

最中だったが、政府はこの博覧会に十二万円の予算を投じ、ウィーンやフィラデルフィアにならって国内各地の物産や新製品など、八万点に及ぶ出品物を一堂に展示してなみなみならぬ意欲を示した。

入場者は四十五万人に上り、人びとは文明開化の新しい工業製品や便利な生活用品、玩具、美術品、各地の珍しい物産などに目をみはった。天皇、皇后も行幸になり、約七千円ほどを買い上げられた。

場内には提灯をはりめぐらし、ガス灯をともし、上野山下の公園入口にはアメリカ製の巨大な灌漑用風車が設けられて、風力によって揚水し、噴水を吹き上げる仕掛けが評判となった。また門前には直売所が軒を並べ、商品を陳列販売して人気を博した。

内国勧業博はその後も回を重ねるごとに

帝国博物館（明治14年）設計・J.コンドル

盛況となり、政府主導の一種の祝祭的行事として世の中の景気をあおったのである。

イスラム風の博物館

博物館も十九世紀に発達した。

歴史、芸術、民俗、産業、科学などの実物や資料を蒐集保管し、これを常時展示公開して一般の利用に供するのが博物館という施設である。少数個人の趣味や蒐集を超えて、公共施設として整備公開されるようになったのは、とくにフランス革命後のルーブル宮殿の開放が各国に影響をあたえたといわれている。つまり博物館の出現も近代化の一環だったのである。

日本では古くは飛鳥、奈良時代の寺院の仏殿が大陸文化を伝える機能を持ち、のちには神社仏閣の絵馬殿や宝物殿が博物館の

役割をはたしていた。

明治政府はこの博物館制度に早くから着目し、明治四年、文部省博物局を設けて、翌五年に湯島聖堂を博物館として公開している。のちに内務省の所管に移り、麴町山下門内に博物館が設けられた。やがて本格的な博物館建設の機運が高まり、予定地として上野寛永寺本坊跡が選ばれた。これが現在の国立博物館のはじまりである。

こうして帝国博物館はイギリス人ジョサイア・コンドル（コンダー）の設計によって明治十一年に着工され、十四年に完成した。コンドルは当時のお雇い外国人のひとりで、工部大学校造家学科（建築科）の教授としてこの前年に着任したばかりのまだ二十五歳の

ジョサイア・コンドル（1852-1920）

訓盲院（明治13年）

俊才だった。この建物は来日してまもない彼の初期の代表作だ。

建物は壮大なレンガ造の二階建てで、中央部左右にはイスラム風の丸屋根がそびえていた。極東美術の宝庫にふさわしい意匠として、若いコンドルが東洋趣味的なイメージを設計にとりいれたのである。築地の訓盲院（後の東京盲唖学校）、永代橋際の開拓使物産売捌所（開拓使が廃止された後に日本銀行になる）、鹿鳴館、海軍省、三菱一号館なども彼の設計だが、のちにはおもに皇族や資産家らの邸宅やクラブ建築などに腕を振るった。

彼の最初の教え子たちは彼と同じ年ごろの学生だったが、その後成長して明治の建築界の指導的地位についたものが多く、日本近代建築の生みの親としてコンドルの業績は高く評価されている。コンドルは日本女性と結婚し、日本画や日本舞踊を習い歌舞伎を演じ、日本に永住して大正九年東京で亡くなった。東京大学工学部の構内にはコンドル先生の銅像が建てられている。

帝国博物館はのちに宮内省の所管となり帝室博物館と名があらためられた。以来わが国の学問美術上の振興発展に貢献し、昭和二十二年現在の東京国立博物館となった。

ランプから電灯へ

木版によって明治初期の東京風景を数多く残した浮世絵師小林清親は、とりわけ夕方や夜の景色を得意とし、闇の中にボンヤリと浮かび出る民家や街灯のほの暗い灯りを好んで描き出している。ネオンの輝く現代の東京からは想像もできないくらい、夜の東京の町はひっそりと暗く寂しかったようだ。

明治時代の一般家庭の照明といえば、新しく石油ランプが使われるようになったことが特徴といえる。石油ランプの輸入は、幕末一八六〇年前後といわれているが、明治五年ごろから国産品が普及しはじめたようだ。平芯、丸芯など、芯の大きさや種類によって明るさがちがうが、文明開化のランプの光は、行灯《あんどん》やローソクにくらべる

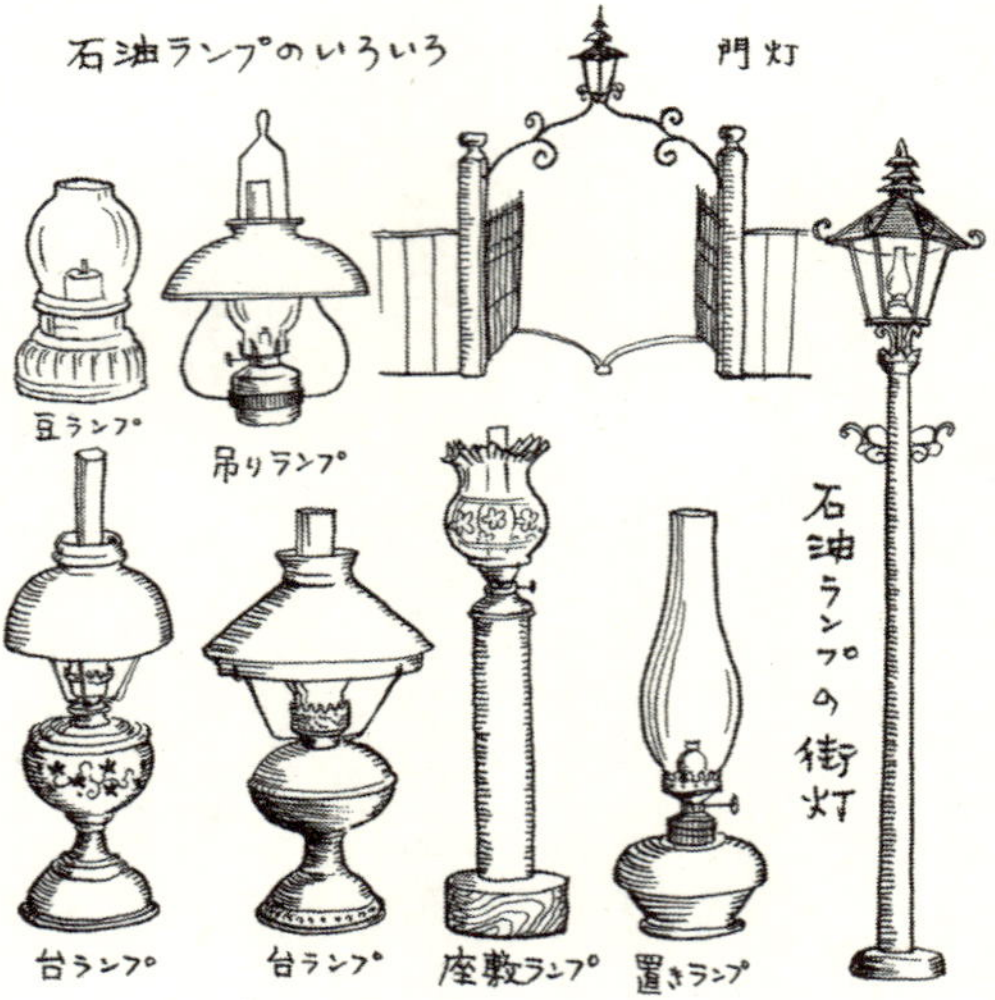

と格段に明るく、人びとの夜の生活になじんだのだった。燃料の灯油は、越後油田の開発もおこなわれたが、おもにアメリカ産やシベリア産が用いられたようである。

油煙で汚れた火屋《ほや》（風除けのガラス筒）掃除は子供の役目になっている家庭が多く、わたしの父などは手にしみついた石油のいやな臭いを消すために煙草の煙を吹きかけ、おかげで小学生のころから煙草の味をおぼえたという。

日本最初のガス灯は薩摩藩主の島津斉彬《なりあきら》が磯庭園に設置したといわれているが、本格的に実用化したのは明治五年横浜に設けられた街灯である。東京でも明治七年に東京会議所によって芝金杉橋から銀座通りにかけて八十五基のガス灯が設置された。石炭ガスは芝浜崎橋の製造所から供給され、翌年には東京の目抜き通りに二百五十基余りのガス灯が増設された。技術面は横浜と同じくフランス人アンリ・プレグランが当たった。

ガス事業は費用がかさみ、経営はいちじ東京府に移管されるが、明治十八年になると渋沢栄一を社長とする東京瓦斯会社が誕生する。ガス会社の印半纏《しるしばんてん》を着た点消方《てんしょうがた》は、三メートルほどの点火棒を持って毎晩点灯してまわった。

銀座の日報社の正面には、ガス灯を使って社名をあらわした「花ガス」という仕掛けが出現した。現在のネオンサインの先駆といえる。明治十年の第一回内国勧業博覧会にも設けられて呼びものとなり、吉原大門《おおもん》にも取りつけられた。

明治15年、日本最初の電気灯柱が出現した。

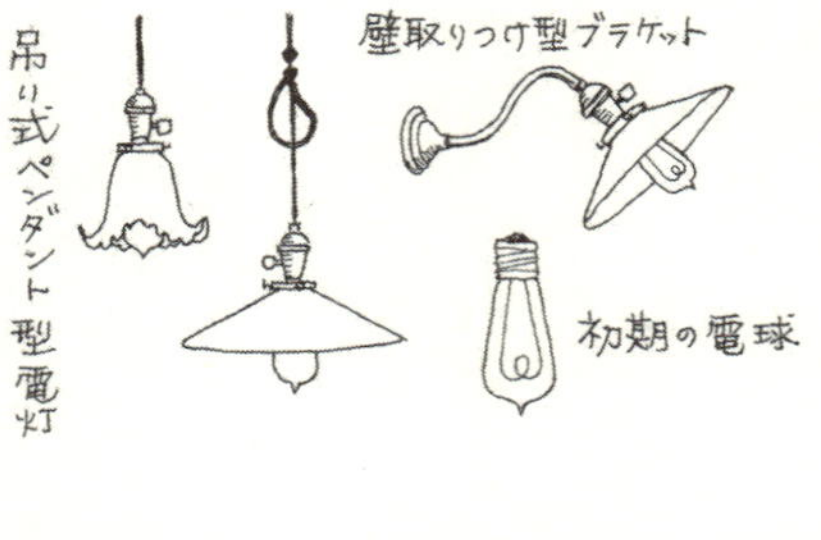

一般の電灯が普及するのは明治末年から大正にはいったころだった。

ランプよりおくれて電灯が出現する。明治十五年、銀座二丁目の大倉組の前の街頭に発電機を使って二千燭光のアーク灯が取りつけられ、目もくらむばかりの明るさに毎晩見物人が黒山のように押しかけたという。現在この場所には「日本最初の電気灯柱の跡」の碑がある。

　エジソンが白熱灯を発明したのは明治十二年のことだが、その電球のフィラメントには京都産の竹が使われた。明治十六年には早くも東京電灯会社が設立され、二十年には一部の地域に送電が開始されるようになった。二十二年に新富座ははじめて電気による舞台照明で評判となり、鹿鳴館や国会議事堂にも設置された。

このように明治期には石油ランプ、ガス灯、電灯の三種類の照明が順次登場したわけだが、一般には石油ランプが中心で街灯も石油ランプが多く、明治末年までかなり残っていたようだ。家庭用のガス灯が普及するのは三十年代になってからで、これは光度を強める白熱ガスマントルという発光体が普及するようになったからである。マントルは現在でもアウトドア用のガスランプやガソリンランタンに使われている。このようにガスの需要ははじめは照明用がおもで、炊事や暖房として用いられるようになるのは、電灯が一般化する大正期にはいってからのことである。

鹿鳴館の夜は更けて

明治十六年（一八八三）、現在の帝国ホテルのとなりの旧大和生命ビルの場所に、突然白堊の大洋風建築が出現した。有名な鹿鳴館である。もちろん帝国ホテルはまだこのころは建っていない。この界隈は内山下町《うちやましたちょう》といい、江戸時代には大名屋敷が並んでいたところで、ここももとは薩摩藩の装束《しょうぞく》屋敷だった。将軍に謁見する際に衣服装束をあらためる場所である。明治になって軍の兵舎や施設になっていたのだが、どちらかというと荒れはてた寂しい場所だったようだ。日比谷公園ができたのはこの二十年もあとで、そのころは練兵場だった。

旧幕時代に諸外国とのあいだに締結されたいわゆる不平等条約は、明治になっても治外法権や関税法などをふくめて依然そのままひきつがれ、その改正は国民全体の悲願ともなっていた。政府は国民ぬきに独自にその改正をめざして躍起となったが、その方策は小手先細工のうわべだけを飾るというやりかただったので、世論の支持はあまり得られなかったようである。条約改正を有利に進めようとして欧化政策が取られたが、日本も西欧並みに進歩した社会であることを先進諸国に示して日本の近代化を認知させ、改正の実を取りつけようという発想だったのである。鹿鳴館はその欧化のシンボルとして、時の外務卿井上馨の提唱によって明治十四年に着工された。外国人接待用クラブと宿泊施設を兼ねた迎賓館であり、同時に日本の上流階級と外国人との社交場として使用されることになっていた。

明治十二年にドイツ皇太子や前アメリカ合衆国大統領グラント将軍が来日した際、宿舎として浜離宮の延遼館が当てられた。旧幕時代につくりっぱなしになっていたこの建物は、明治になって皇室のものとなり、あわてて整備したものだった。当時すでに雨漏りがするなど老朽化がひどく、大修理を施したものの、もともと国賓接待用の建物ではなかったので、なんとか新しい迎賓館が欲しかったこともたしかである。

鹿鳴館の設計には工部大学校の教授コンドルが指名された。正面にベランダを持つレンガ造二階建てで、延べ面積千五百平方メートル余り、総工費は十八万円といわれ

ている。フランスの古典的なスタイルを基調としながら、インド風やイスラム風を加味した、いまから見ると妙な建物なのだが、当時の人はこれぞ正統派のヨーロッパ建築だと信じていたにちがいない。「どこかフランスあたりの温泉場のカジノみたいだ」などとあからさまにいう外国人もいたようである。正門は薩摩藩邸時代の長屋門をそのまま使った。

こうして竣工した鹿鳴館の盛大なオープニングと同時に、いわゆる「鹿鳴館時代」が開幕した。陸海軍楽隊の演奏する「美しく青きドナウ」のワルツの調

鹿鳴館の夜会に集った人たち.

べに乗って、当時最新流行のバッスル・スタイルの洋装の淑女や政府高官、外国使臣、軍の高級将校ら、正装の内外貴顕紳士たちが夜ごとにくり広げる舞踏会やバザーのありさま、そしてそれに伴うスキャンダルのかずかずは、のちのち小説や戯曲、映画にも描かれて、その華やかさは広く知られている。しかし、肝心の条約改正のほうはいっこうに実が上がらず、治外法権廃止は明治二十七年以降に、関税法は明治末年にいたってやっと実現する。

政府の極端な欧化政策も、その反動として二十年代に入って国粋主義的な風潮が起きると、右翼の壮士が鹿鳴館の舞踏会に乱入するというような騒ぎのあげく、あっけなく退化してしまった。帝国ホテルが開業する二十三年には、鹿鳴館の建物も華族会館に払い下げられ、鹿鳴館時代も終わりを告げることになる。

太平洋戦争前夜の昭和十五年、老朽化したかつての鹿鳴館はひっそりと解体されたのだった。

四　言論の時代

士族の商法

維新の変革でわりを食ったのは武士たちだった。幕末の動乱は武士階級による一種の政権交代劇ともいえるわけだが、結果的には新政府によって武士階級の解体が進められていった。武士はあらたな身分制度によって士族という名を与えられ、廃藩置県後も政府からわずかばかりの家禄を与えられていたが、やがてそれも整理され、明治九年には家禄にかわってすべて金券や公債に切りかえられてしまう。つまり武士としての従来の特権は、身分的にも経済的にも失われてしまったのである。

旧大名や一部上級士族は多額の公債を与えられたが、一般の士族たちはわずかばかりの公債の利子などではとても生活できず、困窮していった。百姓になったり、慣れない商売に手を出して失敗した例が多かった。家重代の書画骨董や甲冑、刀剣、家財道具を手放したり、悲惨な状況に追いこまれたのである。なかには娘を遊廓に身売りしたり、屋敷をこわして銭湯の薪に売ったものもいたという。兵隊や下級官吏、巡査や小学校の教員になったものはまだいいほうで、かつての下級武士の多くは日雇い労務者や人力車夫などになってその日を過ごしていた。失業者として没落し乞食にまで落ちぶれていったものも少なくなかったのである。政府も士族授産政策をいろいろ考えたが、あまり効果はなかったらしい。

士族のなかには変わった商売をはじめたものもいた。浅草で足袋屋をはじめた士族の店では奥方やお嬢さまが縫った足袋を売って評判になった。小林清親は浮世絵師になり、松林伯円は講釈師になった。橋爪錦造は梅亭金鵞《きんが》という筆名で戯作者になり、土肥庄次郎は

榊原健吉の撃剣会興行

松廼家露八《まつのやろはち》と名のって吉原の幇間となった。直心影流の榊原健吉は「撃剣会」を組織し、明治六年浅草の盛り場で剣術の実演興行をおこなってなかなかの人気を集めた。榊原は最後の剣客といわれ、明治二十年には明治天皇の御前で兜割りの実演を披露したという。

しかし「士族の商法」という言葉が生まれるくらいで、やはり一般の士族にとってはどの商売もなかなかうまくいかなかったようである。

いっぽう、政府中枢にあって権力をにぎった連中には薩摩や長州の出身者が多く、政府の重要な役職を占め、国民の指導の名の下に専制的な支配を強く推し進めていった。いわゆる藩閥政府の出現である。

ところで、こうして権力の座についた明治の元勲や首脳たちは、いまの政治家などにくらべると意外に年齢が若かったようである。ちなみに明治元年の彼らの年齢をしらべてみると、西郷隆盛四十一歳、大久保利通三十八歳、木戸孝允三十五歳、井上馨三十三歳、大隈重信三十歳、山県有朋三十歳、伊藤博文二十七歳……、明治天皇はわずか十六歳の少年だった。彼らの若さのエネルギーが明治維新の大業をなしとげたのはたしかだが、旧幕臣や諸藩の武士のなかには、薩長の青二才どもに国の政治が牛耳られていくことを苦々しく思っていたものも少なくなかったはずである。

こうした不平士族の鬱憤は、神風連の乱や萩、秋月の乱など地方士族の反乱となって爆発したが、いずれも鎮圧され完全に抑えこまれてしまった。

いっぽう、ひとくちに藩閥政府といっても内部の権力抗争ははげしかった。大久保はつぎつぎに反対派の閣僚を追いおとし、野に下った江藤新平や西郷隆盛は故郷に帰ってそれぞれ叛旗をひるがえした。しかし、江藤は佐賀の乱に敗れて処刑され、西郷は明治十年の西南戦争に敗れて自刃してしまう。この年、閣僚の実力者木戸孝允も病死し、大久保の独裁体制が確立したかに見えた矢先、翌年彼も不平士族のテロによって赤坂紀尾井町の路上で暗殺されてしまったのである。大久保の後を継いで権力を握ったのは、伊藤博文、山県有朋、井上馨ら、いずれも長州出身者

三田演説館（明治8年）

だった。

自由湯をば飲ませたい

いっぽう文明開化によって新時代の思想に目ざめた一派は、藩閥政府の独裁を批判して、武力ならぬ言論によって反政府運動を進め、「自由民権運動」が巻き起こった。運動の先頭に立ったのは、土佐出身の板垣退助である。自由民権運動は士族からはじまり、やがて地方の豪農や商人をふくめて全国に波及していった。また東京などの大都市に住む民権派知識人たちは、新聞や結社を通じて言論活動を展開し、各地の民権派に大きな影響をあたえた。

彼らの目標は、民主主義的な立憲体制と議会制度を確立することにあった。

明治会堂（明治14年）

川上音二郎のオッペケペ節

日本のブルジョワ民主主義運動のはじまりといえる。政府はこうした運動に恐れをなし、弾圧に躍起となった。

民権派の言論活動は、新聞とともに演説によって展開された。この「演説」という言葉も明治になって現れた新語で、これを英語のスピーチの訳語として最初に使ったのは福沢諭吉だといわれている。

「大勢の人を会して説をのべ、席上にてわが思うところを人に伝うるの法が演説である」

と福沢はいっている。それまで日本では辻説法や座談はあったが人まえで説を述べるということはなかったのである。つまり演説はそれまでにない新しい言論形態だった。もともとは慶応義塾や明六社《めいろくしゃ》などの知識集団による啓蒙学術演説にはじまったものが、明治十年代になると自由民権運動の政談演説を中心に盛んになったといわれている。寄席や芝居小屋などではしばしば演説会が催され、どこも熱心な聴衆であふれんばかりだったという。明治の人は演説好きだったのだ。

福沢は明治八年、アメリカの会堂建築を参考にして、三田の慶応義塾の構内に「演説館」をつくって演説の普及につとめた。この三田演説館は東京に現存する明治最初期の会堂建築で、国の重要文化財に指定されている。さらに明治十四年、京橋木挽町に建築された明治会堂は三千人を収容する当代随一の大演説会場で、おりしも起こった北海道開拓使官有物の不正払い下げ事件をめぐって連日糾弾演説会が開かれ、藩閥政府攻撃の火の手をあおったのである。

自由民権運動に身を投じた士族の政治活動家を「壮士」といった。彼らの活動は演説や寄席の民権講談などを通じておこなわれ、街頭では政治諷刺の内容に節をつけて歌う「壮士節」が現れる。これがのちに演歌師として世に残ったといわれている。また川上音二郎は一座を組んで「壮士芝居」を興行し全国的に人気をはくした。

「権利幸福きらいな人に、自由湯をば飲ませたい。

オッペケペッポ、ペッポウポウ、ペッポポウポウ……」

と歌う彼のオッペケペ節は一世を風靡し、川上はのちに旧派演劇（歌舞伎）に対する「新派」劇の祖となった。

壮士はこのように国事に奔走する革新的な青年志士というイメージからはじまったのだが、のちには生活に困窮して政党の用心棒になったり恐喝を業としたり、定職を持たない政治ゴロになり下がったものも少なくなかったようである。手織り木綿の着物に白い兵児《へこ》帯をしめ、黒木綿の紋付きの羽織、太く長い羽織紐を首からかけ、素足に白鼻緒のごつい薩摩下駄というバンカラないでたちが典型的な壮士スタイルで、肩をいからせ太いステッキを振りまわして往来を闊歩したものだという。

政府支配層のなかでも意見が対立し、大蔵卿の大隈重信は立憲制と国会開設の早期実現を策した意見書を提出したために、明治十四年、反対派の伊藤博文らによって閣僚から締め出されてしまった。政府は民権派の自由な論議を封じるために、とりあえず国会開設の公約を発表するが、その予定は十年も先のはなしというわけで、民権陣営をガッカリさせた。野に下った板垣は自由党を、大隈は立憲改進党をそれぞれ結成したが、内部分裂などで力を発揮できず、その間に政府側はしだいに体制を強化していった。

明治十年代には政府のデフレ政策と税金のために、農民の生活は極端に苦しくなっていた。西南戦争の戦費調達のために不換紙幣を増発しインフレで物価が高騰した。それを抑えるために十四年に大蔵卿松方正義がとったデフレ政策は今度は不況を招いた。地租改正も旧幕時代を上まわるような過酷な税制だった。追いつめられた農民は、明治十七年の秩父事件をはじめ各地で武装蜂起し、自由民権を叫んで政府と対立したが、いずれも弾圧によって押しつぶされ、自由民権運動はこうして終わりを告げることになったのであった。

新時代のマスコミ

江戸の出版物は漢書や読本《よみほん》などを売る書物問屋や、絵草紙など大衆向けの地本問屋から刊行され、版元が書店を兼ねていた。明治になると出版文化の中心地として東京に出版社が集中急増し、福沢諭吉の『西洋事情』をかわきりに、多くの政治や啓蒙書が新時代の思想や学問に対する一般の要望にこたえるようになった。本の形態も従来の和綴じから西洋式の造本に、木版印刷から活字印刷が一般化するようになる。

政府は明治二年に早くも出版条例を公布して検閲と取り締まりにあたり、言論出版の自由は長いあいだ抑制されつづけた。明治中期以降は近代文学の興隆によって思想書や文学書がベストセラーになった。

新聞はそれまでの読売瓦版にかわって登場した明治のニューメディアであり、マスコミとしては日本でいちばん古い歴史を持っている。すでに神戸や横浜には外国人の新聞があり、それを翻訳した政府の新聞も幕末から発行されていた。慶応になると日本人の編集による新聞も発行されたようだ。

明治二年に政府は新聞条例を公布して許可のないものは禁止した。

日本最初の日刊紙は明治三年の「横浜毎日新聞」である。鉛活字を使った活版印刷もこの新聞が最初といわれている。それまでは木版や木製の活字を使っていた。東京における日刊新聞のはじまりは明治五年の「東京日日新聞」で、これと前後して参議木戸孝允の息のかかった「新聞雑誌」、イギリス人ブラックが創刊した「日新真事誌」、駅逓寮御用の「郵便報知新聞」、「読売新聞」などが続々と発行されるようになった。明治十年ごろには東京日日、報知、朝野、毎日、曙が五大新聞としてたがいに覇をきそっていた。町では各社の印半纏を着た新聞売り子が、鈴を鳴らし大声で新聞を売り歩いていた。

当時の新聞は政府の発表や通達を中心にしたものが多く、値段も高かったので、一般市民に読んでもらうために新聞縦覧所というものが設けられたりした。しかし、明治初年の日本人の識字率は男子が四〇〜五〇%、女子は一五%程度だったといわれ、まだまだだれもが新聞を読むというわけにはいかなかったようである。

そこでこうした政治や時事論説中心の「大新聞《おおしんぶん》」に対して、市井のスキャンダルや娯楽記事専門の大衆的な「小新聞《こしんぶん》」が現れた。小新聞は口語体、平仮名で書かれ、総ふり仮名つきで読みやすかったので流行となり、さらに記事よりも絵を中心にした「新聞錦絵」が生まれて人びとに親しまれるようになる。まだ新聞に絵も写真も入っていなかったころだからこれはおおいに受け、やがて「絵入り新聞」という形式に受けつがれて大新聞も挿絵やイラストレーションを載せるようになった。

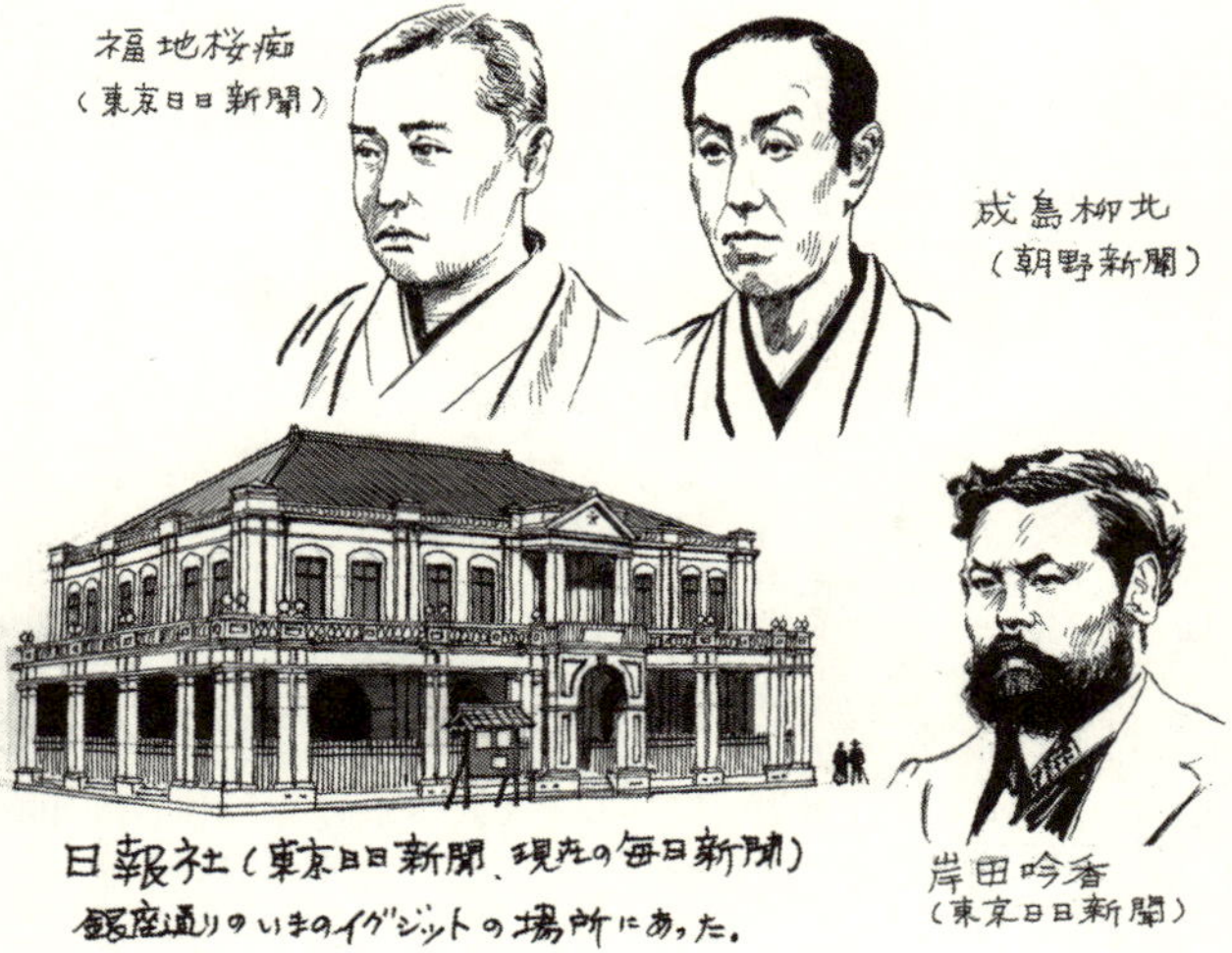

新聞社も一流になると銀座通りなどに堂々とした洋風の社屋をかまえた。記事を書く新聞記者も、新しい職業として時代の花形だった。旧幕臣で和漢洋の学を修めた当時のインテリたちのなかには、時代が変わっても新政府に仕えるのをいさぎよしとせず、新聞記者となって論説に得意の筆を振るったものが大勢いた。東京日日新聞の福地桜痴《おうち》や岸田吟香、郵便報知新聞の栗本鋤雲《じょうん》、朝野新聞の成島柳北や末広鉄腸《てっちょう》らは当時のスター・ジャーナリストだった。

彼らの在野精神は、やがて自由民権運動が起きると、それまでの政府の情報や政策を民衆に伝えるという立場から一転して、反政府ジャーナリズムとしての色彩を強め、世論の指導的な役割をはたすようになる。そのするどい政府攻撃記事に驚いた政府は、明治八年に新聞条例や讒謗律《ざんぼうりつ》（政府を攻撃する記事を取り締まる法律）をつくって抑えにかかり、このため多くの新聞が発行禁止になったり、新聞記者が投獄されたりした。

明治十年に西南戦争が起きると、人びとは新聞報道にとびつき、これが読者を飛躍的に増大させるきっかけとなった。福地桜痴は現地取材という新しい方法によって臨場感にあふれる記事を送り、これが人気を呼んだ。彼は急進的な民権運動には批判的な立場をとり、「御用記者」というレッテルをはられた人だが、論説においても一家をなし、東京日日の社長兼主筆としての彼の社説は明治前半の言論界を風靡した。新聞だけでなくその活動は政治、財政から文壇、演劇界、花柳界にまで及んだ才人だったが、明治という時代の生んだこの華やかな個性も時代とともに忘れられていった。

明治十五年に福沢諭吉が「時事新報」を発刊し、二十年代に入って民権運動が下火になると、陸羯南《くがかつなん》の「日本」、徳富蘇峰の「国民新聞」などがあいついで創刊される。黒岩涙香の「萬朝報《よろずちょうほう》」は報道三面記事に特色を出すとともに社会問題を取り上げてセンセーショナルな論説を載せ、部数を増やした。はじめて号外が出たのは明治九年のことである。明治三十年には時事新報が絵入りの天気予報を掲載している。

萬朝報の幸徳秋水らは、退社して明治三十六年に「平民新聞」を創刊し、日露戦争に対して反戦の論陣を張ったが、弾圧されてついに廃刊に追いこまれてしまった。新聞の連載小説もこのころに盛んとなり、徳富蘆花の「不如帰《ほととぎす》」（明治三十一年、国民新聞）、尾崎紅葉の「金色夜叉《こんじきやしや》」（明治三十年、読売新聞）をはじめ、黒岩涙香の翻訳小説（萬朝報）などが人気を呼んでそれぞれの発行部数を増やした。

新聞広告はすでに明治初年からはじまったようだが、新聞自体の発行部数が少なかったのであまり問題にならなかったらしい。だが新聞が一般に読まれだすと、新聞広告の役割も次第に注目されるようになった。それまでは広告といえばせいぜい商店の引き札（チラシ広告）しかなかったのである。

岸田吟香は東京日日新聞の記者として活躍するかたわら、銀座レンガ街に楽善堂という薬店を経営し、横浜のイギリス人宣教師で医師のヘボン（ヘボン式ローマ字の考案者、明治学院の創始者。ヘップバーン）から伝授された目薬を「精錡水《せいきすい》」という名で発売し、その宣伝に新聞広告をおおいに活用した。その始まりは明治七年といわれ、近代広告の先駆者とされている。当時の日本には眼病を患うものが多く、盲人の数はエジプトの二倍、イギリスの三倍もいたといわれる。吟香は津田梅子の父津田仙らとともに楽善会という慈善団体を組織し、築地訓盲院（盲唖学校の前身）の建設にも参加している。

福沢諭吉は明治十六年、時事新報紙上に「商人に告ぐる文」という論を載せ、新聞広告の効用と、平易な文章で優れた商品への知識と関心を世間にひろめる、という現代にも通用するようなマスコミ広告の原理をのべている。それ以後、新聞広告を専門に扱う広告取次店がつぎつぎに生まれ、これが今日の広告代理業に発展したのである。

錦絵から写真へ

江戸の庶民文化として花開いた浮世絵の木版技術は、ひきつづき明治の錦絵として人びとに愛好された。輸入染料を使って色調も派手になり、文明開化に沸き立つ東京や横浜の珍しい洋風建築や、汽車、鉄道馬車の行き交う新名所などを描いた風景画、政治や社会のできごとを伝える報道画、世相や開化の生活を題材にした風俗画などが多く出版され、写真印刷が未発達だった明治初期の市民に、直接、目で見る極彩色の情報を提供したのだった。

こうして錦絵は東京ばかりでなく横浜や神戸などでも盛んに出版されて庶民の目を楽しませ、地方からの見物客には東京みやげとしてもてはやされた。町の絵草紙屋にはきらびやかな錦絵が並べられ、庶民の人気を集めた。

江戸浮世絵の流れを汲む三代広重、芳虎、芳員《よしかず》、芳幾《よしいく》、貞秀、国輝、芳年《よしとし》などの絵師が活躍したが、そのなかで小林清親やその弟子の井上安治らは西洋画の影響を受けた新しい画風で東京名所を描いている。

丸木利陽の写真館（明治17年）

ニュースを伝える役目としては明治七年に新聞錦絵が出版され、いまの写真週刊誌のように市井の事件をおもしろおかしく絵にしておおいに話題を呼んだ。

しかし明治十年ごろから絵入新聞が全盛になると、新聞錦絵は急激におとろえ、町の絵草紙屋で売られる錦絵そのものも、ひところほどの勢いはなくなっていった。日清、日露戦争を描いた「戦争絵」によってかなり人気を回復したものの、錦絵

明治二十三年、浅草に
落成した江崎礼二の
豪華な写真館

はしだいに石版や写真印刷に押され、明治三十三年に私製はがきが認可されると、絵はがきが爆発的に流行するようになって、人びとの関心は錦絵から遠ざかるようになっていったのだった。

錦絵と反対に、写真の出現はまったく新しい文化として人びとの目を驚かせた。フランスのルイ・ダゲールが「ダゲレオタイプ」と名づけた銀板写真を発表したのは一八三九年のことだが、一八五一年にはこれより進歩した湿板写真がイギリスで発明され、安政年間にはこれが日本に紹介されている。日本の写真術の開祖としてもっとも有名なのは、長崎の上野彦馬と横浜の下岡蓮杖である。それぞれ外国人から器械をゆずり受けてほとんど独学で写真術を習得したといわれている。

蓮杖は明治以前から横浜に写真館を開業していたが、はじめは「写真は切支丹伴天連《ばてれん》の魔法で、撮られた人は寿命が縮む」という迷信のために苦労したという。しかしやがて外国の船員や一般の日本人もつめかけるようになり、明治元年には立派な写真館を新築するまでになった。蓮杖は写真館の経営だけでなく、京浜間に乗合馬車を走らせたり、牛乳の販売をはじめたり、いろいろな事業に乗り出している。

こうして写真師という新しい職業が生まれ時代の花形となった。門下生も多く集まり、外国に修業に行くものもいた。上野彦馬の門人内田九一《くいち》は、はやくから東京に出て写真館を開業した。そのすぐれた技術がみとめられて、明治五年には明治天皇の御真影をはじめて公式に撮影し、東都第一の写真師として名声をはくした。

現代のように一般にスマホやデジタルカメラが普及しているわけではないから、人びとはなにかのおりには家族や友達とそろって晴れ着を着て写真館に足をはこんだ。当時の写真は露光時間が長くかかったので動かないように椅子の背には頸をささえる腕木がついていた。湿板にかわって乾板が発明されて使われだすと、撮影時間がずっと短くなり、早撮り写真と呼ばれて喜ばれるようになった。明治十六年、江崎礼二は乾板を使って隅田川の海軍水雷実験を早撮りして有名になった。

趣味としてのカメラは高価だったのでまだまだ一般の庶民には手がとどかなかった。家庭用の簡易なハンドカメラ「チェリー手提暗箱」が売り出されるのは明治三十六年のことで、アマチュア写真団体の活動もこのころから活発になったといわれている。

代議士まかり通る

明治二十二年（一八八九）二月十一日、東京の町は前日からの雪で道がぬかるみ、歩くのもたいへんだった。この前年に、公費四百万円をかけて皇居の一画に新築された豪華な宮殿内の大広間では、帝国憲法発布の式典がおこなわれた。政府高官、華族、外国使臣らの居並ぶなかで、天皇は総理大臣黒田清隆に憲法をさずけた。その夜、宮中では記念の大晩餐会が催され、東京市中は奉祝に沸き立った。

この明治憲法は、権力者としてナンバーワンの伊藤博文が井上毅《こわし》らに命じてつくったものである。もちろん、民権運動家たちが期待したような民主的な憲法とはほど遠い内容だった。伊藤は自由民権運動を抑え、天皇中心の強力な国家組織をつくり上げようとしていた。そのためヨーロッパへおもむいて各国の憲法を調査し、けっきょくフランスのような共和体制ではなく、立憲帝政の新興国、ドイツ型の憲法を取りいれることにしたのである。彼はひそかに憲法草案をつくり、みずからドイツの鉄血宰相ビスマルクを意識して、国務上の最高審議機関、枢密院《すうみついん》の議長におさまった。

帝国議会 第一次仮議事堂 明治23年
設計／吉井茂則、アドルフ・ステミュレル、明治24年焼失

帝国議会 第二次仮議事堂 明治24年
設計／吉井茂則、オスカル・チーゼ、大正14年焼失

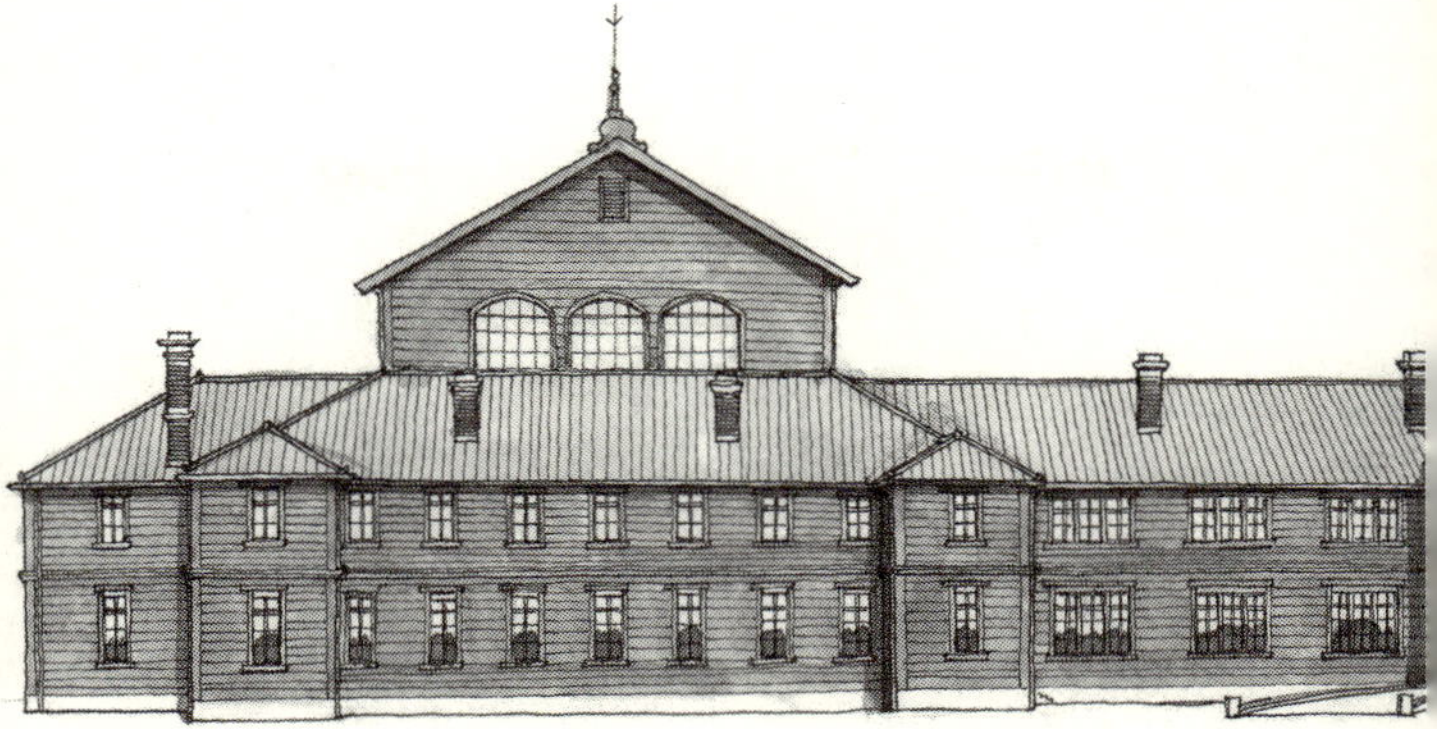

憲法発布の翌明治二十三年七月、衆議院選挙がおこなわれ、同十一月最初の国会が招集されることになった。霞が関のいまの経済産業省の場所には木造仮建築の国会議事堂が建てられ、あらたに選ばれた代議士たちが馬車や人力車に乗って続々と参集した。

ところが、この建物は出来上がってわずか二カ月後の翌二十四年一月に、漏電であっけなく丸焼けになってしまったのである。とにかく第一回帝国議会会期中の事故で、政府はあわててそのころ竣工したばかりの帝国ホテルや工部大学校に場所を移し、時の総理大臣山県有朋の命で新しく第二次仮議事堂の建設に着手した。アーク灯を設備して昼夜兼行の突貫工事の結果、十月にはなんとか竣工して、第二回帝国議会の開会に間に合わせることができたのであった。

衆議院選挙といっても、有権者は多額納税者にかぎられ、女性にも選挙権はあたえられなかった。そのうえ華族を中心とした貴族院との二院制で、一般庶民とはあまり縁のない議会だった。とにかく自由民権の闘士らと明治藩閥政府が真っ向から取り組んだこの帝国議会は、反政府派が多数を占めた。だが政府もさるもの、議会解散戦術をくりかえしたり、反対派を買収したりして、その勢力を切りくずし、やがては強力な支配体制をつくり上げていったのである。

五　東京の町づくり

火消しから消防へ

「火事と喧嘩は江戸の華」といわれたように、火事は江戸の名物だった。木造家屋のひしめきあう江戸の下町は、年中行事のようにしばしば大火に見舞われ、人びともそれを恐れながらも当然のようにあきらめていたようである。火事で丸焼けになってもべつに悲しい顔もせずに焼け跡を片づけ、にこやかに新しく家を建てはじめる人びとを見て、日本にきた外国人はみなびっくりしたそうである。

明治になってもこの状態はあいかわらずで、千戸以上焼失するような大火が、ほとんど毎年のように起きている。なかには二回も三回も大火に見舞われた年もあった。明治二年十二月の大火のあとでは、広い火除け地をつくってここに火伏せの神様、秋葉権現をまつった。これが現在の秋葉原の名のもとといわれている。

江戸時代の武家火消は明治になって廃止され、いろは四十八組の町火消は消防組と改称された。明治十三年には内務省警視局のもとに消防本部が生まれ、翌年に日本橋、

芝、麴町、本郷、上野、深川の六分署が設けられて公式の消防職員が業務に当たることになった。これが消防署の始まりとされる。

消防ポンプがはじめて外国から入ってきたのは明治三年。手動ポンプと馬で曳く蒸気ポンプだった。手動式といっても江戸時代の竜吐水《りゅうどすい》にくらべるとはるかに性能が良かったので、その後フランスやドイツから輸入するとともに、やがて国内でも生産されるようになる。蒸気ポンプのほうは機関の取り扱いがたいへんなのと、火事場に着いても蒸気圧が上がるまでに時間がかかるので、しばらくは採用が見送られていたようだ。しかし明治十七年に最新式のポンプが輸入されると、その性能が評価され、その後本格的な蒸気ポンプの活躍がはじまった。明治三十二年ごろでも蒸気ポンプは全市で八台ぐらいしかなかったようだが、この年から国産が開始されて急速に普及し、建物の高層化に応じて梯子車も採用されるようになった。四谷の消防博物館にはこの時代の蒸気ポンプが展示されている。自動車ポンプは明治四十四年に大阪市がはじめて輸入したが、東京で使われるようになったのは大正に入ってからのことである。

明治五年の銀座大火も大きかったが、なんといっても明治十四年（一八八一）一月の「両国の大火」は、明治最大の火災といわれている。神田松枝町《まつがえちょう》から出た火は、北西の風にあおられて神田、日本橋をなめつくし、さらに隅田川を越えて本所、深川方面にまで燃え広がった。焼失家屋は一万戸以上にも達したといわれている。なんとか早急に根本的な防火対策を立てなければならない。東京中を銀座のようなレンガ街にするには資金がかかりすぎて無理にしても、まず第一に家屋の不燃化対策がどうしても必要であった。

江戸時代以来、瓦葺きや土蔵造り、塗家造《ぬりや》り（瓦屋根二階づくりの表側だけ土壁にした木造簡易耐火建築）が奨励されていたが、全体の割合からいえばまだまだ少なく、明治十二年ごろの日本橋区では全戸数一万七千三百十八棟のうち、一万百六十九棟もの家屋が、藁葺き、杉皮葺き、柿葺《こけら》きなど、燃えやすい屋根の家だったといわれる。柿葺きというのは薄い杉板をかさねて打ちつける、俗にトントン葺きといわれる粗末なものだ。

両国大火の直後、明治十四年二月に府知事松田道之によって東京防火令がしかれ、家屋の密集する地域では燃えやすい家は瓦に葺きかえ、また防火路線を指定してこれに面する家は耐火建築にすることが義務づけられた。つまりレンガ造、石造、土蔵造りのどれかにしなければならなくなったのである。

防火令によって、下町の商家では大半の人たちが土蔵造りによって家を改造、新築した。それも江戸時代からの伝統的な黒塗りの造りだった。これは明治中期から後期にかけて商家建築の主流になり、こうして東京の下町の大通りには軒並み黒い土蔵造りが立ち並ぶようになった。

たとえば、銀座から日本橋までの通りに

面した商家は半数以上が土蔵造りとなった。現在、東京ではもうほとんど見られなくなってしまったが、埼玉県川越市には当時東京にならって建てられた黒塗り出桁《だしげた》造り（腕木を出してひさしを支える構造）の土蔵造りの商家がいまでもかなり残っている。

欧化を急ぐ政府が、懸命になってレンガや石造の洋風建築を建てようとしたのとは対照的に、町の人たちはもの珍しいだけの洋風建築よりも、やはり江戸商家の伝統的な日本建築を好んだのである。そこには官製のレンガ街への対抗心もあったのかもしれない。

しかし、東京防火令はしだいにその効力を発揮し、それ以後東京の町にはいままでのような大火災がやっと少なくなっていった。

通旅籠町《とおりはたご》の土蔵造りの町並み.

ほじくりかえす市区改正

東京の町づくりの特色は、なんといっても江戸の町をそのまま使うという点にあった。東京の近代化といってもいっきょに都市空間全体に及ぶような大規模な改造はおこなわれず、またそんな経済力もなかったのだ。

道路網や堀や川すじは江戸時代そのままで、馬車、人力車などの新しい交通機関に対応するように、せいぜい道幅を広げ、坂道をゆるやかにし、橋を架けかえるくらいで、いわば手直し程度の改造がおこなわれたにすぎなかった。

それでも町のあちこちに洋風建築が建ちはじめ、町境《まちざかい》の木戸は取り払われ、江戸城の周囲に配置されていた見付門は撤去されて、城下町としての閉鎖的な機能は開放的になっていった。神田の筋違見付は崩され、その石垣の石で萬世橋《よろずよばし》（のちの万世橋《まんせいばし》）がつくられた。通称めがね橋と呼ばれて東京名所となった。また急坂で有名だった九段坂は改修されてゆるやかになった。そしてその結果、町の景観も徐々に姿を変えていったのである。

銀座レンガ街は、明治最初の都市計画といわれているが、東京全域に及ぶようなものではなく、近辺地域のインフラもともなわないまま強行した文明開化の局地的な落とし子だった。どちらかといえば失敗作といっていいかもしれない。

いきあたりばったりの手直しではなく、もっと一貫性のある都市改造を考えはじめ

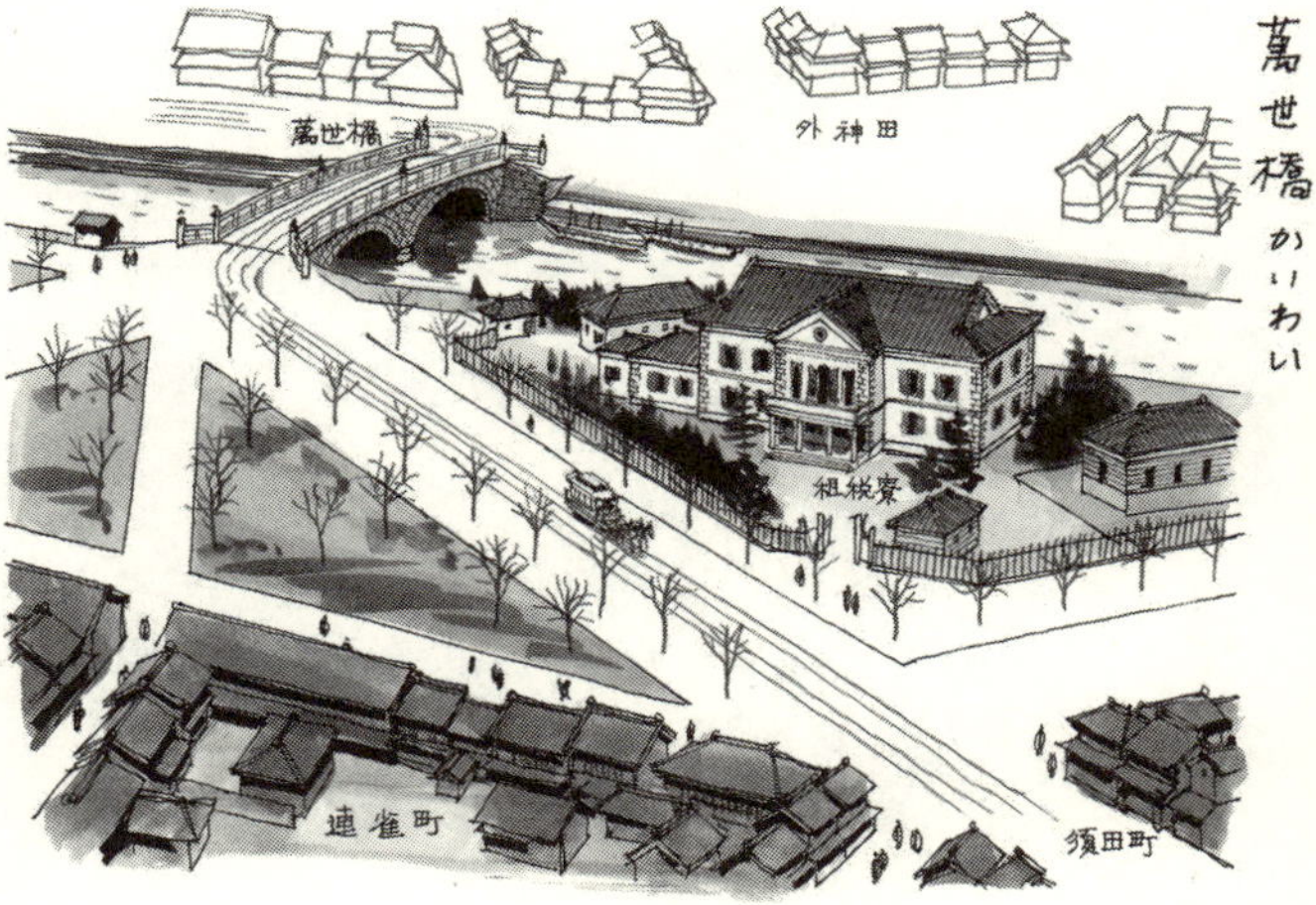

たのは、明治九年、東京府知事楠本正隆のときであった。幕末の動乱で衰弱した東京はこのころになってもまだ荒廃の尾をひいており、人口も六十万人ぐらいにしか増えていない。楠本知事は下町の繁華な地域を中心に防火対策をほどこし、東京の繁栄のもとを築こうと考えたようである。

つぎの松田道之知事になると、東京全域の町並みを整備する「市区改正」の計画が立てられ、調査が開始された。松田知事のあとを受けた芳川顕正知事によってまとめられた「市区改正案」が政府に提出されたのは明治十七年（一八八四）のことである。

芳川案の中心になっていたのは、なんといっても道路計画だった。鉄道も

開通し、産業や軍事輸送の必要から幹線道路の整備が急がれたのである。政府はこの計画案を検討するために官庁や民間人からなる審査委員会を設け、議論が展開された。都市のインフラとして、道路と同時に鉄道や河川、橋も整備しなければならない。上下水道も重要である。公園、劇場、市場、屠畜場、墓地、火葬場などの公共施設も必要である。東京の築港計画も論議された。審査委員会の改正案は政府の承認を得て、明治二十一年(一八八八)、「市区改正条例」として誕生した。ここでは築港計画が切り捨てられ、上水道計画は衛生対策上さっそく調査実行が開始された。

条例の構想はかつてない壮大なもの

だったが、それだけに実施するとなると難行した。改正事業は大正三年まで前後十年間にわたり、以後は大正八年（一九一九）の「都市計画法」にひきつがれた。

その間、計画は規模が縮小されたり、繰り延べになったりの連続だった。計画当初はまだ少なかった東京の人口も、明治二十一年になると百三十万人と急速に増えつづけ、このため改正区域も現在の山手線の内側あたりまで広げなければならなくなった。

資金難もつきまとった。人口増加とともに地価はどんどん値上がりする。ところが国の予算は道路や橋よりも、直接の軍事費として大砲や軍艦の建造に費やされたからだ。この間に明治二十七年には日清戦争が、三十七年には日露戦争が起きたのでなおさらだった。

明治後半を通じて道路拡張のため町はいたるところ掘りかえされ、雨でも降ると道は泥田のようなぬかるみになった。道路が広くなっても砂利と砂をつき固めただけで、まだ舗装はされていなかった。本格的なアスファルトの舗装道路が試験的につくられるのは、明治末年のことである。町並みも、土蔵造りやレンガ造、石造がいりまじり、江戸の名残の伝統的な風物は、しだいに姿を消していったのである。

パリをもしのぐ都市計画

十九世紀は都市計画の世紀だといわれている。その発端は一八五三年にはじまるナポレオン三世のパリ改造計画で、その壮大華麗さは各国都市の理想として、たちまちヨーロッパ中に流行した。これをバロック式の都市計画といっている。もっともナポレオン三世の意図は、反乱に際して軍隊をすみやかに移動できることと、狭い路地をつぶしてバリケードをつくらせないようにするというところにあったらしい。

東京の都市計画は、従来の町筋を整理し、道幅を広げる程度で、パリのように凱旋門やルーブル宮を中心に、セーヌ川上流の古いノートルダム寺院に対して下流に新しいエッフェル塔を配し、その間を並木のつづく大幹線道路が縦横に走る、といった壮大なものではなかった。そんなバロック式の計画を考えたものはいなかったのだろうか。

じつは、市区改正計画とはまったく別に、このような都市計画も進行していたのである。市区改正が内務省の管轄で推進されたのに対して、外務省の関係者がなんとか実現しようともくろんでいた「官庁集中計画」がそれである。

明治初年には各官庁の庁舎は空き家となった旧大名屋敷などを利用して間に合わせていた。ところが明治六年に皇居が焼失し、宮殿を再建するついでに江戸城本丸跡に各官庁をまとめて建てようという官庁集中案が生まれた。当時は天皇親政を旨としていたので、皇居内に官庁を集中させようと考えたらしいのだが、この計画は敷地の地盤の悪さなどの理由で実現しなかった。そしてちょうど市区改正が計画されはじめた明治十九年ごろに、外務大臣井上馨によってあらためて浮上してきたのである。立案者の井上は銀座レンガ街や鹿鳴館の建設を推進した欧化主義の急先鋒だった。

この前年にはいままでの太政官制に代わって内閣制度が誕生し、数年後には憲法を制定して議会が発足するはずであった。こうなると諸官庁の立地条件ももはや皇居内に固執する必要がなくなったのである。不平等条約の改正を念願としていた井上は、この翌年開かれる各国との条約改正交渉を目前にして、法律や制度の充実をはかるとともに、各官庁もいっきょに新しく一カ所に集中させ、首都の偉容を整えようとしたわけだ。

まず内閣直属の臨時建築局が設けられ、井上が総裁を兼任した。計画は最初は鹿鳴館を設計したコンドルにまかせることになっていた。敷地は日比谷から霞が関一帯と定められたが、彼の設計は地味なもので、パリをしのぐ威風堂々とした大建築群という井上の夢にはそぐわなかったようである。コンドルに見切りをつけた井上は、ドイツの建築家にこの官庁集中計画を依頼することに決め、当時ベルリンでも一流のエンデ・ベックマン建築事務所が設計を担当することになった。当時の政府部内は総理大臣伊藤博文、外務大臣井上馨をはじめ、いっせいに新興ドイツに傾倒し、準備中の憲法草案もドイツを見習い、陸軍もドイツ風をめざしていた。

来日したエンデとベックマン二人による計画案は、たんなる官庁街計画だけでなく、

エンデ・ベックマンの官庁集中計画案

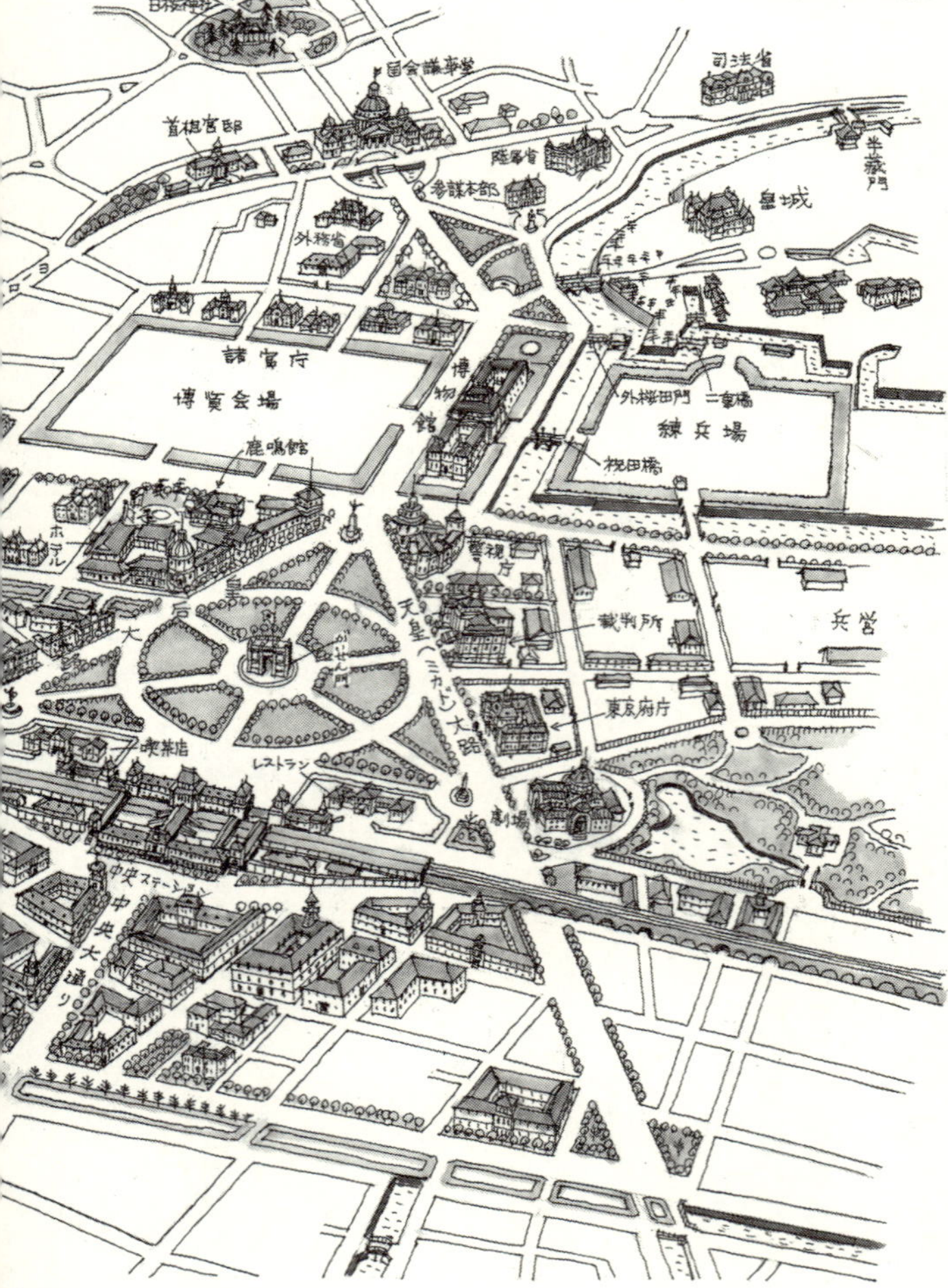

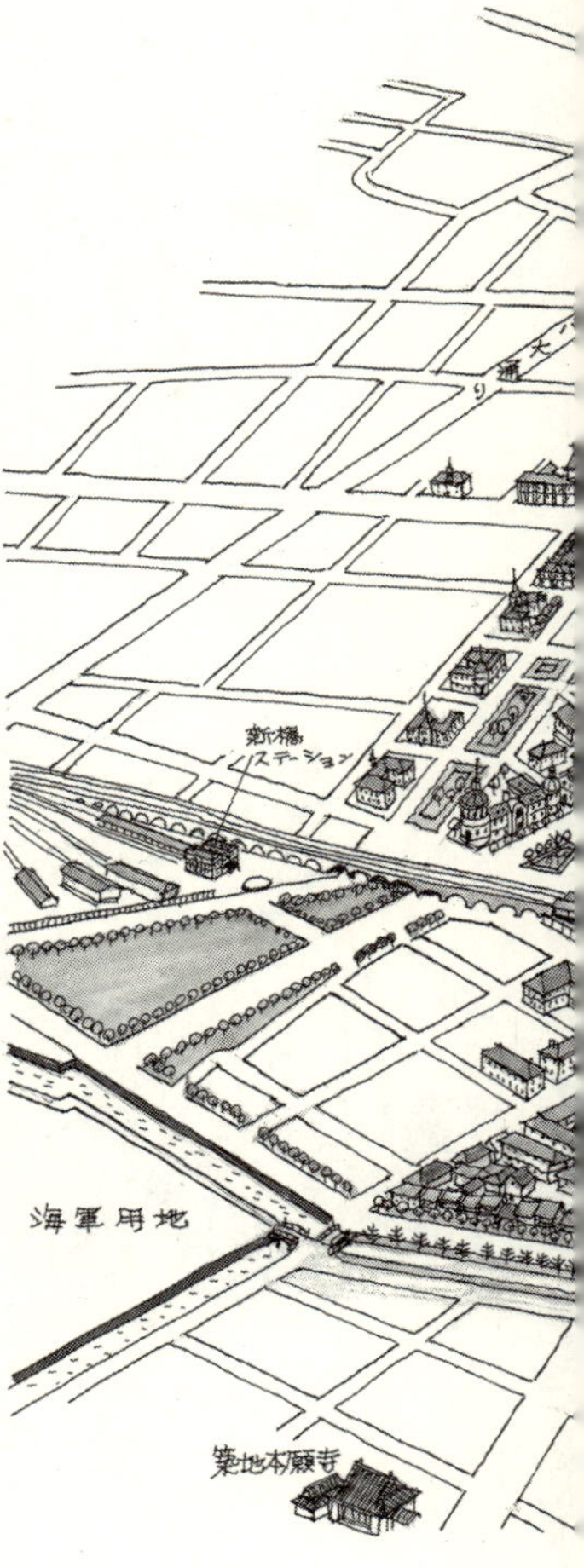

日比谷、霞が関、永田町、有楽町、銀座、新橋にわたる大計画となり、皇居、国会議事堂、官庁街、中央ステーションを結んで天皇大路、皇后大路、日本大路、ヨーロッパ大路などの広大な幹線道路が縦横に貫通するという、まさにパリをもしのぐ壮大なバロック式都市計画であった。しかし、官庁街だけでなくこのように一般市街地までをふくんだ大東京改造計画は、井上の意向によって推し進められたわけで、これは当然、市区改正計画と真正面から衝突することになる。つまり、内務省系の市区改正計画と、これを潰そうとする外務省系の官庁街計画によって、政府部内での一大勢力争いが表面化したわけなのである。

高等裁判所・大審院

海軍省（明治23年）設計・コンドル
戦災で焼失

官庁集中計画は、もともと海だった日比谷一帯の地盤が悪く、当時の技術ではレンガや石造の重い建築物を建てるのは無理だということがわかり、財政難もあって再三設計の変更、縮小を余儀なくされた。そうこうしているうちに肝心の条約改正交渉が失敗に終わり、責任を負って井上は外務大臣辞任に追いこまれて明治二十三年には臨時建築局も廃止されてしまった。

こうして官庁集中計画は幻の大東京計画としてあっけなく消え、エンデの設計した各庁舎のうち実現したのは司法省と裁判所だけで、国会議事堂は木造の仮建築のままお茶をにごし、海軍省はコンドルの設計が採用されたに過ぎなかった。

ベニスをしのぶ水の町

堀割りと水運の町といわれた江戸の河川には、大小の橋がたくさん架かっていた。いずれも船の通行のために中央が太鼓状に盛り上がった木造橋で、これらは明治になると車馬交通のために平坦な形式に架けかえられるようになる。つまり水運から陸運へと交通輸送のシステムが大きくシフトしたからである。市区改正計画のなかでも、道路と橋梁の整備はとくに重要とされ、その根底には産業、軍事上の必要性があったことはいうまでもない。

町並みや建物の変化とともに、大きく町のイメージを変えたのが、木造橋にかわる

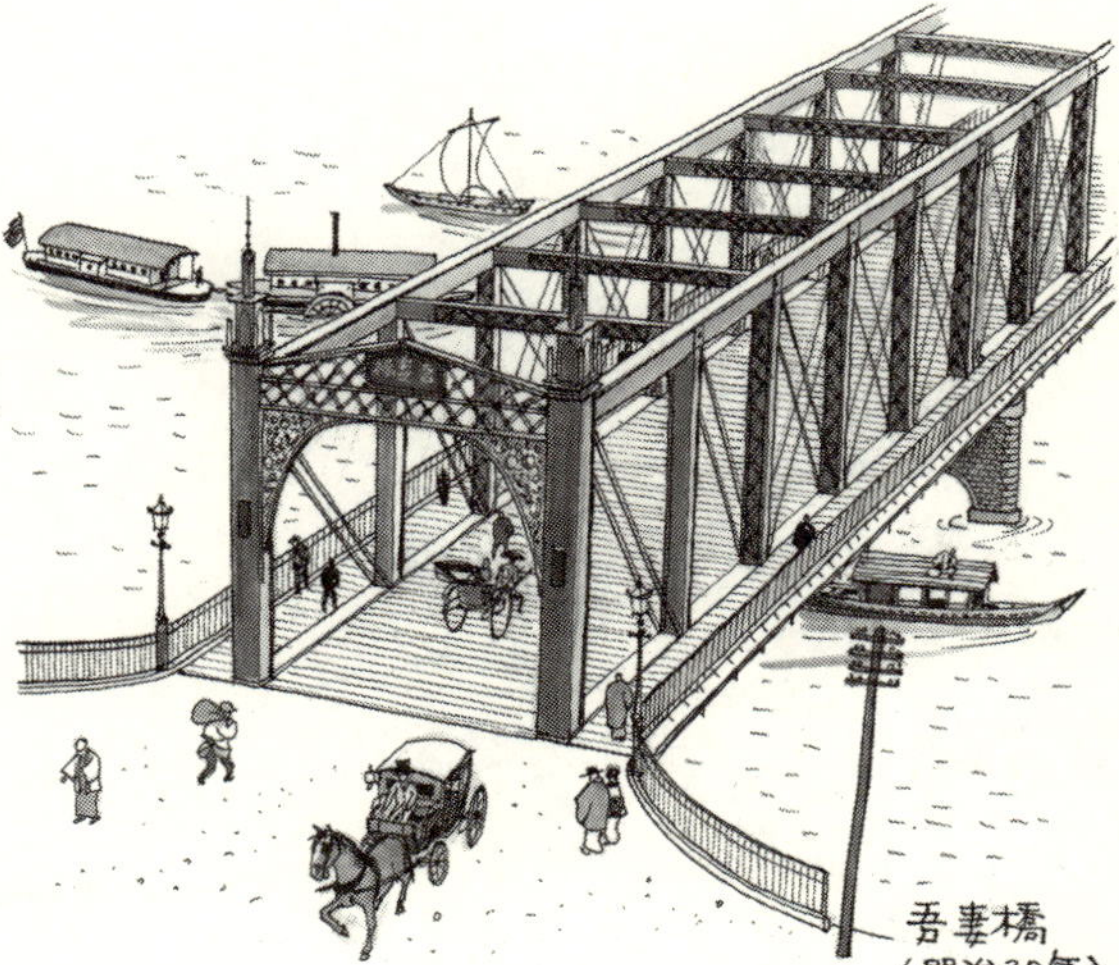

吾妻橋
（明治20年）

新しい石橋の出現だった。京橋、新橋、江戸橋、筋違橋《すじかいばし》（萬世橋）、浅草橋、常盤橋《ときわばし》などは石造のアーチ橋に架けかえられた。

ついで鉄橋の時代がやってくる。隅田川の鉄橋第一号は吾妻橋で、明治十八年に流失した旧木造橋にかわって、二年後の明治二十年（一八八七）の暮れに竣工した。こうして鉄道馬車などの重量交通機関に対応するとともに、増水時の流失や破損といった従来の木造橋の弱点が解決されることになったのである。

その後、廐橋（明治二十六年）、永代橋（三十年）、両国橋（三十七年）と鉄橋化が進められ、明治

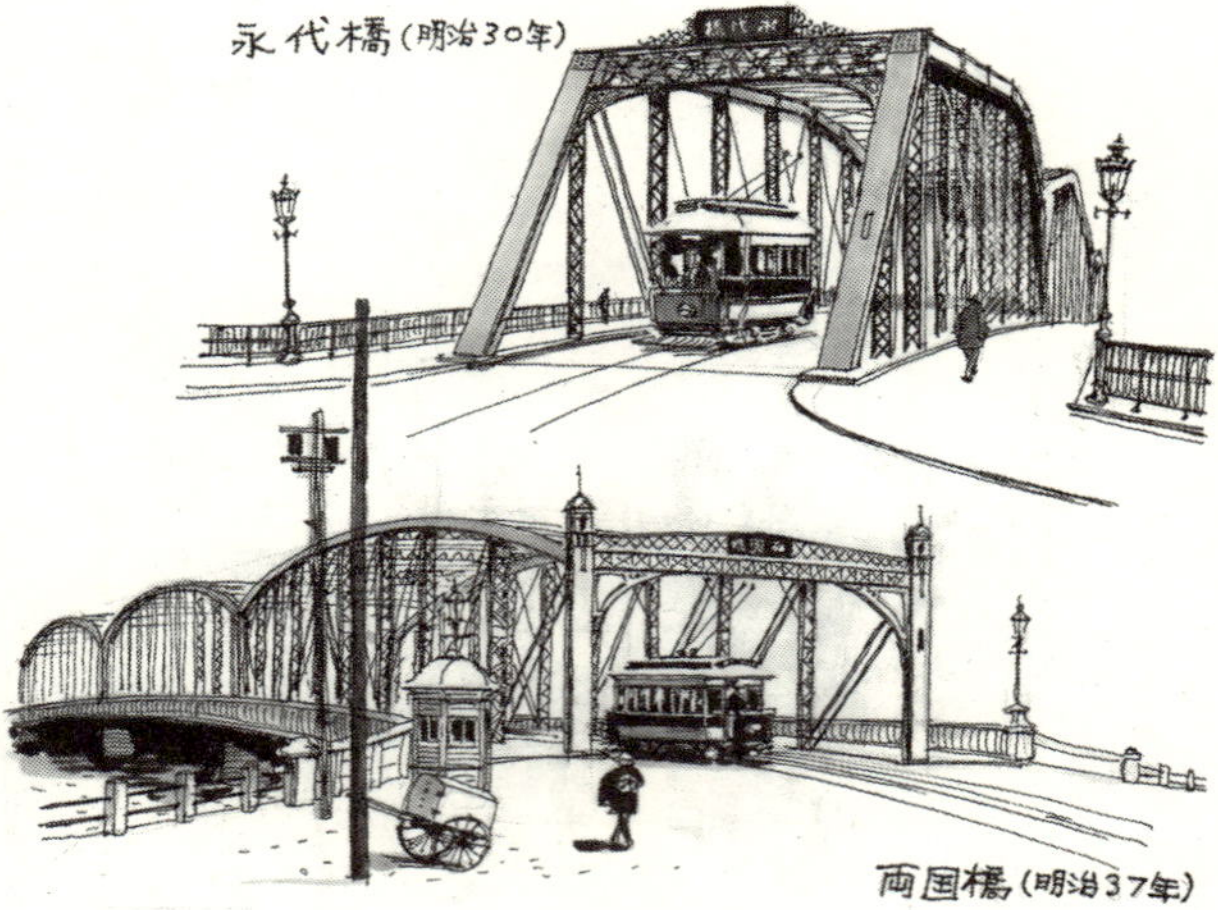

末年の四十五年には新大橋が完成して隅田川の五大橋が近代化された。新大橋は太平洋戦争後まで生きつづけて、現在は明治村に移築保存されている。両国橋は移築されて南高橋になっている。これら明治の鉄橋は、路面が板張りだったのでいずれも関東大震災による被害が大きく、その後さらに修繕したり架けかえたりせざるを得なかった。

隅田川ばかりでなく、市内のあちこちの橋も鉄骨化されてゆき、江戸以来の水辺の景観はしだいに変貌をとげていった。明治の初期につくられた石造橋も明治三十年代にはほとんど鉄骨橋に架けかえられている。日本橋は明治六年に洋風の木造橋になったが、やっと本格的な石造橋に架けかえることになり、明治三十九年から工事をはじめて、四十四年に完成した。麒麟と獅子の彫刻を飾り、橋の中央に全国里程元標柱を設けてここを日本中の道路の起点とした。橋名の銘板は徳川慶喜の筆になるものだ。現在は橋の上に高速道路がおおいかぶさって見るかげもないありさまで、里程標柱も橋のたもとに移されている。

石造アーチ橋として明治初期のおもかげをいまにつたえる元常盤橋《もとときわばし》（明治十年）も、高速道路さえなければまるで新派の舞台を見るようなたたずまいだ。現在は通行禁止になっている。当時の姿のままといえば皇居正門の二重橋（明治十九年）ぐらいのものだろう。

海運橋際の三井ハウスは、第一国立銀行となったが、その頭取として兜町一帯に近代的ビジネスセンターをつくろうとしたのが明治実業界の大立者渋沢栄一（一八四〇〜一九三一）である。渋沢はもと幕臣から大蔵官僚となり、さらに銀行家、実業家としても名をなした。こうしてこの町には株式取引所、銀行集会所、東京商法会議所などの各種経済機構をはじめ、民営企業や経済ジャーナリズムが集中して活動をはじめるようになった。

渋沢はここに住まいを定め、明治二十一年にはベニス風の端正な建物を新築した。河岸蔵《かしぐら》にかこまれて日本橋川の水に姿を映したエキゾチックなたたずまいは、さながらベニスを彷彿とさせるものがあった。そういえば明治十三年に永代橋際に建った開拓使庁舎もベニス風のデザインだった。当時の東京の水辺の風景が、いかにもベニスを連想させるようなものであったことが想像できる。渋沢はビジネスだけでなく、教育や福祉にも足跡を残している。

しかし、渋沢のこのビジネス街構想は結局は大成することなく終わってしまった。彼は東京の商都化を意図して、隅田川下流一帯に大埠頭を建設し、諸外国の船が直接東京に横づけできるようにして、これと計画中の中央ステーション（東京駅）を結ぶ産業道路の真ん中に兜町が位置するという構想を立てていたようである。しかし築港計画は実現せず、この隅田川貿易港化の夢は失敗に帰

日本橋(明治44年)

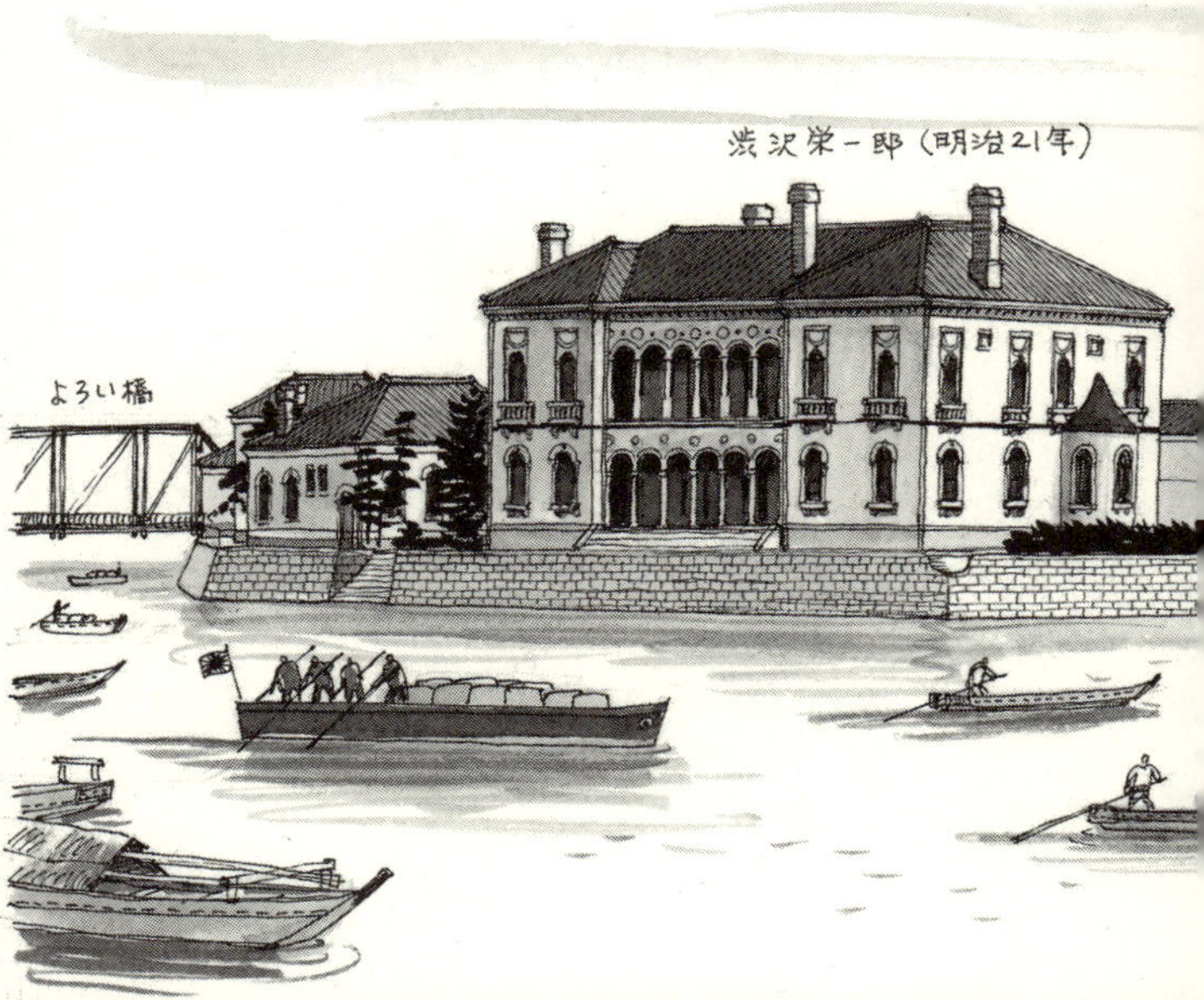

渋沢栄一邸(明治21年)

し、太平洋戦争後に東京港が生まれた。ビジネス街もやがて丸の内に移って、兜町はたんなる証券取引の町として残ったわけである。

威信をかけた日本銀行

明治に建てられた東京の建物といってもいまではほとんど失われてしまった。ほんの百年ほど前の建物さえろくに残っていない首都というのは、世界でも珍しいといえるかもしれない。その数少ない現存明治建築の代表的な存在としていまでも実際に使用され、国の重要文化財に指定されているのが日本銀行本店の建物である。

日本銀行は政府金融機関として近代的な貨幣・信用制度の確立をめざし、明治十五年に設立された。はじめは、前述の開拓使物産売捌所《うりさばきしょ》の庁舎をゆずり受けて使用していた。

日銀の仕事は、国内各銀行の連絡、国庫金の取り扱い、外国手形の割引、正貨の蓄積などを目的としていたが、明治十八年から日本銀行券を発行して通貨の安定をはかることになった、明治五年の国立銀行条例は殖産興業政策や西南戦争のために大量の

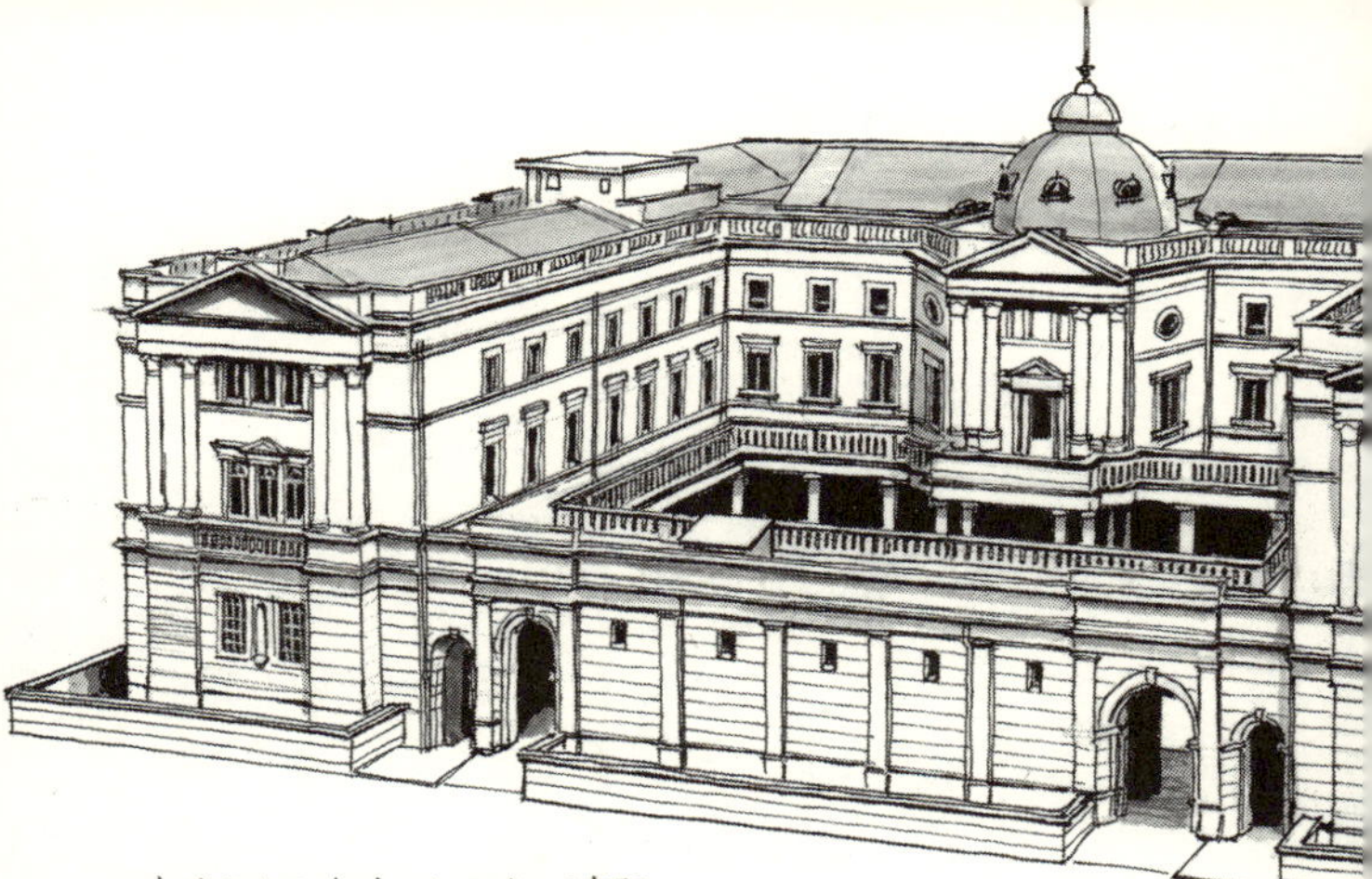

日本銀行本店（明治29年）

コンドルが設計した 開拓使物産売捌所《うりさばきしょ》（明治13年）後の日銀

不換紙幣を増発し、貨幣価値がいちじるしく下落していたのである。

明治二十一年に新庁舎が計画され、辰野金吾に設計がまかされた。辰野は工部大学校でコンドルについて建築を学び、のちに東京駅などを設計して明治建築界の重鎮といわれた人物だ。前述の渋沢邸も辰野の設計だった。それまでは国のおもだった建物は外国人建築家に設計を依頼していたのだが、はじめて日本人建築家による本格的な設計が世に出ることになったのである。彼は欧米を視察して各国の大銀行を見学し、帰国後さっそく設計に取りかかった。当時はこのような重要な建築の設計に際しては、欧米に出かけてお手本をいろいろ調査視察するのが通例だったようである。

工事は明治二十三年に着手され、途中日清戦争によって一時中断されたが、五年の歳月をついやして明治二十九年（一八九六）に完成した。場所は日本橋両替町常盤橋ぎわの現在地で、ここは江戸時代には金座が置かれ金融には縁の深いところであった。建物はルネサンス様式の石造、地下一階地上三階建て、浅草の十二階についで日本で二番目のエレベーターも設置されていた。前庭にはいるのを拒否するかのように銃眼つきの灰色の石壁が立ちふさがり、いかにも明治日本の威信を示すようなおもおもしい建物だ。地下の大金庫室は周囲をぶあついコンクリートで固め、なにか異変が起きても絶対侵入されないような堅固な構造になっているそうである。

あいかわらずの水不足

江戸の上水道は「水道の水で産湯を使った」のを自慢にするくらい、江戸っ子の誇りとなっていた。江戸は海のそばなのでもともと良い水にとぼしく、はやくから上水道が開発されていた。おもに江戸初期の神田上水と、その後にできた玉川上水の二系統その他が飲用水として使われ、この江戸上水はそのまま明治になっても東京市民に使われていたのである。

しかしこれだけではとてもふくれ上がる人口を支えきれず、東京はつねに水不足に悩まされた。とくに低湿地の本所、深川あたりから下町一帯の水は海水や鉄気《かなけ》をふくんでいて飲用には適さなかった。そのころ「水舟」や水桶を天秤棒でかついで売り歩く「水屋」という商売があったくらいである。

江戸時代の水売り

水道といっても、現在のように蛇口をひねると殺菌されたきれいな水がジャーッと出てくるわけではない。江戸以来の地下に通した木樋（木管）の水を、井戸の桶で汲み上げるのである。上流の水路にゴミが捨てられたり、木樋が腐ったりするのでどう考えても衛生的とはいえない。雨が降れば泥水が流れこんで水はすぐ濁る。また下町の長屋では、総後架《そうごうか》と呼ばれる共同便所のすぐわきを水道の木樋が通り、井戸があるので、まことに非衛生的なものであった。明治初年には木樋の手入れも放置され、このため東京では二、三年おきにコレラなどの恐ろしい伝染病が発生して多くの人が死んでいる。水質検査の結果は、とても人の飲めるようなものではなかったのである。

そこで、どうにか近代的な水道建設に取りかかることになり、やっと明治二十年から調査が開始された。実際に水道改良工事がはじまったのは明治三十一年（一八九八）で、神田日本橋に最初の給水が開始されることになった。そして全工事が完了したのは、なんと明治も末の四十四年のことであった。

新しい水道は浄水装置も完備し、鉄管やコンクリートの暗渠を通して給水するもので、新宿の青梅街道口には広大な淀橋浄水場が設けられた。このとき給水用の鉄管にからむ大がかりな汚職が摘発された。こうした事件はいまにはじまったことではないようである。現在超高層ビルの林立する新宿西口の副都心は、この広大な淀橋浄水場の跡地に建設されたものなのだ。

それでもまだ東京の水不足は解消されなかった。改良水道の恩恵をうけたのは二十万戸、人口にして七十万人、つまり東京の総戸数の約半数、総人口の三分の二にすぎなかった。

工事完了とともにこんどは水源として貯水池が必要となり、村山、山口貯水池(現在の多摩湖、狭山湖)が昭和になってから完成し、さらに小河内ダム(奥多摩湖)が生まれるのは昭和三十三年のことである。

いっぽう、下水道のほうはどうなっていたのだろうか。西洋ではローマ時代から下水道が設けられていたが、日本では明治になってもほとんど発達しなかった。市民の生活排水はあいかわらず「どぶ」を通して直接川や海に流していたので、すこぶる非衛生的だった。銀座レンガ街建設のときに、はじめて西洋式の下水がつくられるが、その後コレラが流行したので明治十八年にやっと神田の一部に下

淀橋浄水場、現在の新宿副都心

水道がつくられたといわれている。

下水道の建設には膨大な費用がかかるので、その後もなかなか実現しなかった。また、昔から都市の屎尿《しにょう》は肥料として利用され、近在農家の必需品でもあった。繁華街でも肥桶を積んだ車をひいて馬がにおいをまき散らして歩いていた。いっぽう予防ワクチンの開発によって伝染病が減ると、下水の必要性も後退する、という事情もあったようだ。しかし人口が増えて農家の需要だけではまかないきれなくなると、汚穢船《おわいぶね》で川を下って東京湾に捨てていたというのが現状だった。やっと工事がはじまったのは大正時代になってからで、その後も関東大震災や戦争のおかげで工事はなかなかはかどらず、太平洋戦争後になってようやく整備が進むようになったという情けない状況だった。

ゴミ対策も問題だった。江戸時代にはゴミは各家が勝手に川や堀、空き地などに捨てたり、焼くか埋めるかしていた。明治になっても状況はあまり変わらなかったようで、都市化の発展とともにこれではどうにもならず、明治三十年代からはゴミ収集業者が回収するようになった。各家庭にゴミ箱が設置され、深川には焼却場もできた。単純な比較は無理だが、明治末年の東京のゴミは一日八百トン（年間三十万トン）に増え、それでも現在の十分の一程度だった。

春のうららの隅田川

先進国の大都会には、公園として自然庭園とともに樹木を植えて人工の庭園を造成する風潮が盛んだった。東京でもこれにならって公園を整備しようということになり、明治六年にはじめて公園が誕生した。浅草寺、芝増上寺、上野寛永寺、深川富岡八幡、飛鳥山の五カ所で、さしあたって江戸時代から人びとがよく集まる寺院の境内や行楽地をそのまま公園に指定したわけである。

上野公園は寛永寺や東照宮もあって、昔から徳川家の聖域とされていたが、桜の名所として庶民にも開かれていたのである。はじめはここに大学東校（東大医学部の前身）を移して、医学部や病院を含む医療センターにしようという案もあ

浅草公園地図

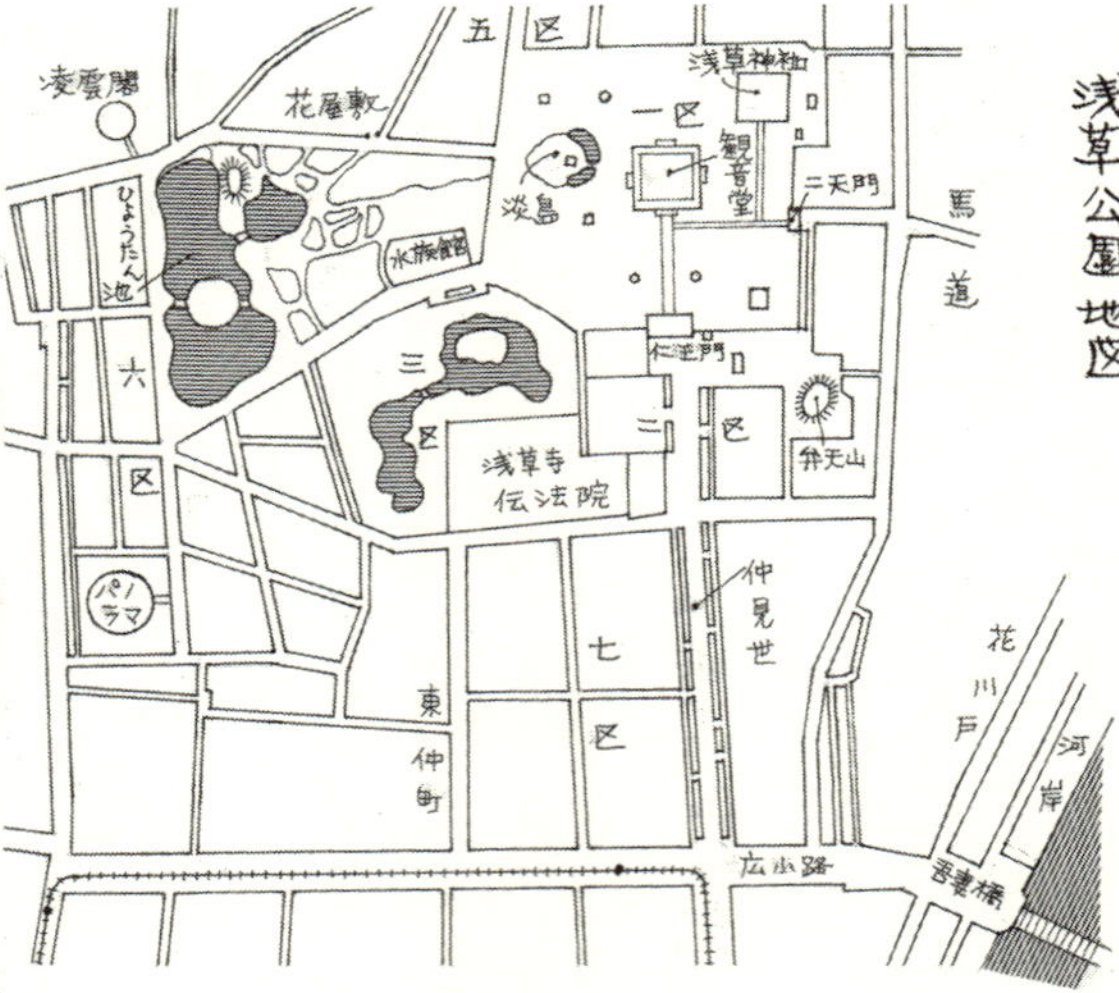

浅草六区のにぎわい
活動写真の流行する以前

ったようだが、こんな幽邃《ゆうすい》の地をつぶすよりも公園にすべきだという意見によってそのまま残されたのである。維新後はたびたび勧業博覧会が開かれ、博物館（明治十四年）や動物園（明治十五年）もできて公園らしくなっていった。動物園ははじめ博物館の付属施設だったが猛獣はまだいなかった。二十年代には虎、豹、象なども飼育され、三十五年にはライオンもやって来た。上野動物園は大正末期に昭和天皇のご成婚を機に東京市に下賜された。

明治十七年には不忍池の周囲に競馬場もつくられた。ただし馬券は発売されていない。池上に本格的な競馬場ができたのは明治三十九年、翌年には目黒競馬場が開設されている。犬をつれ

浅草仲見世
仲見世は明治18年に開設された。道巾6間の石敷きで、両側の店はレンガ建ての長屋。雷門は慶応元年に焼失したままで太平洋戦争後に再建された。
仁王門

た西郷さんの銅像ができたのは明治三十一年のことである。

浅草寺の境内も聖域とされていたが、江戸からひきつづいて東京の庶民に愛されたいちばんの盛り場となり、いまも人出が絶えない。境内を中心に一区から五区まで公園として指定され、のちに浅草田圃を埋め立てて六区が指定された。二区の仲見世は明治十八年に連屋のレンガ造に建てかえられた。雷門は慶応元年に焼失し、太平洋戦争後に再建されるまで門はなかった。六区は見世物や玉乗り、パノラマ、のちには映画館、大正時代になるとオペラやレビューが盛んとなって東京一の興行街となった。

右は牛島神社の灯明台

六区の隣には十二階や奥山という庭園があって花屋敷も人出が多かった。

東京に新設された公園としてもっとも画期的だったのは日比谷公園である。明治三十六年、はじめての洋風公園として陸軍の練兵場跡に開園したのだ。はじめのころは風が吹くとほこりが舞い上がって目もあけていられないと悪口をいわれたりしたようだ。しかし、噴水や花壇をあしらった十八万平方メートルもの広い敷地にはやがて樹木も茂り、市民の憩いの場として愛されるようになる。明治三十八年には野外奏楽場ができて軍楽隊の演奏が定期的におこなわれ、

隅田堤のお花見　対岸は待乳山聖天と今戸橋。

園内にはレストランや図書館、スポーツ施設も開設されるようになった。

公園以外にも東京にはあちこちに市民の行楽地があって、江戸のころから四季おりおりの風情が人びとに愛されていた。とくに桜の咲く季節ともなると、うちそろってお花見に浮かれだすのは今も昔も変わりない光景。江戸以来の桜の名所は、上野、飛鳥山、品川御殿山、小金井堤と数多くあったが、とくに向島の隅田堤はたくさんの人出でにぎわった。言問団子や長命寺の桜餅はいまも有名だが、コンクリートの護岸が高々とそびえる現在の様子からは想像もできないくらいのどかな風景だったにちがいない。

広々とした水の上を行き来する白帆の影、波間に羽を休める都鳥の群れ、待乳《まっち》山《やま》の森、

竹屋の渡し、浅草寺の塔の影……。隅田の春の景色こそ、じつに帝都一の眺めといわれた。「夕暮れに眺め見飽かぬ隅田川、月に風情を待乳山……」という端唄や、「春のうららの隅田川……」という唱歌のイメージそのままの姿が、明治の隅田堤のたたずまいだったのである。

明治三十六年三月、海軍大尉郡司成忠は千島探検のため隅田川から華々しく出発した。両岸にはたくさんの人がつめかけ、花火が打ち上げられた。彼は幸田露伴の実兄にあたる人だそうだが、政府からの援助もなく、民間からの寄付金でなんと手漕ぎのボート五艘で北海を乗り越えようというのだから無謀な話である。嵐にあったり辛苦のすえになんとか便船で千島へ渡り、この地に移住開拓しようという計画だった。

江戸時代から、本所向島一帯はのどかな田園地帯で、いまでも人気のある新年の「隅田川七福神めぐり」など、当時から墨堤《ぼくてい》は格好の散策地であった。七福神めぐりは幕末安政の大地震以来とだえていたのが明治三十二年に復活したのである。狭い町中の喧噪を逃れて、このあたりには別荘や寮もたくさんあった。

しかし、明治後半の産業革命の進行によって、こうした隅田川や東京湾沿岸一帯は工場地帯として急速に発展し、多くの工場や倉庫群で埋めつくされていった。かつての美しかった江戸以来の水辺の景観も、こうしてしだいに見るかげもなくなっていったのである。

現在の隅田堤は、再開発が進んで水辺の遊歩道や公園が整備され、隅田川の水も浄化されて、新たな面目をとりもどしつつある。

六　市民の生活

やっと生まれた東京市

八百八町といわれた江戸の町の市政は、江戸城明け渡しと同時に、官軍総督府にひきつがれて七月十七日に東京府となった。その区域は文政元年（一八一八）に定められた「朱引き」の境界とほぼ一致しており、朱引き内が市街地、朱引き外が郷村地とされた。

東京府はその地域拡大にともなって、明治初年は何回も行政上の組織が変更されている。朱引き内を五十区にふり分けた五十番組制にはじまり、さらに大区小区制に改められて六大区、九十七小区に分けられた。しかしこうした改編とともに江戸の町に根づいていた町人による自治制度は弱められ、東京は「市民の町」というよりも「国家の都市」として、政府に直結した行政や警察の制度が推し進められていった。

明治十一年（一八七八）、東京府は新しい法律にもとづいて、十五区と六郡を設けることにした。麴町、神田、日本橋、京橋、芝、麻布、赤坂、四谷、牛込、小石川、本郷、下谷、浅草、本所、深川の十五区と、東多摩、北豊島、南豊島、南足立、南葛飾、荏原の六郡である（のちに東多摩と南豊島はいっしょにして豊多摩郡となる）。また、それまで静岡県に属していた伊豆諸島も東京府の管轄に移されることになり、明治十三年には小笠原諸島も東京府の所管となった。

十五区の市街地のうち、神田、日本橋、京橋、下谷、浅草などは、江戸以来「下町」と呼ばれて商業の盛んな地域である。それに対して麴町、麻布、赤坂、四谷、牛込、小石川、本郷などを「山の手」という。渋谷も新宿も池袋も、まだ東京の区域外で郡部に属していた。山手線も市外を走っていたのである。

東京区部の人口は、明治五年には五十七

今の東京フォーラムの場所.

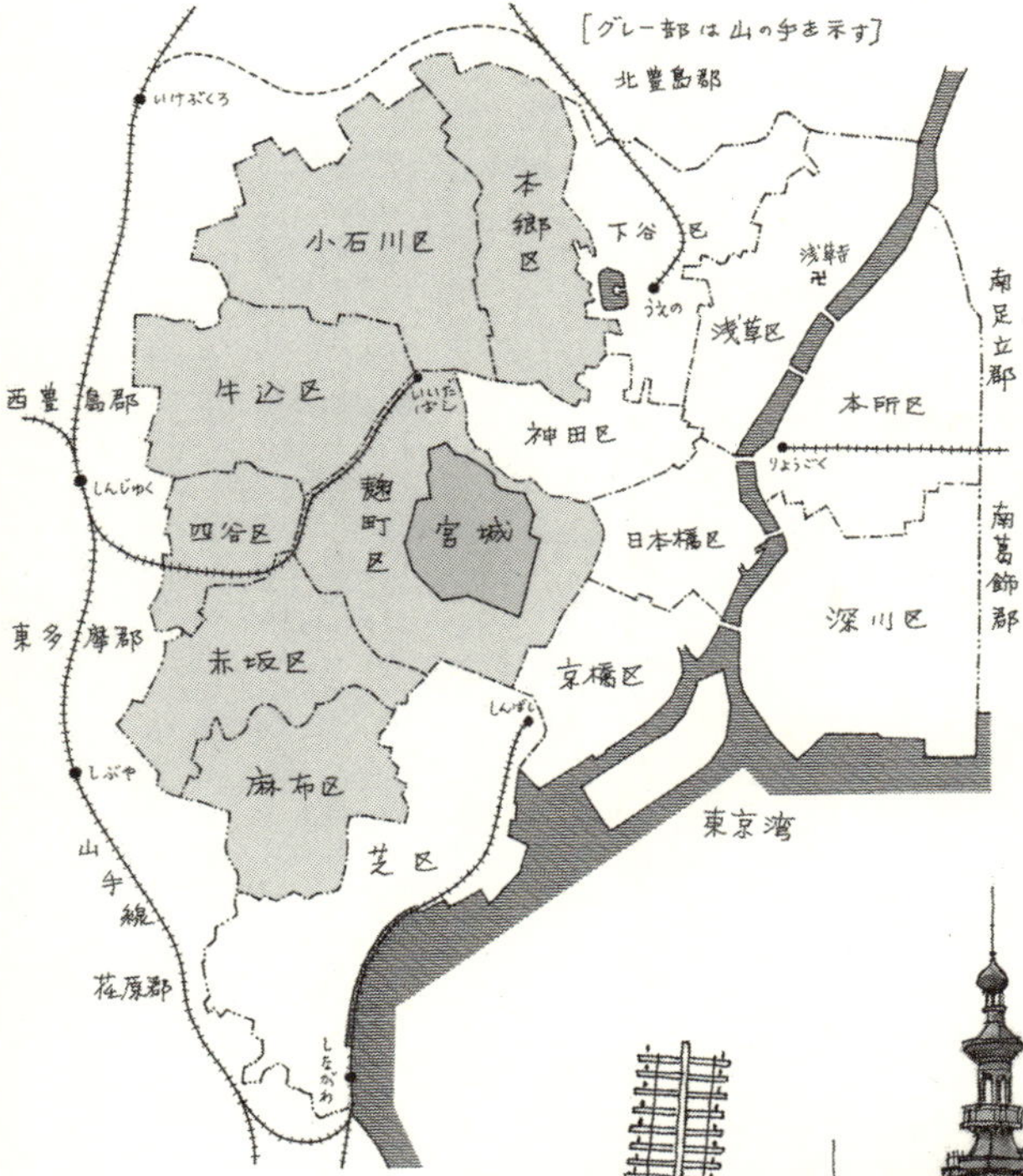

東京府庁舎（東京市役所）明治27年

万人といわれたのだが、十五年には八十六万人、二十年には百二十三万人と急速に増えている。地方から流入する人口が増加したからだ。川と海にかこまれた下町には、いよいよ人が多くなって、本所や深川も過密化するいっぽう、山の手もさらにその外側の郡部にまで市街区域を広げていくようになる。

隣接五郡を合併して、品川、目黒、荏原、大森、蒲田、世田谷、渋谷、淀橋、中野、杉並、豊島、滝野川、荒川、王子、板橋、足立、向島、城東、葛飾、江戸川の各区が生まれ、大東京三十五区となるのは、関東大震災後の昭和七年、さらに太平洋戦争後の昭和二十二年に現在の二十三区制に改変された。

明治二十一年（一八八八）に全国市町村制が公布され、翌年東京市が生まれたが、この市町村制は施行直前に東京、大阪、京都に関しては市政特例が設けられ、このため市長の職は府知事が兼ね、庁舎も府庁内に置かれた。つまり自治権の制約された、市とは名ばかりの存在でしかなかったのである。府から独立してほんとうの意味での自治権が認められるようになるには、さらに十年を経て市政特例の廃止まで待たなければならなかった。

明治三十一年になって市政特例が廃止され、はじめて東京市役所が開設された。その日を記念して現在毎年十月一日は「都民の日」と定められている。東京に住むものにとって忘れてならない自治獲得の記念日なのである。

浅草のスカイタワー

明治二十三年（一八九〇）十一月、浅草奥山に十二階建ての高塔が出現して市民のど肝を抜いた。これが凌雲閣、俗に十二階と呼ばれた建物である。この前年にはパリのエッフェル塔が完成している。

江戸時代には高い建造物は禁止されており、高層といえば城の天守ぐらいで、江戸城の大天守も明暦大火後は再建されていないから、一般の高層建造物といえば火の見櫓ぐらいしかなかった。明治になるとその反動か、塔をそなえた建物があちこちに出現するが、たいていは時計塔のように下から見上げるためのものばかりだった。

明治四年に九段坂上に建った灯明台は、船の目印が目的だった。そのころは高輪沖からこの灯りが見えたものだそうだ。凌雲閣完成の前年には愛宕山の頂上に五階建ての展望塔が建てられ

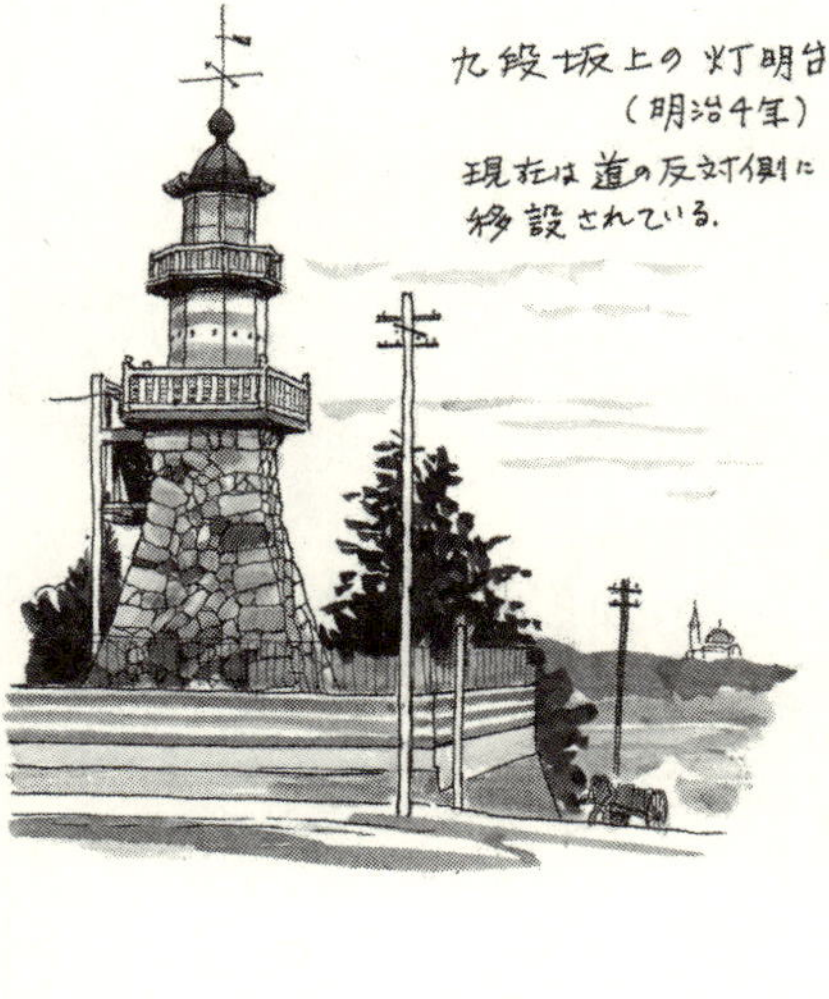
九段坂上の灯明台
（明治4年）
現在は道の反対側に
移設されている。

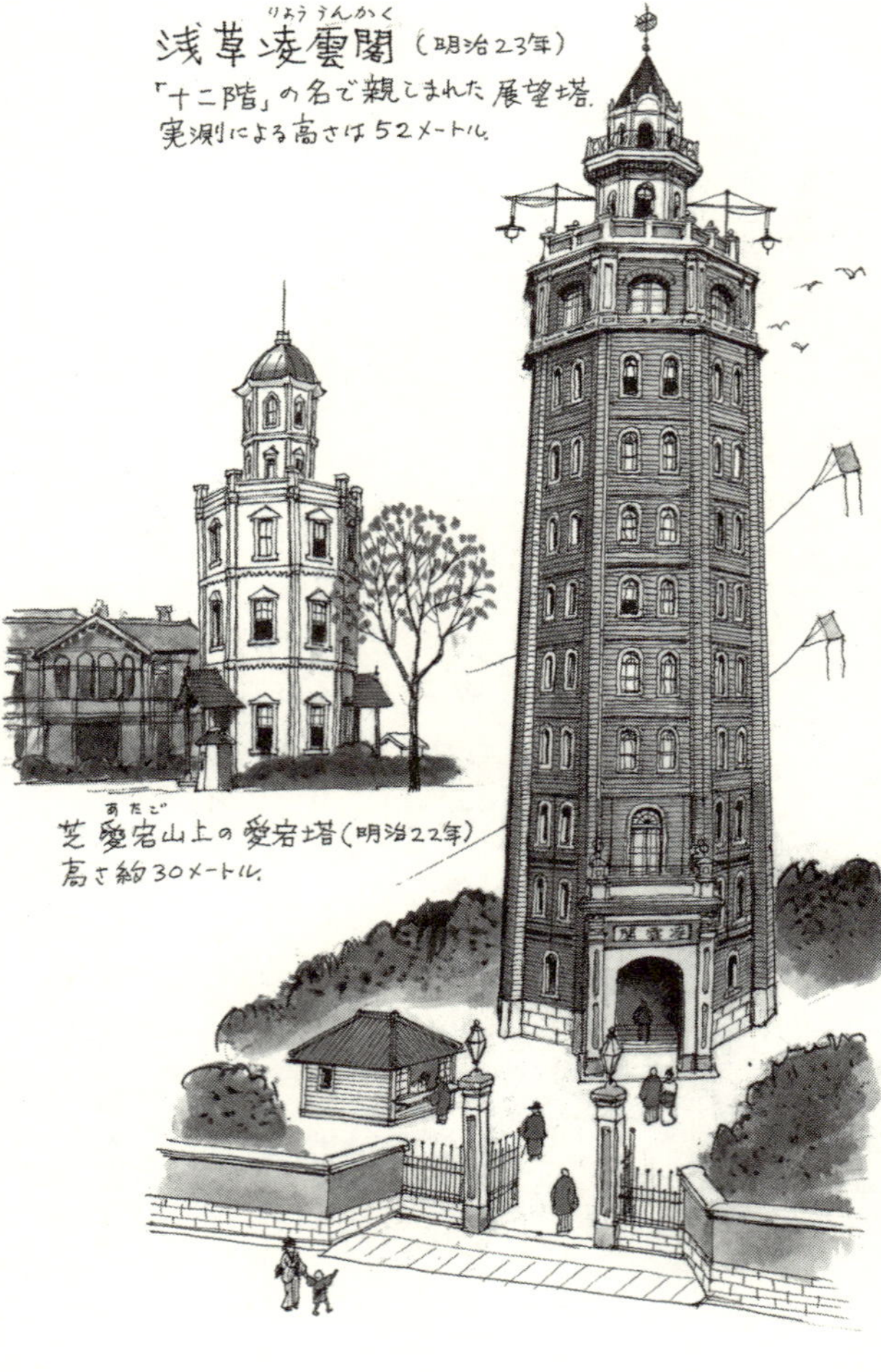
浅草凌雲閣《りょううんかく》（明治23年）
「十二階」の名で親しまれた展望塔。
実測による高さは52メートル。
芝愛宕《あたご》山上の愛宕塔（明治22年）
高さ約30メートル。

たが、これが上に登って見下ろす塔としては天守以来初めてのものだろう。浅草寺の五重塔を修理したときにも一銭をはらえば足場を登ることができたらしい。江戸以来の富士山信仰にあやかって、明治二十年には浅草に高さ三十メートルほどの富士山縦覧所と称する人工富士も作られたが、木や竹の骨組みに石灰を塗ったハリボテだったので、二年後の台風で損傷してしまったらしい。

しかし凌雲閣のほうは、なんといっても浅草公園のすぐ隣に高さ二百二十尺、六十七メートルといわれる塔が建ち上がったのだから、これは前代未聞だった。ただし後の実測によれば、避雷針をいれて百七十三尺、五十二メートル余しかなかったらしい。

凌雲閣は地上十階までがレンガ造、その上二層が木造の八角平面の展望台になっていた。設計はイギリス人土木水道技師のバルトン、工事監督は滝大吉といわれている。ウイリアム・バルトンは明治二十年に東京帝国大学工科大学の衛生工学の教師として来日し、東京の水道建設計画にも参加している。凌雲閣の設計はいわばアルバイトだったわけだ。そういえば見るからに水道塔のような形をしている。また滝大吉は「荒城の月」の作曲者滝廉太郎の従兄に当たるといわれている。

凌雲閣は見上げるだけでなく、最上階からあたりを展望できることが特徴だった。バルトンはイギリス王立アマチュア写真家協会の会員で、すぐれた写真家でもあった。日本の風物も数多く撮影している。きっと浅草の風景を高所から見下ろして写真に撮りたいと思っていたにちがいない。バルトンはのちに後藤新平の要請で台北の水道計画に参加したが、マラリアにかかって東大病院で亡くなっている。

内部は八階まで螺旋階段にそって売店が立ち並び、九階が休憩室、十一、十二階は展望台で望遠鏡をそなえ、塔内には日本最初のエレベーター二基が設けられたが、危険のためのちに使用禁止になったそうだ。その後エレベーター技術の発達により大正三年に復活しているが、このことはあまり知られていない。

足もとには東京の街が一面に広がり、遠く品川沖から房総の山々、富士、筑波まで一望することができるのだから、明治の人にとってはまさに現代の東京タワーやスカイツリーに匹敵する感じだったにちがいない。開館の呼びものは写真による美人芸者の人気投票だったそうだ。

東京名物として人気のあったこの十二階も次第に人びとの興味を失い、明治二十四年の濃尾地震で亀裂がはいって鉄帯で補修したりしたが、後の関東大震災で八階からポッキリ折れ、工兵隊の手で爆破処理されて三十三年の生涯を閉じた。当時、塔下の地域一帯で営業していたいわゆる「銘酒屋」と称する特飲街も、関東大震災後、向島玉の井（現在の東向島）に移転させられた。

十二階と並んで浅草で人気のあった見世物がパノラマである。明治二十三年の第三回内国勧業博覧会に小規模のものが公開されたようだが、この年五月に上野公園に本

浅草 日本パノラマ館
(明治23年)
富士山縦覧所の跡地に
建てられた。

格的なものが開館した。しかし、その二週間ほどあとに最大の規模を誇る「日本パノラマ館」が浅草の富士山縦覧所の跡地に生まれたのである。

巨大な木造十六角形の建物で、周囲百四十四メートル、高さ十八メートルもあり、発起人として渋沢栄一、大倉喜八郎らの財界人が名をつらねていた。

入口から暗い廊下を通って建物の中央部に上がると、三百六十度の内壁ぐるりいちめんに風景を描き、人形や書き割りを配して観客に実際の立体空間のなかに身を置くような気分にさせるという、いかにも十九世紀的な見世物で、そのころ世界中で流行していたのである。仕掛けを知ってしまえばたわいないような気もするが、実物に接するとトップライトの効果で遠近感が強調され、一種の不思議な擬似的現実感に魅せられるものだったようだ。いまでいうバーチャルリアリティの先祖である。いちど本物を見てみたい気がする。いまどきのＣＧや３Ｄ

パノラマ館の内部
はじめは南北戦争の
場面が展示された。

などよりも素朴で魅力的かもしれない。現在でもヨーロッパの田舎などへ行くとけっこう現存しているところがあるらしい。

　建物は木造の仮建築ながら、サンフランシスコのパノラマ館と同規模で建てられ、当初は南北戦争の情景を描いた絵が輸入陳列されて、その迫真の臨場感はたちまち満都の人気を集めた。数年後に日清戦争が起きると日本人画家による平壌攻略

の場面に描きかえられ、いずれも血なまぐさい戦場の光景で非日常的なイベントを代理体験させる仕組みになっていた。

かくて明治二十三年は東京市民が新しい視覚眺望を獲得した年となった。十二階が実景のパノラマを、パノラマ館が人工の景観を提供したわけである。

そのほか神田、九段下、日本堤などにも開設され、全国的に広まって人気を得たようだが、活動写真の出現で明治の末には下火となり、日本パノラマ館は明治四十三年にルナパークという遊園地になった。

帝国ホテルとニコライ堂

鹿鳴館の隣にあらたに本格的なホテルが計画されたのもこのころである。またまた、欧化政策の立案者外務卿井上馨の発案で、明治二十年、有限会社帝国ホテルが創設された。「帝都東京に国際的なホテルひとつ持たぬは国辱なり」というわけで、大倉喜八郎、渋沢栄一、浅野総一郎らによって資本金二十六万五千円で発足することになったのである。このほか財界のお歴々十数名に呼びかけて資金を募ったのだが思うようには集まらず、けっきょく五万円を宮内省の出資にあおいでやっとスタートにこぎつけたといわれる。宮内省が筆頭株主というこの体質が、その後ながく帝国ホテルを他の一般ホテルと区別する一種特別な立場を占めさせる理由となったわけなのである。

そのころ東京には采女町の築地精養軒ホテルや、有楽町の東京ホテル（明治二十年開業）などがあり、明治二十二年には築地居留地の元アメリカ公使館の建物がメトロポール・ホテルとして開業している。精養軒は明治四十二年には改築して三階建て三十二室のホテルとなった。

帝国ホテルの敷地は麹町内山下町の現在地に当たり、明治二十一年に着工、二十三年（一八九〇）に完成して営業を開始した。木骨レンガ造三階建てのルネサンス様式で、部屋数は六十、スイート十室というそれまでにない本格的なホテルだった。明治初期の擬洋風建築とちがって、このころになると本格的な西洋建築の様式もようやく定着し、落ちついた風格のある建物が建ちはじめるようになっていた。しかし明治特有のこうしたレンガ建築は地震に弱く、関東大震災で多くが破壊された。残ったものも戦災や戦後の取りこわしによってほとんど姿を消してしまった。

建物の正面は現在とちがって北側に面し、当時は道路沿いに堀があって春には桜の花が美しかったそうだ。レストランや舞踏室もあって、井上馨や伊藤博文も西洋料理を食べによくおとずれたようだ。しかし、この豪華ホテルもしょせんは庶民の手のとどくものではなかった。人びとの人気はむしろ同じ年に完成した浅草の十二階に集まったのだった。

翌明治二十四年には、神田駿河台に巨大なドームを持つ不思議な建物が建った。日本ハリストス正教会東京復活大聖堂という異国風の宗教建築である。文久元年（一八六一）函館へやってきて、日本にはじめてロシア正教を布教したニコライ大司教の名にちなんで、俗にニコライ堂と呼ばれている。

ニコライ来日の当時はキリシタン禁制がきびしくて布教活動ができず、しばらくは日本研究にうちこみ、日本語、日本歴史、神道、仏教、儒教から日本美術まで勉強したといわれている。明治になると東京に進出してロシア語学校を開き、明治六年キリシタン禁制が解かれるとすぐさま布教を開始した。こうしてロシア正教は順調に信徒を増やしてゆき、日本各地に聖堂が建てられ、キリスト教の他の宗派と並んで盛んになった。

東京に大聖堂を建立することは、ニコライの長年の夢であった。また信者の女性画家、山下りんをモスクワに留学させてイコン画の制作を学ばせ、堂内のイコン画を描かせることにした。彼女については長いことあまり知られていなかったが、近年その業績がおおいに評価注目されて

ホテル メトロポール 明治7年、築地居留地に建てられたアメリカ公使館をホテルに転用した。

帝国ホテル(明治23年)

ニコライ堂
明治24年

いる。

こうしてニコライ堂は二十四万円の巨費を集め、七年の歳月をかけて完成した。原設計はロシア人だが、実施設計には鹿鳴館や帝国博物館のコンドルが当たった。本堂はレンガ造に鉄骨のドームを載せたビザンチン様式で、高さ三十五メートル、鐘楼は四十メートルに及び、駿河台の名物として東京でもひときわ目立つ高層建築だった。皇居が丸見えになるというので、一時は問題になったりもしたそうだ。しかし日露戦争が勃発すると、ロシア正教は敵性宗教ということできびしい状況に追いこまれたといわれている。

帝国ホテルは、その後大正十一年にアメリカの建築家フランク・ロイド・ライトの設計によって新しく建てかえられ、現在はその一部が明治村に保存されている。ニコライ堂は関東大震災に被害を受けて、その後多少の変更が加えられたが、いまでも鐘の音を朝な夕な神田一帯に響かせている。

山の手の生活

現在では、山の手というと世田谷や田園調布あたりを連想する人が多いようだが、世田谷などは昭和の初期まではむしろ近在農村地帯で、渋谷の先は武蔵野特有の雑木林や田畑の広がる中に藁葺きの農家が点在していた。明治のころは渋谷川には土橋がかかり、水車がまわっていたそうだ。

江戸はその地形に即して下町と山の手とに区分され、変化にとんだ魅力のある都市空間を形づくっていた。山の手は江戸市中のうち主に武家の住む地域で、下町の低地とは対照的に武蔵野台地の突端にあたり、文字どおり丘陵や谷の多い起伏にとんだ地域である。町中でも深山幽谷があり、森や田畑が多かった。山の手と下町の接するあたりは坂や崖が多く、風景が開けて眺めがいい。こうした場所に

レンガ造りの山の手の邸宅
陸軍大臣大山巌邸（明治22年）
今の表参道の近くにあった。
設計はオスカル・チーゼと
いわれる。

はお寺がたくさんあって、住宅地としても一等地である。このように山の手は緑につつまれた閑静な田園都市で、幕末にイギリス公使として来日したオルコックも、江戸の町は冬でも美しく「喜望峰以東でもっとも良い風土にめぐまれている」と称賛している。

武蔵野台地には有史以前から人びとが住んでいたらしく、荏原古墳群をはじめ遺跡もたくさんある。明治十年、アメリカからエドワード・モースが生物学研究のため来日したが、横浜から新橋に行く汽車の窓から古代の遺跡らしきものを見つけ、のちに発掘してこれが縄文遺跡であることを実証した。日本考古学のはじまりとなった有名な「大森貝塚」である。モースは明治十七年に本郷向ヶ丘の弥生町で遺跡の発掘をおこない、たくさんの土器を発見した。これが「弥生式土器」や「弥生時代」という名称のもととなったのである。

明治になると山の手の武家地の跡は華族や政府高官、実業家たちがきそって広壮豪華な邸宅をかまえるようになり、いわゆるお屋敷町のイメージが強くなっていった。

こうした上流階級の邸宅はだいたい洋風建築が多く、明治も中期以降になるとデザインや様式もすっかり板について堂々としたものになった。洋風の部分はおもに表向きの公用スペースとして使われ、たいていはこれに付属した和風住宅があって、家族の日常生活はこちらのほうでいとなまれていたようだ。玄関の車寄せからはいると、家族

庶民の日常生活

シャンデリアやステンドグラスに飾られたロビーや応接室、書斎などのほか、食堂や舞踏室、ビリヤードなどの娯楽室をそなえ、洋風庭園に温室を設けるなど素晴らしいかまえだった。三菱財閥の岩崎本邸として明治二十九年、上野池之端にコンドルの設計になる豪華な邸宅が建てられ、現存する明治邸宅として重文に指定されている。

山の手に居をかまえた文学者や作家たちもたくさんいた。坪内逍遙は本郷真砂町の炭団坂《たどんざか》に住んでいた。森鷗外の住まいは駒込の団子坂にあり、団子坂の別名汐見坂にちなんで「観潮楼」と名づけられた。夏目漱石は鷗外のもと借りていた千駄木の家で『吾輩は猫である』を書き、その後、本郷西片町

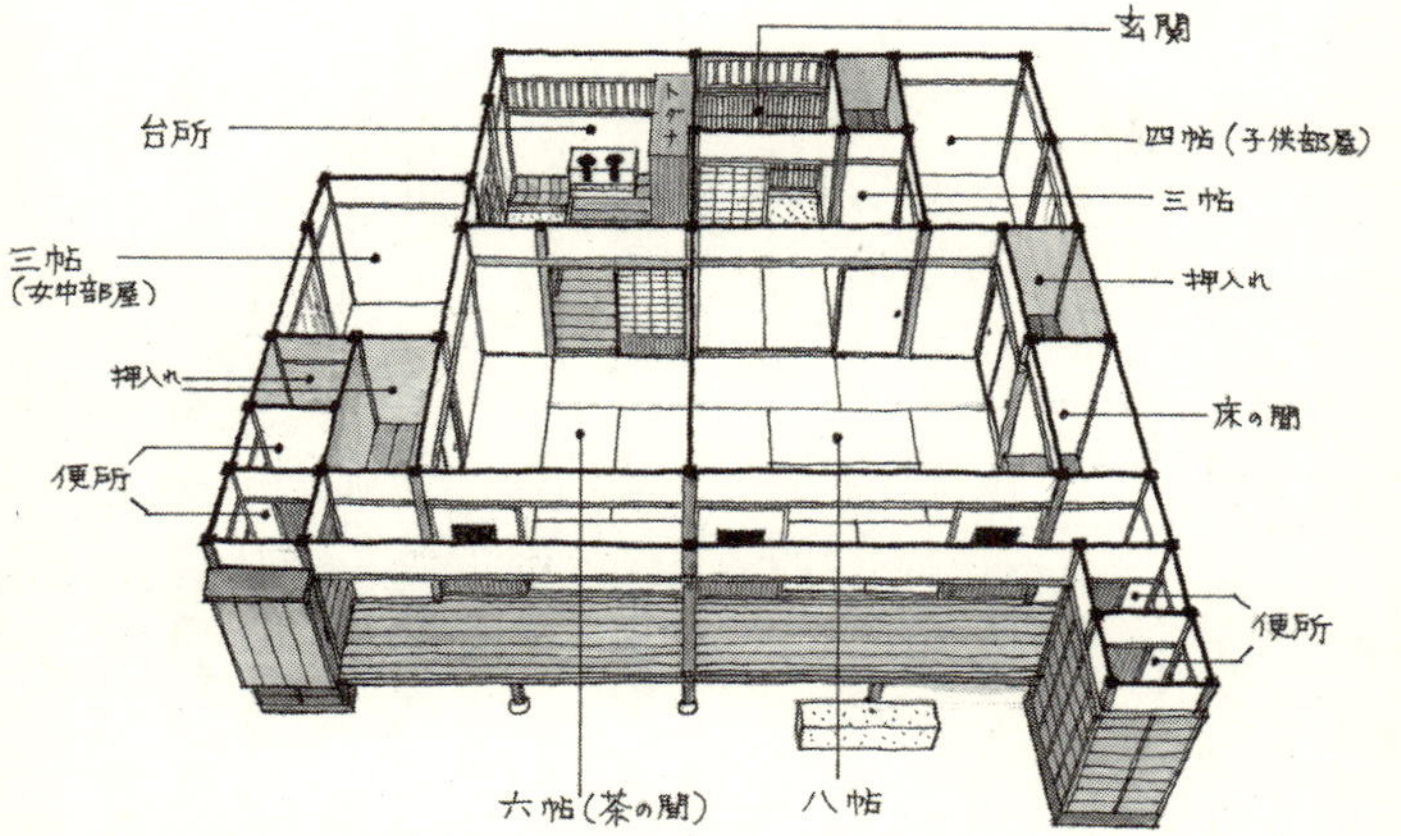

山の手中流の典型的な貸家住宅（明治中期）

から早稲田に移り住んだ。樋口一葉ははじめ本郷菊坂に住んでいたが、やがて下谷竜泉寺町、本郷丸山福山町と転居している。当時は貸家が多かったので、若い作家はみんなよく転居したようだ。

尾崎紅葉は牛込横寺町に、正岡子規は根津の小さな借家で病床に臥し、高浜虚子は九段上に住んでいた。島崎藤村は番町から麻布飯倉片町、幸田露伴は向島寺島村の「蝸牛庵《かぎゅうあん》」から小石川伝通院に転居している。徳富蘆花は郊外の北多摩郡千歳村に住んだ。いまの芦花公園である。

こうしたお屋敷町のあいだに学校や兵営も増え、やがてそのすきまを埋めるように一般の住宅地がしだいに形づくられていった。山の手の一般住宅地には主に官員、軍人、教員、会社員など、明治になって新しく生まれた中流のサラリーマン階級が住むようになった。

　こうした中流住宅は一戸建ての貸家が多く、小さな庭と門があり、玄関や客間をそなえ、その間取りは江戸時代の中級、下級武士の住宅から発展した造りが多かった。家族のためのスペースよりも、床の間のついた接客のためのスペースに主体が置かれ、やがて玄関脇につづけてそこだけ小さな洋風の応接室をつくるのが流行するようになる。板ガラスの生産によってガラス障子やガラス戸が普及し、家のなかも明るくなった。女中部屋はあっても、内風呂を持つ家はまだ少なかった。

　収入の安定した中流サラリーマンの家庭は社会のなかではかなりめぐまれたほうで、子弟を学校に通わせ、教養を身につけ、生活程度も比較的高かったようである。そこから山の手文化ともいうべきちょっと気どった生活様式が生まれた。言葉づかいも下町のベランメエ調に対して、山の手弁が上品とされて好まれたのである。

　しかし下町育ちの生粋の江戸っ子たちから見ると、もともと山の手は江戸勤番の地方武士たちの居住区で、なんとなく野暮で田舎くさかった。そこには町人対武家という階級的な対立感もあり、明治になってもそんな気風はいぜん残っていたのだろう。モダンな山の手中流階級の出現は、やはり江戸っ子本来の粋好みからは異質な存在だったのかもしれない。

しかしゴミゴミした下町よりもやがては閑静な山の手に暮らしたいという、中流へのあこがれも芽生えてきた。現代の東京でも、つい一時代前までは都心から西方の庭つき一戸建ての家にあこがれる人が多かった。こうした明治の山の手住宅の考えが尾をひいていたのだろう。東京の住宅地が際限なく広がるばかりで都市としてのまとまりが見られないのは、こんなところにも原因があるのかもしれない。

東京商売往来

下町山の手を問わず、町で多かったのは米屋、魚屋、八百屋、酒屋、タバコ屋、古着屋、薬屋、下駄屋などで、とくにお菓子屋がたくさんあったようだ。東京っ子は甘党が多かったとみえて、汁粉屋や砂糖屋、果物屋もあった。果物屋のことを当時は水菓子屋といっていた。そのほか味噌醤油、豆腐、海苔、佃煮、茶、乾物、化粧品、雑貨荒物、書籍、玩具など日常の生活必需品を商う店がひしめいていた。

明治になって生まれた商売もあった。洋服、洋傘、靴、唐物（洋品雑貨）、舶来小間物、ランプ、洋家具などを扱う店が生まれ、写真館も繁盛した。

職人では大工、左官、指物師、かざり職、石工、染物、和裁、建具、経師屋、理髪、髪結いなどが多く、江戸団扇、浮世絵、江戸風鈴、江戸切り子、根付け、千代紙、凧、羽子板、玩具といった江戸の伝統工芸を引きつぐ職人も健在だった。

庶民の大半はこのような小商いや職人で、工場や製造業ではたらく職工もたくさんいた。近郊には農家も多く、また沿岸部には漁師や海苔の栽培加工を営むものも少なくなかった。

商家といってもふつうの小売りのほかに問屋、卸売り、仲買いなどの流通業者がおり、とくに生鮮食料品は市場で取引された。

魚市場は日本橋、新場《しんば》、四日市、深川、金杉、芝の六カ所にあり、日本橋際の魚河岸が歴史も古く、いちばんの規模を誇っていた（現在の魚市場は関東大震災後に築地に移転されたものだ）。

深川の木場は江戸以来の木材の集散地で、広大な貯木場があった。

東京特産の野菜もいろいろあった。亀戸ダイコン、小松菜、練馬ダイコン、谷中ショウガ、滝野川ゴボウ、寺島ナス、その他ニンジンやウドなど、江戸以来の伝統的な農作物だ。近年「江戸東京野菜」として復活し人気がある。青物市場は神田多町、京橋だいこん河岸、本所など市内十カ所にあった。

神田の柳原河岸は江戸以来古着屋街として有名だったが、明治中期以降は近くの岩本町が古着市場として盛んになる。古着は庶民にとってはいちいち仕立てたりする面倒もなく、すぐ着られて便利な衣類だったのである。いまのアンティークというより既製服の感覚に近いかもしれない。洋服は着たくても高価だったので外国からの輸入中古服が庶民に人気だった。

店を持たずに直接商品を売り歩く行商や露天商、大道芸人や人力車夫もいた。こうした零細な商売人たちは、裏長屋や貧民街に住みつき、その日暮らしに追われていたのである。彼らを相手にする質屋や金貸し業もあった。高い利息で金を貸す高利貸しは、氷菓子の語呂あわせでアイスと呼ばれ、その冷酷さが人びとから嫌われながらも、けっこう繁盛していたようである。

飲食店は寿司、汁粉、そば、天ぷら、牛鍋、蛤鍋、軍鶏、うなぎ、どじょうなど種類が多く、地方からの観光客などの目をみはらせた。日本橋木原店《きわらだな》の通り（今のコレド日本橋の裏通り）は街の両側がほとんど軒並み飲食店で、食傷新道《しょくしょうしんみち》と呼ばれていたそうだ。

八百善《やおぜん》、亀清《かめせい》、植半《うえはん》、有明楼、井生村楼《いぶむらろう》など、昔ながらの高級料理店は、川や海沿いの閑静で眺めのよい場所に広い敷地をかまえ、上流人士の交流やときには演説会や美術共進会などにも利用された。芝の紅葉館《こうようかん》は尾崎紅葉を中心とする文壇の一派、硯友社の面々が愛用した料亭で、豪華な庭園が有名だった。

高級西洋料理はホテルやレストランがあったが、簡便な洋食屋もあってオムレツ、カツレツ、コロッケ、ビフテキなどが喜ばれた。日本人の好きなカレーライスは家庭料理としても人気があり、明治なかばにはすでに婦人雑誌などに調理法が紹介されて

芝 紅葉館

いる。

酒類はもっぱら酒屋で売られ、ちょいと一杯というときは居酒屋の縄のれんをくぐるのが庶民の楽しみだった。東京近辺では酒はほとんどつくられず、地方から樽や瓶入りで運んだようである。

ビールは明治四年に横浜山手の湧水を使ってイギリス人が醸造をはじめたのが最初だといわれている。このビールは地名を取って天沼ビヤザケという名で在日外国人に歓迎されたらしい。日本人による醸造の最初は大阪の渋谷ビールとも、東京の桜田ビールともいわれ、はっきりしたことはわからない。

やがて北海道開拓使が札幌に醸造

桜田ビール製造所
麴町の紀尾井町にあった。

所をつくり、明治十八年には海外輸出をねらった本格的なビール会社ジャパン・ブルワリーカンパニーも発足した。それぞれサッポロビール、キリンビールの前身である。明治二十年以前には桜田ビール、浅田ビールなどいくつもの銘柄があったがドイツ風のキリンビールに押されて衰えていったようである。

ビールははじめかなり高価だったが、やがてビヤホールができて安く飲めるようになった。ビヤホールは、明治三十二年に新橋のたもとに日本麦酒株式会社がはじめた恵比寿ビヤホールが元祖だといわれている。

洋酒ファンも増えた。氷水やアイスクリームで有名だった銀座尾張町の函館屋が日本最初のスタンドバーを開業したのは明治十年代といわれる。いっぽう庶民向けとしては浅草の神谷バーが明治末期に人気を集め、現在でも営業を続けている。

コーヒーは長崎出島のオランダ人が飲んでいた記録があるそうだが、日本人は緑茶を飲む習慣があるので明治になってもさほどの普及は見られなかったらしい。西洋料理の礼法として食後に飲むものだ、くらいの認識だったようである。せいぜい洋行帰りか文化人に愛飲された程度と思われる。明治二十九年には上野黒門町に日本最初の喫茶店「可否茶館《コーヒー》」が開店したが、それほどはやらずに消えてしまったようである。

長屋の暮らし

江戸の庶民はおもに下町を中心に暮らしていた。明治になっても下町の様子は江戸のころとあまり変わっていない。表通りには土蔵造りの商店が軒をつらね、洋風建築がぽつぽつと人目をひくようにはなったが、それを取りかこんで裏長屋がひしめいていた。

長屋のタイプも昔とさして変わらず、狭い路地に面して六〜八軒の棟割り長屋が並んでいた。玄関と勝手口は一体化されていて、坐り式の流しとかまどや七輪が置かれ、天井には煙出しの引き窓がある。居間は四畳半ぐらいがふつうである。江戸のころは年中行事のように大火に見舞われるので、家財道具などはほとんど持たず、布団は隅に積みかさねていた。押入れが一般化するようになるのは明治になってからのことらしく、庶民もなにがしかの家財を持つようになったあらわれといえる。布団や行李を押入れにしまい、タンスやちゃぶ台、長火鉢を置き、柱時計をかけたりするようになるのは、やはり防火対策によって明治中期以後は大火災が少なくなったからであろう。それまでの箱膳にかわってちゃぶ台が普及するのは、明治末から大正にかけてのことだ。ひとつの食卓を一家団欒の中心として囲むようになり、近代的な家族関係の定着を意味しているといわれている。

江戸の長屋では総後架《そうごうか》と称する共同便所だったが、各戸に一穴式の便所が普及するようになるのも明治になってからのようである。井戸はあいかわらず共同だったが、やがて水道の普及とともに共同水栓となり、生活環境は少しずつ改善されていった。下町では内風呂というものはかなり大きな商家でもほとんど見られず、風呂は銭湯を利用した。ザクロ口という閉鎖的な構造は明治になってようやくすたれ、地方の温泉場にならっていまのような明るい開放的で衛生的な浴槽の形式に変わったのである。銭湯は文字通り庶民の裸の付き合いの場だった。

しかし「貸家は三年火災を免れ得べくば、その資金を復することを得べし（東京風俗志）」、つまり三年分の家賃で一軒建てることができるというのだから、まことに粗

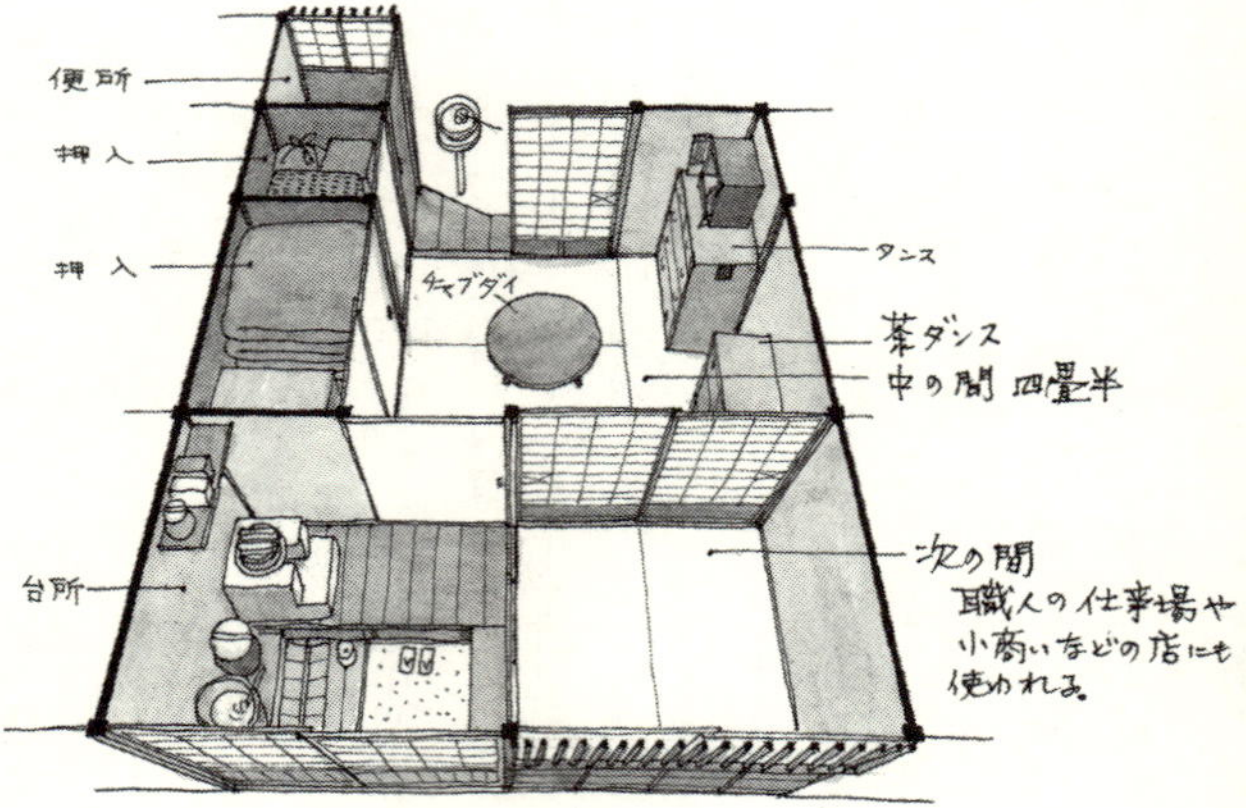

下町の長屋（下町資料館の展示による） 明治中期

末な家だったことは江戸時代とあまり変わらなかったと思われる。

狭さをおぎなうために路地が活用され、おもてに七輪を出して魚を焼き、鉢植えの朝顔を咲かせ、路地が生活や社交の空間として重要な役割をになっていた。大正期になると、電灯やガスが普及しはじめ、引き窓は見られなくなった。二階建ての長屋は江戸時代からけっこう多くあったようだ。

長屋に住みついていたのは、主に職人やお店《たな》もの、工場労働者などで、小商いをいとなむ店もあった。生活はけっして楽なほうではない。余裕のある商家などでは、娘を三味線や踊り、長唄や清元などのお稽古ごとに通わせたりできたが、貧しい長屋の子供たちは

長屋の共同水栓

子守や丁稚奉公に出されたり、女工や芸者として働かなければならなかった。お内儀さんたちは足袋縫い、鼻緒縫い、和服の仕立てや洗い張りなどの手内職でその日をしのいでいたのである。

しかし、下町には江戸以来独特の気質や人情が根づき、竹を割ったようなさっぱりした気性や、金離れのよさがいわゆる江戸っ子気質としてよろこばれた。因習にしばられた農村生活とちがい、狭くて雑然としていながら、そこには自由な気がねのなさがあったのである。地方からの流入人口が多かったせいか、他郷の出身者たちを差別せずに同化していく包容力もあった。こうして路地を中心にはぐくまれた「遠い親戚よりも近くの他人」という下町伝統の近隣意識は、その後もながく健在だった。

陽の当たらぬ町

明治四年、岩倉遣外使節団が欧米各国歴訪の旅に出かけたが、このとき大久保利通や木戸孝允らがロンドンのイーストエンドを視察したといわれている。当時のイーストエンドは名だたるスラム街（細民街）で、狭く不潔な家屋が密集し、疫病や犯罪の巣窟でまさにこの世の地獄ともいうべきすさまじいありさまだったという。のちに有名な切り裂きジャックが跳梁したのもこのあたりである。さすがの大久保もかなりのショックを受けたらしく、「世の中があさましくなった」と感想をもらしたそうである。薩摩の下級武士だった大久保にとっても経験のない惨状だったのだ。

それにくらべると明治初期の東京下層階級は貧しいとはいってもまだ近代以前の豊かな人間らしさを失っていなかったようだ。質素な衣食住、勤勉ながら貧しい稼ぎのなかで、彼らは満足げでくったくのない幸福そうな表情をしていたという。そのことは当時来日した西欧人の、日本人に対する少なからぬ好意とエキゾチシズムを交えた記述によってもうかがい知ることができる。だが社会の近代化が進むなかで、そうした素朴でのんびりした生活は急速に変質していった。

産業革命の成果は、世界的にそれまでの平和な農村生活を破壊し、都市は流入する農村人口によってふくれ上がっていた。ロンドンやパリでは、十九世紀前半の五十年間に人口は倍以上に増えている。こうした状況は近代化の道を突っ走る東京においても確実に進行し、流入人口が増えつづけると同時に、悲惨な貧困とそれによって引き起こされる暴力や犯罪、疫病をともなって明治中期から大正にかけてスラムの存在は大きな社会問題となった。明治二十三年の経済恐慌で世のなかは不景気に苦しみ、景気が回復しても今度は物価高に悩まされた。政府は富国強兵をスローガンに大産業を保護しようとし、それがかえって農村や零細な手工業者たちを圧迫する結果となったのである。

困窮者対策の問題は江戸時代からあった。災害や飢饉に際しては町会所をつうじてお救い小屋が設けられ、積立金の制度や備荒米《びこうまい》をたくわえる貯蔵庫もあった。石川島には受刑者の更生施設として人足寄場もつくられていた。明治になるとこうした江戸の遺産は旧制度ということで廃止され、新政府の弱者対策は場当たり的なものになってゆく。

明治五年、ロシア皇太子が来日するというので本郷加賀藩邸内に二百四十人の乞食を収容して養育院がつくられた。後に上野護国院に移り、さらに明治二十九年には小石川に移転して、乞食、行き倒れ人、病人、捨て子などの困窮者を収容した。孤児院や養老院、訓盲院なども開設されるようになった。

しかしこのような施設だけではとても困窮者のごく一部しか収容できない。生計の手段を失った社会の最下層の人たちはより集まって、一般の長屋などよりさらに生活環境の劣悪な場末のスラムに住みついた。日雇い労務者や人力車夫、大道芸人や行商人、下等職人、屑拾いなど、収入は最低でその日暮らしのひどい生活だった。一日中、坂道の下に待っていて、荷車が通りかかると後押しをして一銭ほどのお金にありつこうという「立ちんぼう」と呼ば

れる商売もあったくらいだ。おかみさんたちは煙草巻きやマッチのラベル貼り、団扇貼りなどの細々とした手内職でやっとその日をしのいでいた。自給自足から消費経済の時代に移行しつつあった明治の下層庶民は、どうしようもなく貧しかったのである。

当時の有名なスラムといえば、四谷鮫が橋、谷町、下谷の山伏町、万年町、芝新網町などで、谷あいや海沿いのジメジメした文字通りの陽のあたらない不潔な町だった。わずか〇・一平方キロメートルたらずというから、三〇〇メートル四方ほどの地域に五千人近くもの住民がひしめいていたといわれる。そのほか、市内各区のあちこちに小規模な貧民街が点在し、なかには離宮や繁華街のすぐ裏通りにこうしたスラムが軒を並べていたところもあった。

寝泊まりは木賃宿か貸家で、家ともいえないようなひどいものだった。老朽化した棟割り長屋の四畳半か三畳ぐらいのところに家族が寝泊まりし、さらに同居人がわりこんで暮らしたりしていた。屋根は朽ち、床は抜け、壁などはボール紙を張っていたところもあった。それでも家賃が払えなければ追い立てを食う。食物といえば、近くの兵営や病院から出る残飯が主なもので、これとて業者から買わなければならない。いくらかお金が入るといっぺんに飲み食いしてしまい、お金がなくなればボロ布団にくるまって寝てしまうという生活である。

当時の一般的な社会認識の程度では、こうした貧民街の存在を、たんに怠けものや落伍者の吹きだまりくらいにしか考えていなかったようである。国や府が本格的な福祉政策を実行するなどということはあまりなかった。松原岩五郎の『最暗黒の東京』(明治二十六年)や、横山源之助の『日本之下層社会』(明治三十二年)など、優れたジャーナリストによる体当たりの潜入ルポルタージュが発表されて一般の関心が高まりつつあったが、けっきょく貧民救済事業は一部の民間篤志家や資産家の寄付や慈善によってわずかに支えられていたのだった。まさに福祉なき政治であったばかりでなく、かえってなまじっかな救済策は、貧しい人たちの独立心をそこない、怠惰を助長するものだ、という弱者切り捨ての考えしかなかったのである。

養育院は明治二十三年に東京市営となり、生活困窮者や老人対策などの福祉問題に関心をよせた渋沢栄一が六十年ものあいだ院長をつとめた。渋沢は日本の福祉事業の生みの親といわれている。

やがて市区改正計画によって都心部のスラムはしだいに整理され、荒川、王子、本所、深川、小石川、品川などの周辺地域に分散されてゆくが、これも根本的なスラム対策ではなく、帝都としての体面を維持するための移住拡散計画に過ぎなかった。こうして目抜き通りや官庁街の堂々たる近代建築群の偉容とはうらはらに、イーストエンドさながらの悲惨な生活が帝都東京の裏面を形づくっていたのである。

伝染病とのたたかい

江戸の末期以来、開港場を経て外国からはいってくる伝染病は人びとにたいへん恐れられた。一般の衛生観念も低く、まだ迷信や祈禱にすがって病気を治そうとする人もたくさんいたのである。コレラやチフス、赤痢やペストなどの伝染病がたびたび猛威をふるい、またインフルエンザもしばしば流行して多くの人命をうばった。明治七年には東京に天然痘が流行して三千人もの死者を出し、十九年には一万人近くがコレラで死んでいる。

十九世紀の後半からヨーロッパでは細菌学が盛んになり、パスツールやコッホらの功績で結核、腸チフス、コレラ、ジフテリアなどの病原体がつぎつぎに明らかにされつつあった。

北里柴三郎はコッホのもとで破傷風菌の研究に画期的な業績を上げ、明治二十五年、芝公園内に伝染病研究所を創立した。やがて国に寄付して内務省の所管となり、さらに白金台に移転したが、大正になってこれとは別に新たな私立北里研究所を開いている。所員の志賀潔は明治三十年に赤痢菌を発見し、彼らの研究が細菌学の発展におおいに貢献したのである。しかし一般にはまだ予防ワクチンによる治療法も確立されておらず、いったん伝染病が広まるとどうにも手に負えない状態だった。

国の対策は、とにかく患者の出た家の内外を消毒し、患者は「避病院」という仮設の隔離病院に収容するしか対策はなかった。防疫衛生行政は警察の取り締まりによって強行され、警官によって強制的に連行入院させられるのだから、これは病気以上に恐れられた。いったん避病院に送りこまれたら、ほとんどの場合もう二度と生きて帰ってはこられないといわれたのだ。コレラにかかって避病院に送られることになり、井戸に身を投げて死んでしまったものもいた。おかげでそのあたりの井戸は全部使用

伝染病研究所（明治27年）
北里柴三郎によって芝区愛宕町に開設された。後に内務省の下に統括された。

築地 聖路加病院（明治35年）

日本赤十字病院（明治24年）
渋谷村御料地内
現在の日赤医療センター。

湯島 順天堂医院（明治8年）
佐藤尚中がつくった最初の私立病院。

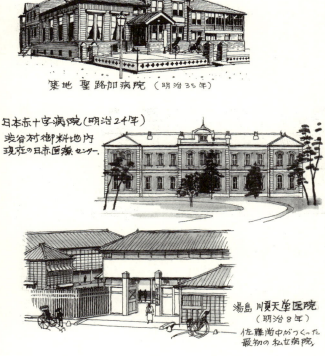

禁止になったという話もある。しかし、「伝染病予防法」が明治三十年に制定され、とにかく伝染病の発生はしだいに少なくなっていった。

江戸時代の和漢医学にかわって明治には西洋医学が興隆し、近代的な「病院」という施設が生まれた。戊辰《ぼしん》戦争の際の戦傷者の治療や外科手術に、西洋医学の優位性が証明されたからである。しかし当時はまだ病院の数も少なく入院料も高いものだった。

幕府以来の医学校はやがて東京大学医学部に発展し付属病院を併設した。私立では明治六年に佐藤尚中の順天堂病院、十五年に佐々木東洋の杏雲堂病院が生まれ、明治十九年にできた博愛社病院は翌年日本赤十字病院と改称された。この年東京慈恵医院が開かれ、三十三年には築地明石町に築地聖路加病院が開設されている。日本の医学界は明治初年以来ドイツ流医学が主流を占め、カルテもドイツ語で書いていた。聖路加病院は一般医療とともに公衆衛生や予防医学、医療社会事業の導入などアメリカ流の実践医学を特色としていた。

ところで、このころから慢性の伝染病として肺結核がクローズアップされてくる。昔から労咳《ろうがい》といって恐れられていた病気である。まだストマイやペニシリンなどない時代で、当時は不治の病とされていたのである。この病気のために若くして命を失ったものが多く、樋口一葉、正岡子規、国木田独歩、石川啄木なども結核で亡くなっている。徳富蘆花の「不如帰」のように主人公が結核で死んでいく小説が広く読まれて、

伝染病発生の町の消毒

読者の涙をさそった。
結核は明治三十年代から広がりはじめ、とくに工場の過酷な労働条件や安い賃金、都会の狭くるしい住宅事情や貧しい栄養事情などと密接に結びついている。つまり産業革命の成立と工業化立国の急成長がもたらした病であり、とくに低所得者層にあたえた打撃は大きなものがあった。しかもやがては中、上流階層にも広がりはじめるいきおいで、このままでは工業力の疲弊、ひいては軍事力の衰退をも招きかねない状況だった。大正期になって「結核予防法」が生まれたが、「亡国病」として恐れられたのだ。ほんとうに結核が克服されるようになるのは、太平洋戦争後になってからのことである。

煤煙吐きだす砲兵工廠

後楽園といえば遊園地や東京ドームで知られているが、ここはもともと江戸の初期から水戸藩の下屋敷があったところで、回遊式の広大な庭園は今も昔のおもかげを残している。現在の球場や遊園地のあたりは、明治、大正時代には砲兵工廠、つまり陸海軍の銃砲や火薬を製造する軍需工場になっており、一般には「造兵」という名で知られていた。

砲兵工廠の前身は、明治元年に関口水道町の旧幕府大砲製造所をひきついで設けられた。関口の水利を使って水車をまわし、これを動力にしていたのである。明治四年に旧水戸藩邸に移り、のちに砲兵工廠となった。殖産興業のかけ声にのって登場した官営工場の代表的な存在で、敷地は庭園もふくめ四十万平方メートルもあった。

十数棟の工場に林立する煙突から吐き出す煤煙は東京の空にたなびき、機械の騒音は四六時中あたりにとどろいていた。都心の真ん中にこのような大規模な工場が存在していたのだから、いまならさしずめ産業公害の元凶として真っ先に槍玉に挙げられるところだろう。事実、工員が運んでいた砲弾を落として大爆発を起こすという物騒な事件ものちに起きている。しかし、当時は煙も騒音も産業近代化の象徴と考えられていたのかもしれない。江戸時代以来の荷揚げ場だった工廠前の市兵衛河岸からは、砲弾が船積みされて送り出された。道路網がまだととのっていない明治初期には、材料や製品の輸送には神田川の水運がやはり重要な立地条件になっていたのである。

やがて日清、日露戦争を経て生産規模も飛躍的に増大し、明治二十二年から四十二年までの二十年間に、機関数にして十一倍、馬力数にして六十倍、工員数も八倍に増えて二万人以上にふくれ上がっている。こうした工員労働者たちは、この界隈から本郷あたりに多く住みつき、春日町あたりを朝夕ぞろぞろと工廠に通う姿が目立ったそうである。

工員ばかりでなく下級俸給生活者はみんな腰に弁当をさげて通勤したので、一名コシベンさんと呼ばれていた。アルミニウムの弁当箱も高価ながらぽつぽつ見られるようになった。和田倉門から神田橋、一ツ橋あたりへかけての濠端通りは、そのころ大手町界隈の官庁街へ通う下級官吏が多く、一名「コシベン街道」といわれていた。

戦争のおかげで日本の産業革命もこのころになるとようやく完成し、大規模な製鉄所や造船所、紡績工場、機械製造工場などが各地に建設されるようになる。日本の近代産業は、このように軍需産業と紡績業を中心に発達し、世界的な水準に達しつつあったが、その目標はつねに大陸に向けられていたわけである。日清日露二つの戦争を通してその狙いはますますはっきりしてゆくが、その背景には遅れた農村と安い賃金がひかえていたのである。

造兵の賃金もけっして高くはなかった。明治も後半になって労働運動の波が高まると、工廠内でもしばしばストライキやサボタージュが起きている。サボるという言葉はここからはやりだした。

そもそも神田三崎町、錦町、美土代町あたりは日本の労働運動の発祥地とされている。労働者や学

の設計といわれる。左手の森は後楽園庭園。

生が多く、演説や集会の会場があり、書店や出版活動も盛んだった。明治三十年に職工義勇会が組織され、三十九年に社会党が結成されたのも神田界隈だった。

　東京砲兵工廠は関東大震災で焼失し、昭和八年に九州小倉に移転した。

チンチン電車が通ります

開業以来、二十年ものあいだ東京市民の足となってきた鉄道馬車も、やっと電車と交替するときがやってきた。

電車がはじめて公開されたのは明治二十三年の第三回内国勧業博覧会のときのことである。東京電灯会社がアメリカから四輪電車を輸入して宣伝公開し、上野公園の会場に三、四百メートルほどのレールを敷いて人びとを乗せて走ったといわれている。

明治二十七年には京都、三十一年には名古屋、三十三年には小田原に市街電車が走り、東京ではそれよりずっと遅れて明治三十六年（一九〇三）にやっと品川〜上野間が開通したのである。

経営は東京馬車鉄道会社が改組した東京電車鉄道会社で、通称「東鉄」と呼ばれて、軌道も馬車鉄道のものをそのままつくりかえて同じ路線を走らせた。つづいて「街鉄」と呼ばれたライバルの東京市街鉄道会社が数寄屋橋〜神田間の運転をはじめ、翌年にはさらに東京電気鉄道会社の「外堀線」が開業した。こうして東京には三つ巴の私営路線が走り、それぞれ系統を延ばしていった。

「路地を広げて電車が通る、ここは天下のお膝もと」

などと歌われ、明治三十八年には「電車唱歌」が生まれた。

「花の宮居は丸の内　近き日比谷に集まれる　電車の道は十文字　いざ上野へと遊ば

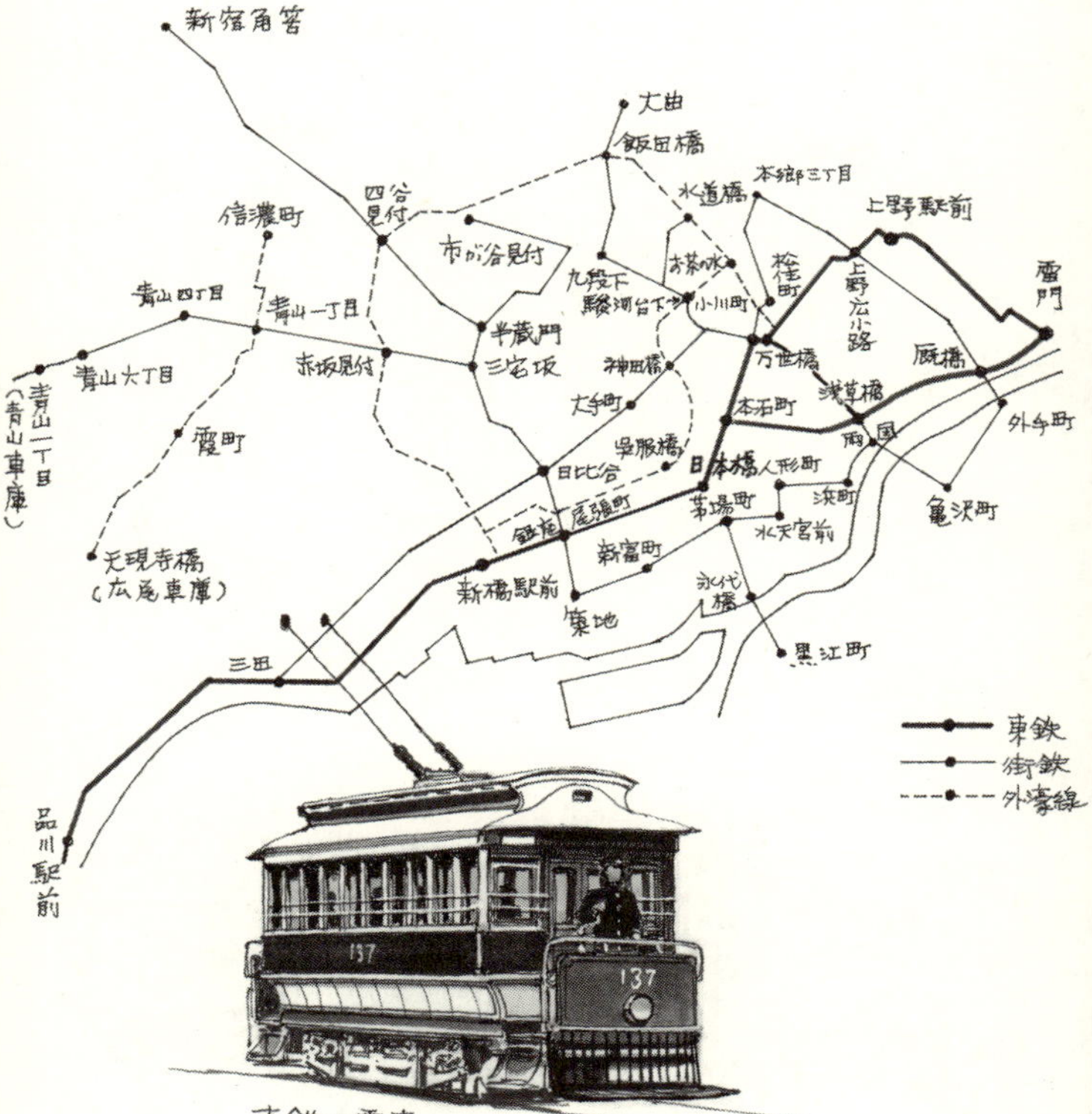
新宿角筈
大曲
飯田橋
本郷三丁目
水道橋
上野駅前
四谷見付
信濃町
市が谷見付
お茶の水
九段下
駿河台下
小川町
松住町
上野広小路
雷門
青山四丁目
青山一丁目
半蔵門
三宅坂
万世橋
厩橋
青山六丁目
赤坂見付
神田橋
浅草橋
青山一丁目（青山車庫）
大手町
本石町
外手町
霞町
呉服橋
両国
日比谷
日本橋
人形町
銀座
尾張町
茅場町
浜町
亀沢町
天現寺橋（広尾車庫）
新富町
水天宮前
新橋駅前
永代橋
築地
黒江町
三田
品川駅前
東鉄
街鉄
外濠線
137

東鉄の電車

んか」

という歌詞にはじまり、沿線の地理や風物を織りこんだ歌詞が五十二番までつづく。歌で路線案内をつづるというアイデアは、この五年ほど前にできた「汽笛一声新橋を……」という有名な「鉄道唱歌」と同じ、明治ならではの発想だ。電車唱歌、鉄道唱歌ともこのほか各種つくられたようだ。

バスやタクシーはまだなかったから、なんといっても市街電車は東京市民にとっていちばん便利な公共交通機関だった。かつては山の手から下町に用たしに出かけるのも一日がかりだったのが、電車のおかげで簡単に出歩けるようになったわけである。こうして市民の行動範囲が広がるとともに、居住地もどんどん市街の

明治後期の神楽坂

外側へ拡大していった。また、電車の各路線が集まる乗り換え地点は人の出入りが増えて新しい盛り場としてにぎわうようになった。

明治三十九年に三社は合併して東京鉄道会社となるが、合併にともなって電車賃を値上げしたことから、これに反対する市民らによる電車投石や焼き打ち事件が起きている。公共事業の立場から東京鉄道会社はその後東京市に売却され、東京市電気局の運営によって「市電」（後に都電）となった。明治も末の四十四年（一九一一）のことである。以来、大正、昭和と長いあいだ東京市民に親しまれたが、膨張する都市人口に対して慢性的な混雑を解消することはできなかった。昭和になると路面電車そのものが輸送機関として限界に達し、省線（現在のＪＲ）電車や地下鉄、私鉄郊外電車に受けつがれていくようになるのである。

盛り場の移り変わり

江戸でもっとも栄えた盛り場は、両国広小路と浅草だった。両国橋のたもとには火除地として広い空間があり、露店や見世物小屋などでにぎわっていた。このように川と道とが交わる地点は、眺めがよく開放感があるので人が集まり、自然に盛り場として繁盛していったのである。いまでいうウォーターフロントだ。しかし明治になるとこうした場所はとかくいかがわしい存在として禁止され、庶民の自由な遊びの空間は失われてしまう。そのかわり、政府は浅草や上野など昔から庶民に人気のあった寺社地を公園に指定して整備していく方針をとった。

明治になって東京の人口が増えつづけ、市街地がどんどん拡大してゆくにつれて、日本橋や京橋など昔ながらの繁華街以外に、市内のあちこちに大小の商店街が核のように発達していったのも明治の

明治後期の 銀座尾張町（今の四丁目交叉点）
中央の服部時計店（現在の和光の場所）の塔は、
明治6年のレンガ造二階建ての上に27年増築された。

東京の特徴である。下町では人形町、上野の山下、深川の門前仲町などが盛んになり、山の手では麻布十番、牛込の神楽坂、四谷など江戸からつづいた商店街が盛り場としていちだんと繁盛した。

ところで江戸のころは日常の生活物資は町内の商店で簡単に手に入るし、天秤棒をかついで物売りもやってくるので、買い物といってもたいていは自分の住んでいる近所ですんでしまう。日本橋のように専門店や高級店の立ち並ぶ商店街は座売りの店がまえだったので、とくに用のある客しかやってこない。いわゆるショッピングの楽しみというのはあまりなかったと考えたほうがいいようである。

明治のなかごろから消費経済が発達するようになると、陳列販売の店が増え、勧工場の流行やデパートの出現によってやっといまのようなショッピングのスタイルが確立され、それにつれて商店街の性格も変化していった。

そうした変化を真っ先にとりいれ、

幻のターミナル 万世橋駅（明治45年）
駅前には日露戦争の英雄広瀬中佐と
杉野兵曹長の銅像が建てられた。

ショーウインドウを備えた高級専門店や飲食店の立ち並ぶ近代的なショッピングセンターの先駆となったのは、やはり銀座だった。ここにはたんに商品が並んでいるだけでなく、流行や国際化に即した情報があふれていた。江戸いちばんの目抜き通りといわれた日本橋に取ってかわって、銀座が東京一の商店街となった理由もうなずける。化粧品の資生堂、真珠のミキモト、鞄のタニザワ、果物の千疋屋、文房具の伊東屋、聖書（後に楽器）の十字屋、パンの木村屋、唐物（輸入雑貨）のサエグサ、楽器の山野、書籍の教文館、煎餅の松崎、欧風菓子の凮月堂など、いまでも銀座の老舗として有名である。

交通の発達も盛り場の消長に大きな

影響をあたえた。町すじのまじわる場所は、昔から辻（四ツ辻）としてにぎわったものだが、市電の各路線が交わる神田須田町、小川町、本郷三丁目などの交差点は、乗り換え客でにぎわうとともに商店街としても発展するようになる。

さらに、明治末期になると近郊電車が開業するが、そのターミナル駅も盛り場としての要素をもっていた。甲武鉄道（中央線）のターミナル万世橋駅前は、近くに須田町交差点をひかえて急速に発展し、東京でも有数の盛り場となった。明治四十五年にはレンガ造の豪華な駅舎が完成したがこの駅は関東大震災で焼失し、その後大正の末に上野〜東京駅間が開通して環状山手線が完成すると、ターミナルとしての意味はまったくなくなってしまった。さらに市電の路線系統からもはずされて昭和十一年に廃止され、その後は交通博物館になった。交通博物館は平成十九年にさいたま市に鉄道博物館として移転した。現在の万世橋界隈にはかつての繁華街のおもかげもない。新宿、渋谷、池袋などがターミナル駅として盛んになるのは、山手線の外側にまで近郊住宅地が広がるようになった昭和になってからのことである。

明治の流行

明治五年ごろ、東京や横浜でとつぜん兎を飼育することが流行しはじめた。やがてペットとしてよりも投機の対象としてあっというまに高値を呼ぶようになり、毛並みの変わった珍種の兎を輸入して、高い値段で取引する寄り合いもあちこちで開かれた。町人や士族のなかにはブームに浮かれボロ儲けをねらって、なけなしの財産や公債をつぎこんで一文なしになってしまうものもあとを絶たなかったそうである。政府がいくら禁止令を出してもいっこうに沈静化せず、ついには一羽につき月一円の兎税を課すことになってやっとおさまったという。

　これとよく似た投機的なものに、万年青《おもと》の流行があった。もとは京都あたりからはじまり、明治十年代に全国的に広まったもののようだ。

　おなじころ全国的に流行したものに月琴《げっきん》がある。もとは中国の楽器で、京都や大阪から流行りはじめ、東京でも十四年ごろから庶民のあいだにブームとなった。音色はなかなか典雅なもので、演奏技術も三味線などにくらべてやさしかったようだ。しかし明治二十七年に日清戦争がはじまると、敵性音楽ということでいっきょにすたれてしまったといわれている。

　流行といえばやっぱりファッションである。文明開化の到来とともに江戸時代の服装規定がゆるくなり、外国からの影響もあって衣服の風習も変わっていった。

　明治のファッションで画期的だったのは、なんといっても洋服の出現だった。陸海軍の軍服、巡査や鉄道員の制服はもちろん、官庁の役人たちも服制によって、洋服を着るようになった。一般の男たちのなかでもしゃれものがまっ先に洋服を身につけ、金縁眼鏡に金時計をぶらさげて文明開化を気どったのである。そのころはフロックコートやモーニングコートがおもで、背広の三つ揃いはビジネス用の仕事着だった。背広はもともとスポーツ着や労働服として、幕末のころにヨーロッパで生まれたのである。

洋服は人びとに歓迎されたが、高価でそうむやみには手が出なかった。洋服を着たいばっかりに鉄道員を志願するものもいたそうである。そこで、もっぱら二重まわしが愛用された。もともとはインバネスコートというケープつきの外套の一種だったが、改良されて明治大正から昭和の初期までおおいに普及した。二重まわしはトンビとも呼ばれてむしろ和服のほうによくなじんだのである。

もっと簡単なものではケット（ブランケット、つまり毛布）がよく用いられた。ケットは赤で染められ、人力車のひざかけなどに使われていたが、これを身にまとって歩く人が現れた。とくに東京見物に上京してくる地方の人に多く、ももひきに尻っぱしょり、赤ゲットをかぶって日和下駄にコウモリ傘というスタイルだった。このため「赤ゲット」といえば「お上りさん」の代名詞となってしまった。ケットよりもずっとスマートなショールが流行するのは、明治十七年のことである。

洋服がはやったといっても、明治はまだまだ和服の時代だった。洋服に山高帽の官員さんも、家に帰れば着物に着がえる。明治全体からいえば洋服三分和服七分といったところだった。明治時代には薩摩出身者

がはばを利かせていたので、男ものも薩摩風に人気が集まり、西郷さんのような薩摩絣や兵児帯、薩摩下駄が一般にも流行するようになる。

商人たちはあいかわらず縞の着物に角帯、前垂れすがたで、羽織を着るのは番頭以上だった。サラリーマンたちも現代とはだいぶイメージがちがうようだ。高級官員は洋服で気どっていたが、会社員は唐桟《とうざん》の着物に角帯前垂れで事務をとっており、一般の商人と変わりがなかった。つまり昔ながらのお店《たな》制度の延長だったのである。このシステムは着るものが背広にかわっても、終身雇用と年功序列という形でごく最近まで通用していたわけである。職人は出入りの大店から支給される印半纏《しるしばんてん》に、ドンブリ腹がけももひき姿だった。

女性の場合もほとんどが和服である。鹿鳴館時代には、当時欧米で最新流行のバッスル・スタイルのドレスが見られたが、これは一部の上流階級だけの特殊なもので、明治二十年代になると影をひそめてしまう。男性の洋服に対して、婦人服は女《め》唐服《とうふく》などと呼ばれていたらしい。

それまで女性の既婚者は鉄漿《おはぐろ》で歯を黒く染め、青眉といって眉を剃りおとす習わしだったが、その風習も徐々にすたれていった。そのころの白粉は鉛を原料としていたので、健康への影響が心配された。当代随一の名女形、中村福助も鉛中毒で苦しんだといわれている。やがて無鉛白粉の研究が進み、明治三十年代には国産の無鉛白粉が発売されるようになった。

下町のおかみさんたちは、あいかわらず黒襟のついた木綿や銘仙の着物に、前垂れたすきがけではたらいていた。お稽古通いの娘さんは、黄八丈の着物に麻の葉絞りのお染帯を結んでいた。没落士族の生活は苦しく、山の手の奥様たちのふだん着は、いたってつつましい身なりだったようだ。概して明治の女性はいまから見るとたいへん地味づくりだったようである。着物の柄も地味な縞や格子が多く、色も利休ねずみや利休茶といった渋い洗練された色調が好まれたのである。

女性の袴も明治に生まれた風俗である。はじめは「女のくせに袴をはくなんて……」と眉をしかめるものもいたが、その活動的なところが時代に受けいれられ、とくに女学生は海老茶色の袴を愛用したところから「海老茶式部」といえば女学生を指す代名詞となった。

一般の女性が羽織を着るようになったのも同じように明治初年のことである。男性の黒紋付きの羽織にならって、明治二十七、八年から黒縮緬《ちりめん》の紋付き羽織が正装として流行しはじめる。明治十九年に白木屋呉服店が売り出した新しい和服コートは「吾妻コート」という名でたいへん人気を呼び、

「ぬしは洋服わたしはコート、当世流行りで粋なこと」

と歌われた。

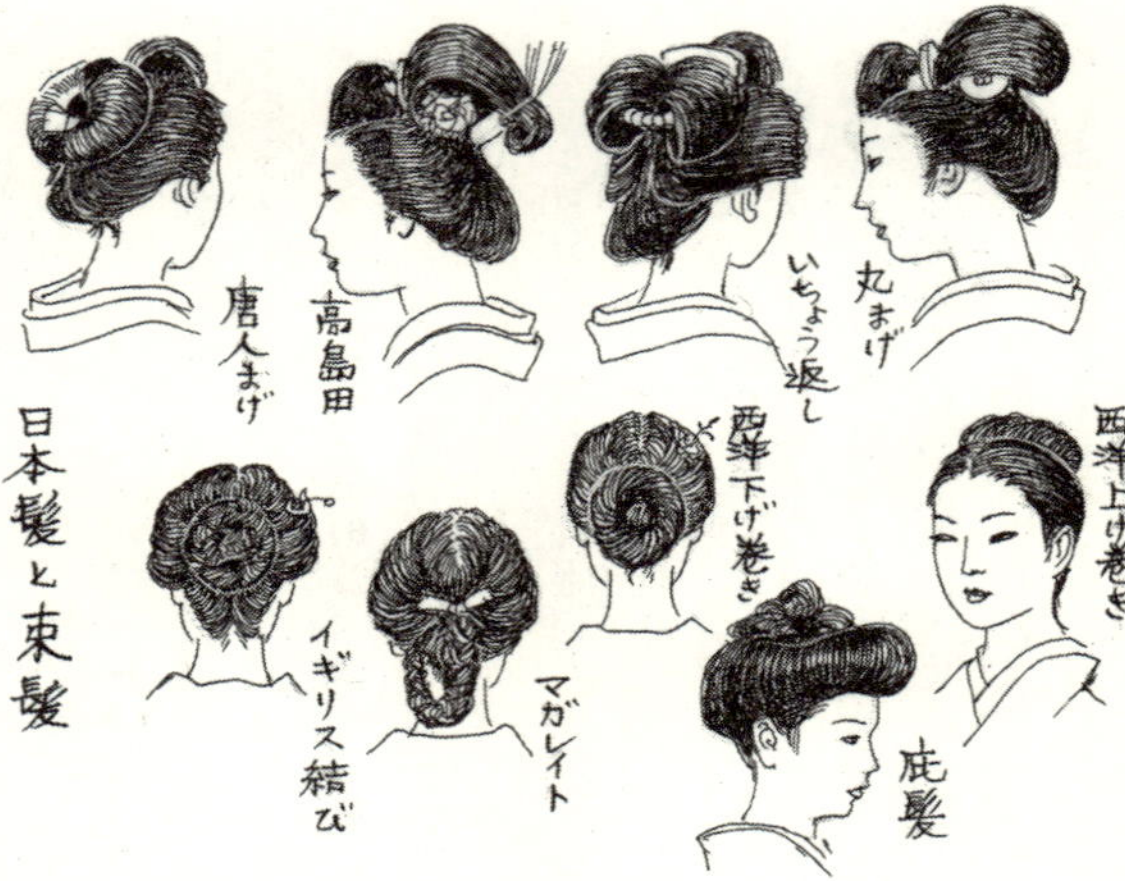

明治初年の断髪令のころには男性にならって女性で断髪するものも現れ、これはちと行き過ぎじゃ、と禁止されてしまったらしい。なにせ「女は衣装髪かたち」といわれた時代である。

江戸時代に発達した日本髪は高度な結髪技術によって華麗さをきそったものだが、幕末から明治にかけては全体に小ぶりで質素な傾向を見せるようになった。しかし活動に不便で非衛生的な日本髪よりも、合理的な洋風のヘアスタイルを普及させようというので、明治十八年に大日本婦人結髪改良束髪会という運動が起き、しだいに束髪が一般化するようになってゆく。

婦人束髪会は、西洋上げ巻き、西洋下げ巻き、いぎりす結び、まがれいと

（マーガレット）などのヘアスタイルを奨励しているが、その他に夜会巻き（上げ巻きの変形か）、庇髪《ひさしがみ》、その変形の二百三高地（日露戦争の旅順要塞から連想した名前らしい）などが流行にしたがって登場する。洋髪といっても、髪結いさんが日本髪の手法で結うわけだから和服にもよく似合ったのである。

地味づくりだった明治の和服も、日露戦争後の復古調の波に乗って急に派手になった。三越呉服店は元禄模様を売り出して流行になり、桃山調の着物もさかんに着られるようになった。

めりんす（モスリン）、セル（サージ）、ネル（フランネル）は明治に登場した和服用の新しい素材である。セルやネルは合着として重宝された。北原白秋の詩にも、

「片恋の薄着のねるのわがうれひ……」

と歌われている。

明治犯科帳

明治がはじまって間もないころはまだ世の中が殺伐としていたが、やがて世情も落ちつきを見せはじめる。そのころの東京はいまにくらべれば人口も少なく地域も狭かったせいか、都市犯罪は現代のそれとくらべて、さほど多くはなかったようである。だからひとたび凶悪犯罪や猟奇事件が起きると、それこそ東京中の話題をさらったの

であった。

ふだん抑圧されている大衆の欲望や怨念が、事件の発生とともにむき出しの好奇心となって人びとの関心をそそったのである。

暗殺に明け暮れた幕末の尾をひいて、明治になっても要人の暗殺がつづいた。京都では新しい軍隊の創設に功のあった大村益次郎や、明治政府の参与をつとめていた幕末の儒者横井小楠が殺され、東京でも明治四年に維新の大立者のひとりだった参議広沢真臣《さねおみ》が暗殺された。右大臣岩倉具視は明治七年に赤坂喰違見付で刺客に襲われ、お堀に飛びこんでなんとか助かった。十一年には内務卿大久保利通が赤坂紀尾井町の路上で暗殺されてしまった。明治二十二年、帝国憲法発布の当日、文部大臣森有礼が刺殺され、翌年には外務大臣大隈重信が爆弾テロによって片脚を失った。さらに明治三十四年、もと逓信大臣星亨が東京市役所内で暗殺されている。

明治初年の市井の犯罪として有名なのは、夜嵐お絹と高橋お伝という、ともに女性のひき起こした事件で、彼女らを当時の新聞は「毒婦」ときめつけた。お絹は本名原田きぬといい、もと旗本の娘だった。家が没落して金貸しの妾となったが、嵐璃鶴《あらしりかく》という役者に惚れて、旦那を石見銀山ネズミ取り（ヒソ系の殺鼠剤）で毒殺し、明治五年に打ち首になった。高橋お伝は上州の生まれで、不治の病におかされた夫の治療費を稼ぐために男をわたり歩き、けっきょく古着屋を旅館に連れこんで殺してしまった。

明治十二年にやはり斬首されている。

江戸時代の刑罰はかなり残酷なものだったが、磔《はりつけ》や火あぶりの刑は笞《むち》打ちとともに明治二年に取りやめとなり、さらし首はそれから十年後に廃止された。打ち首は、さらに二年後の明治十四年になって廃止されている。

同じく女性犯罪として有名なのが、明治二十年に起きた浜町の待合「粋月」の女将花井お梅の箱屋殺しである。没落士族の父親と金銭関係のトラブルがあり、それにつけこもうとした雇い人の箱屋（芸者の身のまわりを世話する男衆）八杉峰吉を刺殺して無期懲役となった。「明治一代女」としてのちのちまで小説や芝居、新内や流行歌にまで歌われた有名な事件である。十五年後、特赦によって出獄したお梅は、汁粉屋や小間物屋を開いたがうまくいかず、ついには女役者となってみずから「峰吉殺し」のヒロインを演ずるまでに落ちぶれてしまったそうである。

敵討ちは明治六年に禁止されたが、その七年後に東京のど真ん中で日本最後の敵討ちともいうべき事件が起きて市民の話題をさらった。福岡県出身の臼井六郎という青年が東京裁判所の判事一瀬直久を親の仇として銀座三十間堀の町中で殺害したのである。臼井の父亘理は幕末混乱期の藩政改革のいざこざから明治元年に一瀬に暗殺され、一瀬はその後新政府に重用されて判事にまで出世した。六郎も東京に出て武芸を磨き、ついに明治十三年の暮れに事を起こし終身刑となった。

明治30年ごろの
お茶の水風景

新しい犯罪としては、ピストルを使った強盗も出現した。清水定吉という男が明治初年から十九年につかまるまで、按摩稼業のかたわら荒稼ぎをつづけ、けっきょく死刑になり、さっそく浪花節や芝居になったという。

明治三十年、お茶の水の神田川に裸の女の死体が浮かぶという猟奇的な事件が起きた。顔にはかなりの切り傷があって人相も身もともわからなかったが、「すごい美人だそうだ」という噂でもちきりだった。警察の聞きこみ捜査の結果、松平紀義という金貸し業の男が逮捕され、被害者はその内妻のコノということがあきらかになった。彼女は娼婦上がりで男を転々とわたり歩き、けっこう生活力があって小金を貯めこんでいたという。これが男のねらいだったらしく、松平は無期懲役の判決を受けた。

昔から大名家によくあったお家騒動が明治にも起きている。これが相馬事件である。旧相馬中村六万石の当主で子爵の相馬誠胤《まさたね》は、発作的に暴れたりして精神病とされ、一室に閉じこめられていた。旧藩士の錦織《にしごり》剛清は監禁を不法として告訴し、すでに本郷の府立癲狂院《てんきょういん》（精神病院）に幽閉されていた誠胤を連れ出してしまったのである。相馬家側と旧藩士側、双方のマスコミ対策と訴訟合戦は新聞に格好の話題を提供し、錦織を大忠臣とほめたたえる新聞もあった。

明治二十五年ご本人の誠胤が心臓麻痺で急死してしまい、錦織は跡取りの順胤《よりたね》（誠胤の異母弟）はじめ相馬家側が誠胤を謀殺したと告発、裁判所は誠胤の墓を掘り起こして調べたがけっきょく謀殺の証拠は出なかった。

両者は判事をはじめ司法関係者や警視庁関係者に多大の金銭をバラまいたとされ、一大疑獄事件にまで発展しかねない勢いであった。なにしろ衆議院議長星亨や、のちの東京市長後藤新平、文豪志賀直哉の祖父滋賀直道らを巻きこんだ千怪万妖、ミステリアスな事件であった。

けっきょく錦織らには誣告《ぶこく》罪の判決が下り、大忠臣が一転して大山師ということになってしまった。相馬家は有名な足尾銅山を所有していたが、維新後にこれを古河市兵衛（古河鉱業の創始者）に売り、かなりの財産をかかえていたという。これが目当てだとすると、さて真相は、どちらが「悪者」だったのであろうか？

明治三十五年には明治最大の猟奇事件が起きた。有名な野口男三郎の臀肉《でんにく》事件である。麴町で十一歳の少年が殺され、お尻の肉がえぐり取られていた。この事件は迷宮入りとなったが、その三年後に近くの薬店主が殺され、調べてみると三百五十円が消えていた。容疑者として検挙された男三郎はあっさりと少年事件も自供したが、警察はさらに義兄の野口寧斎も彼が殺したのではないかと疑い、留置場内にスパイを送りこんだり、拷問を加えたりしてついに寧斎殺しも白状させてしまったのである。

野口寧斎は当時かなり有名な漢詩人だった。寧斎の妹ソエと恋仲になった男三郎は、兄に取りいってついに彼女と結婚し、野口家にはいりこんだ。寧斎はかねてハンセン病に悩み、男三郎はこの病気には人肉のスープを飲ませると効果がある、という俗説を信じて少年を殺したのだという説が新聞をにぎわした。

男三郎は寧斎の信用を得るため、おりから起こった日露戦争に通訳として従軍すると嘘をつき、薬店主からだまし取った金で軍服をつくったりした。その正体にようやく気づいた寧斎はついに彼を家から追い出し、それを恨んだ男三郎に殺されてしまったのだというのである。しかし、裁判がはじまると、彼は薬店主殺し以外の二件は頑強に否定した。けっきょくこの二件は証拠不十分で無罪となり、薬店主殺しの罪で明治四十一年処刑された。

その間、市ヶ谷の監獄で「獄中の告白」を執筆して無実を訴えたが、やはり本当のところは謎といわれる。

「嗚呼世は夢か幻か　獄舎に独り思い寝の

夢より覚めて見渡せば　あたり静かに夜は更けて」

街では演歌師が事件の顚末をつづった「夜半の追憶」という長大な詩をわびしいバイオリンのメロディに乗せて歌い、おおいに大衆の感傷をそそったのであった。

明治四十一年、府下豊多摩郡大久保で起きた婦女暴行殺害事件が東京中をさわがせた。いまの新宿区大久保で、そのころは東京の人口増加につれて開発された新興住宅地だった。そこの空き地で風呂帰りの官吏の細君が殺されていたのである。かねて銭湯の女湯をのぞき見するというので警察にマークされていた池田亀太郎という二十四歳の植木職人が別件逮捕され、あっさり犯行を自白した。亀太郎は出っ歯だったので「出歯亀」とあだ名されていた。これ以来、のぞき趣味のことを一般に出歯亀と通称するようになった。亀太郎は一審で無期懲役の判決を受けたが、後に減刑保釈されている。科学捜査がまだ発達していないころで、無実だったとする説も強いようである。

強盗、殺人など、さすがののんびりした明治の東京にもまだまだ事件はいろいろあったようだが、殺伐な話はまあこのへんにしておこう。

七　町の楽しみ

東京十二カ月

太陽暦の採用や洋風建築の出現、洋服や時計の普及、市区改正の実施、鉄道馬車や市街電車の開通など、外来文化の影響を受けて明治の東京にはしだいに都市化、近代化の波が押し寄せてきた。それにつれて江戸以来の季節感や年中行事なども少しずつ変化していった。それでもまだまだ庶民の生活は江戸の名残をとどめ、古い習慣が根強く残っていた。いまの東京から見ると物質的には貧しいながらも、梅や桜、藤やつつじ、菖蒲あやめといった季節の花々に彩られ、蛍狩りに月見、紅葉狩りに雪見酒と、昔ながらの行楽地をたずね歩く楽しみもあり、いまより暮らしのテンポや生活感ははるかにのんびりしていたようである。

とくに、二十世紀を迎えた明治三十四年前後の数年間は、日清、日露両戦役にはさまれた平和な時代で、比較的暮らしやすく、ほどほどに住みよい時期だったといわれている。しかし群馬県では公害の元祖ともいうべき足尾鉱毒事件が起きて、渡良瀬川付近の住民の生活は悲惨をきわめ、抗議運動は官憲によって弾圧を受けていた。そんな世相のなかで東京市民はのんびりと四季おりおりの暮らしを楽しんでいたのだった。

一年のはじまりはまず一月元旦。初日の出を拝み、若水を汲んであらたな気分で新年を迎える。家ごとに門松を飾り、初詣でに出かけ、屠蘇や雑煮で祝うしきたりは、いまもあまり変わっていない。学校では新年の式典がおこなわれ、子供たちはよそゆきの着物で登校する。どこの家でも主人が紋付き袴やモーニングコートの正装で年始まわりに出かけるのが習わしだった。年賀状は明治三十年代から一般化した風習である。

獅子舞や三河万歳、猿まわしなどが家々をまわるのも、正月の風物だった。子供たちはお年玉をもらい、羽根つきや凧あげに夢中になった。もっと年上の若者たちは、百人一首のカルタ会を楽しみにしていた。男女交際のきびしかった明治の若者にとって、カルタ会は胸のときめくようなただひとつの交際のチャンスだったのである。そんな様子は、尾崎紅葉の小説「金色夜叉」にも描かれている。夜になると「お宝、お宝……」と呼びながら宝船売りもやってくる。宝船を刷った紙を枕の下にしいて寝ると、いい初夢が見られるという縁起ものだ。

明治になってはじまった年中行事としては、一月六日の観兵式と消防出初式がある。観兵式は陸軍始《りくぐんはじめ》ともいい、青山練兵場（いまの明治神宮外苑）に天皇を迎えて分列式をくり広げるのである。明治四十二年からは代々木練兵場（いまの代々木公園）でおこなわれるようになった。消防出初式は鍛冶橋門内の広場に消防夫が集まって警視総監や消防司令長官の検閲を受け、分列式ののちに江戸以来恒例の梯子乗りの技をきそったものであった。

一月十五日は商店の雇人たちにとって年二回の藪入りの日である（もう一回は七月のお盆の十五日）。ふだん住み込みではたらいている小僧さん、女中さんなどは、この日ばかりは仕事から解放されてのんびりできるのである。新調の着物を着せてもらい、お小遣いをいただいて、東京に実家のあるものは手土産を持って両親のもとへ宿下がりする。地方出身者はそれぞれ浅草などの盛り場に出かけ、寄席にいったりパノラマをのぞいたり（もちろん明治後期には活動写真だ）、うまいものを買い食いしたりして羽をのばすのであった。

政府は新しく国家の祝日を設け二月十一日は紀元節と定められた。いまの建国記念日の前身である。学校では校長先生が天皇のご真影の前で「教育勅語」をおごそかに朗読し、「君が代」と、

「雲に聳《そび》ゆる高千穂の、高嶺おろしに草も木も……」

という紀元節唱歌を歌って、その日は授業はお休みである。

このころから梅の花がほころびだして、亀戸の臥竜梅《がりようばい》や大森の梅屋敷は梅見の人で

にぎわった。三月三日の桃の節句が終わり、四月八日の花祭り（灌仏会《かんぶつえ》）のころはそろそろ桜の見ごろである。上野公園、飛鳥山、品川御殿山、小金井堤などは江戸以来の桜の名所だった。向島の隅田堤あたりはとくに人の出が多く、夜になると吉原の夜桜見物もにぎわった。桜といえばソメイヨシノが有名だが、これは江戸末期に巣鴨の染井の植木屋がつくり出した品種が全国的に広まったものである。

お花見シーズンが過ぎると、目黒の筍が食べごろとなり、洲崎やお台場、品川では汐干狩りが盛んになる。五月五日は端午の節句。明治になって端午の節句をはじめ五節句が廃止されたが、民間の風習として残ったのである。五月の空には鯉のぼりが泳ぎ、銭湯では菖蒲湯がたて

られた。

明治になって殉国者の霊をまつる招魂社が九段坂上に建てられ、明治十二年に靖国神社と改称された。春秋二回の例祭があって、五月と九月の五日、六日、七日の三日間は競馬、撃剣、剣舞、相撲などが奉納され、花火が打ち上げられ、サーカス、玉乗り、のぞきからくりなどの見世物小屋や露店がズラリと並んでたいへんな人出だったという。

そのあと五月十七・十八日は浅草の三社明神（浅草神社）のお祭りがやってくる。揃いの法被《はっぴ》でワッショイ、ワッショイとお御輿をかつぐ三社祭は、いまも東京の初夏を彩るなくてはならない行事のひとつだ。東京ではお祭り以外にもあちこちで毎日のように縁日が開かれていた。

古道具、植木、金魚すくい、ラムネや焼きトウモロコシなどの食べ物屋も繁盛した。埼玉産のホタルが売り出されるのもこのころだった。山の手の屋敷町からわざわざ下町まで散歩にやってくる人たちも多く、鉢植えの植木を大事そうに持って帰る官員さんの若夫婦のむつまじい姿も見られた。

四季それぞれの花を愛でる楽しみもあった。つつじの名所は染井や大久保、巣鴨の菊、藤は亀戸天神が有名だ。人びとは季節ごとの花をたずねてよく出歩いたようである。家にいれば苗売り、稗蒔《ひえま》き売り、金魚売り、虫売り、枇杷《びわ》葉湯《ようとう》売りなどの売り声がのどかに季節の到来を知らせ、縁日で買ってきた風鈴や軒しのぶをつるすのもこのころである。

明治の東京の一日は、まず新聞配達の「シンブン！」という威勢のいい呼び声からはじまる。それぞれの新聞社の社名を染めた印半纏を着て朝刊を各家に投げこんでいくのである。箱車を曳いてくるのはパン屋の配達、牛乳屋も早起きだ。朝食に間に合うように「ナット、ナットー、ナット。ナットー、みそまめ……」と納豆屋もやってくる。「と

ーふぃ、油げ、がんもどき……」と豆腐屋も売りにくる。明治の末にはプ〜とラッパを吹いてくるようになった。

町には魚介類、そば屋などのほか、飴、薬、辻占《つじうら》など、一日中いろいろな物売りや修繕の行商、大道芸人らがやってきた。

道路がまだ舗装されていなかったので天気のいい日には土ぼこりが舞い上がって歩くのもたいへんだったようである。そこで水槽に車をつけて水を撒きながら曳いて歩く撒水車が現れ、東京の名物となった。

六月になると堀切の菖蒲、江戸川べりのホタル狩り、入谷の朝顔市も楽しみだった。このころになると町の焼き芋屋はいっせいに氷屋に衣がえして、

ぶっかき氷やアイスクリーム、ところてんのおいしい季節がやってくる。江戸時代には氷は貴重品で、上流階級しか口にすることができなかった。明治になると函館氷が人気を呼び、やがて機械製氷が実用化されて安い氷が人びとによろこばれるようになったのである。

　六月十四、十五、十六日は日枝神社の山王祭、七月になると、七夕につづいて浅草寺の四万六千《しまんろくせん》日《にち》がやってくる。藍の匂う浴衣がけでお参りをすませ、ほおずき市をひやかして歩くのも下町の風情だ。町かどには葭簀《よしず》がけの麦湯の出店が縁台を並べていた。

プールなんてまだない時代だが、川の水はきれいだった。隅田川の両国や浜町河岸には水練場が開場して、子供たちは水泳の練習に毎日通った。いまのスイミングスクールである。

両国の川開きは、江戸以来の夏の最大の行事だった。七月中ごろから八月半ば、だいたい土曜日の夜をえらんで開催されたようだ。両国界隈の料亭や船宿が主催して、数百発の花火を打ち上げるのである。屋根船、屋形船、土船や砂利船、伝馬船などがひしめき、両国橋の上は花火見物の人で押しあいへしあい、両岸もあふれんばかりの人出でにぎわった。それをあてこんで氷水、寿司、ラムネ、ゆで小豆などの屋台が立ち並んでいた。明治三十三年には橋の欄干がくずれてたくさんの人が川に落ちるという惨事も起きている。

涼を求める人びとは、洲崎や大森海岸へ泳ぎにいった。海水浴というのも明治三十年ごろから健康増進のために一般化したようである。はじめは男女混浴は禁止されていたという。もっと足をのばして、逗子や大磯あたりに出かける人もいた。大磯の海水浴場は明治十八年に開かれたそうだが、宣伝に歌舞伎のスターを呼んで話題になった。海の苦手な人は、新宿十二社や滝野川弁天、目黒不動などに出かけ、滝に打たれ

て涼んだものらしい。滝といってもいたって小規模なものだ。

向島百花園に秋草が咲いて、夏もようやく終わりをつげ、九月には神田祭でひとしきりにぎやかになる。小学校から大学まで、あちこちの学校では秋の運動会が催される。秋も深まれば菊見の季節。十月から十一月にかけては、駒込団子坂の菊人形が東京の名物行事だった。団子坂は植木屋が多く集まっていたところで、各庭先に舞台をしつらえ、その年の当たり狂言などを取りいれた菊人形は、当時なかなかの人気で見物客もたくさんつめかけた。しかし明治四十年代になると両国国技館の菊人形のほうにお株をうばわれて廃業してしまったといわれている。

紅葉の季節ともなると、東京にも古くからの名所があって人を集めた。品川の海晏《かいあん》寺《じ》は鎌倉時代からの紅葉の名所といわれたところだが、境内が狭く樹も少ないので、むしろ滝野川のほうに人気が集まるようになった。そのほか上野公園、芝公園、目黒不動などの紅葉も見事だったといわれている。

池上本門寺の御会式《おえしき》のあとは、十一月三日の天長節。明治天皇の誕生日を祝う祝日で、大正以後は明治節となった。現在の文化の日である。新年と同様に観兵式がおこなわれるのが恒例であった。天長節につづいて靖国神社の秋の例祭、十五日は七五三のお祝いで、晴れ着を着て千歳飴の袋をさげた子供たちの姿があちこちの神社に見られた。

十一月の酉《とり》の日は下谷の鷲《おおとり》神社のお祭りで、縁起ものの熊手を売る酉の市で大にぎわいとなる。三の酉まである年は火事が多いというのも、昔からの言い伝えである。火の番は毎晩「火の用心…」ととなえながら拍子木を打って町内をまわった。夜も更けたころ、「火事は神田美土代町……」などと呼びながら、太鼓を打って遠くの火事をふれまわる声も聞かれた。

近くの火事は半鐘を打って知らせた。アリャ、アリャと威勢よく駆け出す町火消し、野次馬の数もたいへんなものだったようである。

師走の歳の市は、十四、十五日の深川八幡をかわきりに、十七、十八日の浅草観音、二十、二十一日の神田明神をはじめ各所で開かれ、お飾りや繭玉など正月の準備にいろいろな品が並んだ。女の子は羽子板市に行くのが楽しみだった。

冬至には銭湯ではゆず湯がたてられ、煤はらい、餅つきと、暮れはなにかとあわただしく、子供たちは「もういくつ寝るとお正月……」と指折りかぞえ、長屋の住人はたまった店賃や借金の返済に頭を痛める。やがてあちこちの寺院から除夜の鐘が鳴り響き、明治の東京は新しい年を迎えるのであった。

芝居見物

歌舞伎は、江戸以来市民に愛された芸能である。明治になってもひき続き江戸時代とあまり変わらない内容で上演されていた。歌舞伎の劇場は天保改革ののち、浅草猿若町の江戸三座（守田座、市村座、中村座）にきめられていたのだが、明治になって中央進出をめざしたのが守田勘弥だった。明治四年、新島原遊廓の跡にできた新富町に勘弥は守田座を移し、新しい演劇改良運動の拠点にしようとした。新守田座はいままでにない大劇場で、のちに新富座と改称したが、明治九年に火災で焼失し、十一年に再建された。

新しい新富座はさらに大きくなり、舞台を額縁（プロセニアムアーチ）式にして、客席の一部に椅子席を設けるなど最新式の設備で話題を呼んだ。舞台照明にガス灯を用いたのもここが最初で、これ以後夜間興行が可能になった。開場式には政府高官や名士たちが参列し、陸海軍の軍楽隊の演奏によって幕が開けられた。当時のトップスター市川団十郎、尾上菊五郎、市川左団次のいわゆる団菊左の顔ぶれをそろえ、こうして新富座は明治前期の歌舞伎界をリードして新富座時代を築くことになる。

政府は民衆教化の手段として歌舞伎に目をつけ、開化政策に沿った演劇改良の指導に乗り出した。これに同調して新時代の風俗を取りいれた「ざんぎりもの」や、生きた歴史をめざす「活歴もの」が出現する。明治の名優といえばなんといっても市川団十郎だったが、彼は熱心に活歴ものに取り組んだ。明治二十年には天皇の御前で演じ、歌舞伎の社会的地位を高めるとともに自身もスーパースターとして明治の演劇界に君臨するようになった。

明治二十二年（一八八九）には、歌舞伎座の開場が東京中の話題をさらった。東京日日新聞の福地桜痴らが改良演劇の本拠として当時としてはもっとも斬新で大規模な新劇場を木挽町につくったのだ。外部は木造洋風の三階建て、内部は総檜《そうひのき》造りの和風で桟敷席になっていた。間口二十七メートル、奥行き五十四メートル、軒高九メートトル、建坪千五百平方メートル、収容人員三千人という日本一の豪華な大劇場であった。おかげで新富座は歌舞伎座に首位の座をうばわれ、明治の歌舞伎界は新富座時代から歌舞伎座時代へと大きく転回していくことになる。数年後には浜町に明治座ができ、歌舞伎座と並んで東都の二大劇場といわれるようになった。

しかし、改良演劇といっても、活歴ものなどはあまり面白いものではなかったようである。歌舞伎といえば、やはり鶴屋南北や河竹黙阿弥の創りだした残酷非情な悪の世界が華麗にくり広げられるといった狂言に人気があったのだが、これが否定されてお堅い史実や勧善懲悪の教訓的な内容ばかり。これでは江戸っ子にはピンとこなかったようで、あまり評判はよくなかった。幕末以来の歌舞伎作者、河竹黙阿弥も時代を反映した「ざんぎりもの」を書き、これを菊五郎が演じたりしたが、現代ものではむしろ川上音二郎の新派のほうに人気が集まり、歌舞伎はやがて古典に回帰するようになる。

歌舞伎は出雲の阿国にはじまったといわれているが、寛永六年に男女共演が禁止され、女の役は女形によって演じられてきた。しかし、女役者や女義太夫などの女芸人がまったく消えてしまったわけではなかった。明治二十三年にようやく男女共演が認可され、女役者九米八らが人気を呼んだ。新派劇の川上貞奴は本格的な女優第一号としてヨーロッパ公演でも好評をはくした。

浜町 明治座
（明治26年）

新富町 新富座（明治11年）
今の京橋税務所の場所.

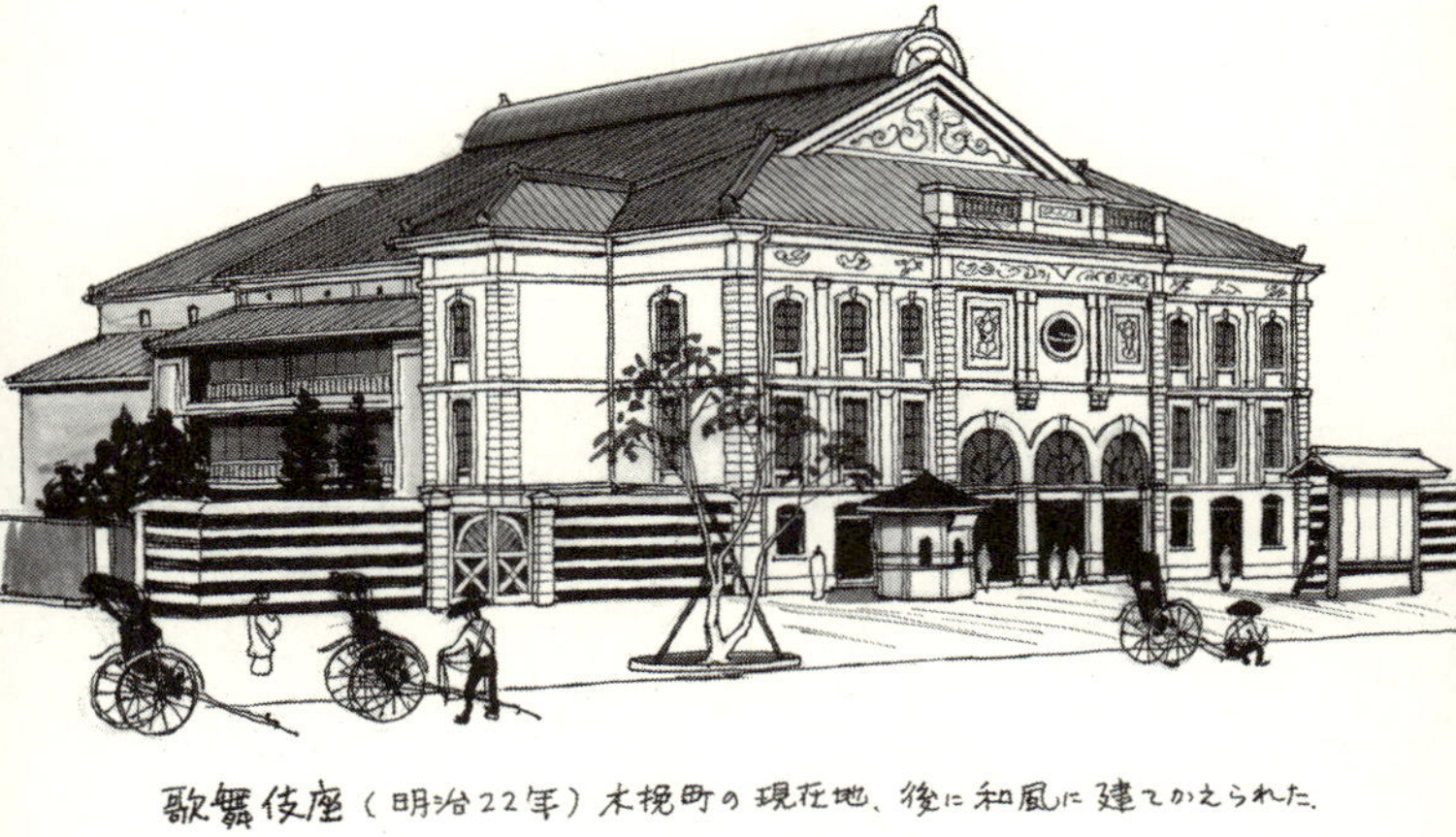

歌舞伎座（明治22年）木挽町の現在地、後に和風に建てかえられた.

明治三十七、八年に団菊左があいついで世を去ると歌舞伎もようやく衰えを見せ、新派や帝国劇場の女優劇がさかんになって、日本の演劇界はあらたな展開を見せるようになるわけである。

歌は世につれ

音楽の世界でも、それまでつづいてきた日本の伝統音楽に対して西洋音楽が登場したのは画期的なできごとだった。西洋音楽は幕末にすでに各藩に鼓笛隊などがつくられ、洋式調練に使われていたが、明治になると正式に陸海軍軍楽隊が編成された。宮中晩餐会や鹿鳴館において外国使臣らの前で演奏する機会の多かった宮内省式部寮の伶人《れいじん》（雅楽の音楽家）も、軍楽隊にならい吹奏楽や管弦楽の演奏をとりいれた。

一般に西洋音楽が浸透したのは、明治十二年に文部省に置かれた音楽取調掛によって採用された音楽教育の普及効果であった。明治十四年には教科書に「小学唱歌」が導入されて西洋式の小歌曲が数多くつくられ、日本のわらべ唄や外国の民謡なども採用された。これらの唱歌は当時の文学者や音楽家によって作詞作曲された親しみやすい格調の高いものが多かった。外国曲は必ずしも訳詞ではなかったが、メロディにうまくマッチして、小学生ばかりでなく一般にもおおいに愛唱され現在まで歌いつがれている。

ドレミファの西洋音階は、当時の日本音階に慣れた人びとには歌いにくかったらしく、ファ（4）の音とシ（7）の音をはぶいた、いわゆる「ヨナヌキ」音階がよく使われていた。

世間一般には日本音楽の伝統も根強く残されていた。日本古来の雅楽、謡曲、琵琶、箏曲、尺八などのほか、近世の三味線音楽として長唄、義太夫、清元、常磐津、新内などの音曲も、明治初年の文明開化時代には一時衰退したものの、その後復活して勢いを取りもどした。流行り唄として端唄、小唄、俗曲、田舎唄（民謡）なども好まれた。長唄や浄瑠璃などは歌舞伎や文楽などと密接な関係にあって一般の愛好を得ていたのである。

惜しいことにこれらの音曲が卑俗であるとして明治の学校教育から排除されたことである。最近になって民族の宝でもあるこれらの音楽を見直す機運が生まれ、音楽教育の教材として三味線などを取りいれる学校も増えてきた。

唱歌はおおいに広がったが、西洋音楽の一般への普及はなかなかむずかしかった。音楽学校の正規の音楽教育以外では一部の愛好家がピアノやオルガン、バイオリンなどの洋楽器を習得したが、楽器そのものが高価だった。

このように明治の音楽事情は邦楽と洋楽の二重構造になっていたが、やがてこの両者は違和感なく同居するようになり、洋楽器と和楽器の合奏など、新しい試みもおこなわれ、オーケストラも組織されるようになる。

盛り場や縁日の大道芸として演歌師の歌う流行歌も、卑俗かつ素朴ながら洋楽的な曲想をもととしていた。バイオリンを弾きながら歌詞集を売る明治ならではの音楽商売だ。民間の吹奏楽も楽隊を組んで園遊会やデパートの宣伝などに活躍しはじめ、少年音楽隊も出現した。

浮かれ節などと呼ばれて一種の大道芸であった浪花節が寄席に登場して人気を高めるようになったのも、明治になってからのことである。はじめは職人や車夫、馬丁といった下層階級のファンを常連としていたが、やがて人気が広まり、明治四十年に桃中軒雲右衛門が本郷座で大成功をおさめて以来、実業家や政治家のファンも増え、黄金時代を迎えることになる。

明治のアイドル、娘義太夫

芝居見物といっても入場料はけっこう高く、テレビや映画のない江戸以来の庶民の安直な娯楽といえばなんといっても寄席がその筆頭だった。明治中期には東京の寄席は約百五十軒といわれ、下町の神田や浅草に多く、本郷や芝にもあった。各区内に少なくとも三、四軒はあったといわれている。建物はふつうの町屋のやや大きい程度で、大きなところで四、五百人ぐらいの席だったようである。

寄席の演《だ》しものといえばまず講談、落語、それに対して色ものといわれる音曲、手品、声色、ものまね、百面相、幻灯（写し絵）などがあって、講談落語専門の定席と色もの席とに分かれていたところが多かった。

講談は、昔ながらの軍談、敵討ち、白浪もの（盗賊もの）など、どちらかといえば硬派の芸に属し、ファンもたいてい男ばかりだった。明治前期の講釈師として有名だった松林伯円は、はじめ白浪ものを得意としたので「ドロボウ伯円」という異名をとったが、時局ものを題材にした「明治功臣録」や「西南戦争」といった新しい実録ものでおおいに人気をはくした。のちには民権運動に傾斜して政府を攻撃したり、まさに開化の講釈師と

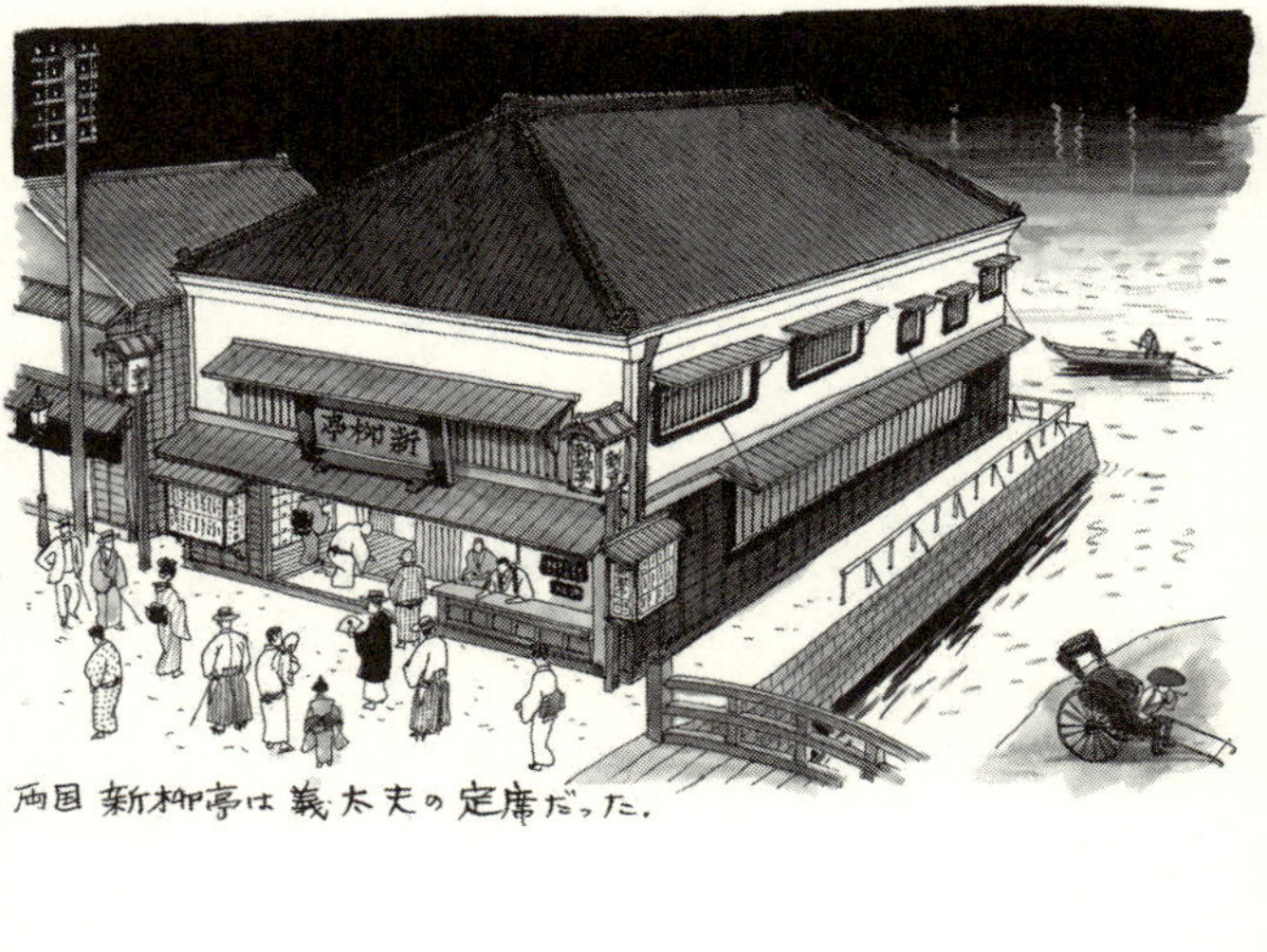

両国新柳亭は義太夫の定席だった。

いわれていた。いまならさしずめテレビのニュースキャスターといったところだろう。政府は彼の人気をうまく利用しようとし、明治二十五年には天覧口演の栄に浴した。

明治の落語界で、話術の妙、独創の才によって一代の名人とうたわれたのが三遊亭円朝である。「牡丹灯籠」「塩原太助」など、彼の創作したたくさんの人情話は一世を風靡し、歌舞伎の演目にも取りいれられた。彼のファンには、井上馨、渋沢栄一、大倉喜八郎、松方正義など政財界のお歴々も多かったといわれている。

いっぽう明治二十年代から末年にかけて大流行したのが娘義太夫、通称タレギダである。大きな島田髷に花かんざし、カラフルな肩衣《かたぎぬ》すがたで、黄色い声をはり上げる色っぽい太夫は、当時のアイドルスターだ

った。クライマックスになると見台から身を乗りだし、わざとカンザシを落としたりして熱演したそうだ。ファンは圧倒的に書生が多く、客席は連日大入り客止めの盛況。太夫の美声とルックスにつられて、

「いまごろは半七っつぁん、どこにどうしてェ……」

などとサワリのところへくると、下足札をたたいて、

「ドースル、ドースル……！」

といっせいに奇声を発し、これを称して「ドースル連」といった。つまり、明治の熱狂タレント親衛隊だったわけだ。ひとつ公演が終わると太夫を乗せた人力車をかこんでつぎの席亭まで押しかけるという騒ぎ。タレギダのあまりの人気に落語や講談席は客が減り、頭をかかえたというくらいであった。

サーカスと奇術

サーカスといえばなつかしいジンタの音色とともに子供のころの郷愁がこめられている。明治十九年（一八八六）の東京っ子の話題といえば、なんといってもチャリネ

曲馬団の話題だった。イタリアのチャリネ曲馬団四十数名の大一座が来日し、秋葉原にテントを張って興行したのである。象、ライオン、虎など、珍しい猛獣と人間が演じるスピードとスリル満点の西洋曲馬で、そのスケールの大きさと妙技に大人も子供も目をみはった。そのころはサーカスのことを曲馬といったのである。とにかく、曲馬といえばチャリネ、チャリネといえばサーカスを意味するくらい東京中の人気となり、さらに築地に移って興行をつづけ、その後も明治を通じて三回来日している。やがて日本人のなかにも西洋風の曲馬を習得して演じるものが現れ、和製チャリネを名乗って各地を巡業してまわるようになった。

いっぽう、手品は日本にも古くから伝

チャリネの曲馬

わった芸で、これを和妻というが、明治になると外国から西洋奇術師がやってきておおいに影響をあたえた。まず西洋手品をとりいれたのは帰天斎正一である。蒔いた種からすぐ芽が出て花が咲いたり、真綿のねずみが動き出したりするので、見た人は皆びっくりした。

つづいて明治最高の奇術師といわれたのが松旭斎天一である。天一は福井藩士の家に生まれ、幼くして仏門に入って修行した。やがて剣渡りや火渡りの術など真言宗の秘法を習得して各地を巡業していたが、たまたま長崎で出会ったアメリカ人ジョネスのすすめで渡米し、日本独特の奇術を演じて各地で好評を得たのである。

天一はアメリカで西洋奇術を習得した。明治十六年に帰国するや、たちまちスターの座につき、翌年には天覧の栄にも浴したのであった。寄席の色ものとしての手品も、西洋奇術ともなると大がかりな装置を使って大劇場を舞台とするようになった。

天一は西洋奇術博士を名のり、空中浮遊や十字架のはりつけといった演しもので全国を巡業して大成功をおさめ、さらに水芸などの日本的な芸をひっさげてヨーロッパや中国にまで足をのばした。

天一は明治の末に引退し、愛弟子の松旭斎天勝《てんかつ》がそのあとを継いだ。天勝は十一歳で天一に弟子入りし、生来の美貌をもって天一一座の花形となった。轟音一発、大砲から身をもって打ち上げられるなど、スケールの大きい彼女の芸に観衆は固唾《かたず》をのんだ。彼女も世界的な奇術師として欧米各国で名声をはくし、大正昭和を通じて奇術界の女王とうたわれたのである。

粋すじの女たち

明治の顕官の夫人のなかには、花柳界出身の女性が多かったこともよく知られている。伊藤博文夫人の梅子はもと馬関（下関）芸者だったし、木戸孝允夫人といえば、もと祇園の名妓幾松といったほうが通りがいい。幕末の京都を舞台に、新撰組を向こうにまわして活躍した木戸孝允（桂小五郎）を、かげながら援助したという彼女のエピソードは、あまりにも有名だ。陸奥宗光夫人は新橋で鳴らした小鈴という名妓だった。そのほか山県有朋、桂太郎の第二夫人となったのはいずれも花柳界出の女性だった。ついでながら、第二夫人（権妻《ごんさい》）というのはいわゆるお妾さんのことで、明治五年までは正妻と並んで戸籍上レッキとした第二等親として法的に認められていたのである。

明治10年代の柳橋
20年に鉄橋になった。
正面の建物は料亭
「亀清」である。

彼女らは世情に通じ、教養もあり、男を操縦する腕前はたしかで、こうした高官たちのホステス役としてはこれ以上の適役はなかったのである。明治の男たちはよく芸者遊びを

したようだ。いまのようにバーやクラブもない時代で、政府の高官、貴族、財界人らの上流人士は、政治折衝や営業交際の場に花柳界をおおいに利用した。芸者はその場をとりもつ不可欠の存在だったわけである。

遊女とちがって芸を売りものにする芸者は、江戸時代に現れた職業で、明治になって芸妓という名称が与えられたといわれる。江戸の芸者でいちばん格式のあったのは吉原芸者といわれているが、明治になると新橋、柳橋ががぜん花柳界のトップにのし上がった。とくに新橋は官庁街に近いので政府高官がよく出入りし、日本独特の「待合政治」はここからはじまったといわれている。待合はお座敷で芸者や飲食を提供する商売で、政治家や官員、実業家などが芸者を呼んで飲み食いをしながら非公式に政策や事業を相談するのである。

花柳界は新橋、柳橋、芳町、辰巳（深川）などやはり下町に多く、山の手でも赤坂や四谷がこれにつづき、そのほか市内各所で繁盛した。

しかし、薩摩や長州の田舎侍出身の政府高官たちは、江戸以来の粋な遊び客とちがって遊びかたもいたって野暮くさかったようである。当時の通人といえば、旧幕臣出身のインテリで、江戸はえぬきのしゃれものと自他ともにゆるすような連中が多かった。彼らは新聞記者などになって政府批判の立場に立つと同時に、新橋よりもむしろ柳橋を遊興の拠点にしたようである。

朝野新聞の成島柳北も柳橋をひいきにしたひとりで、『柳橋新誌』という漢文体の洒脱な本をあらわして明治初期の花柳界の消息にことよせて時流を諷刺した。彼は和漢洋の学に通じ、旧幕時代にはかなりの要職についていた。維新後は野に下り、この本もあまりに辛辣に政府をからかったせいで発行禁止になってしまった。

明治の東京で名妓と騒がれたのは、ぽん太、お妻、万竜といった女性たちだった。このような花柳界の名妓たちは、当時のファッションリーダーであり社交界の花形的存在であった。写真による芸者の美人コンクールもたびたびおこなわれて人気をはくしたそうである。

しかし、そうした名妓たちの華やかな存在のかげには、世間のしがらみや下積みの悲惨な生活に泣いた女たちも多かったのだ。

お歯黒どぶに灯がゆれる

吉原の歴史は古く、歌舞伎や落語、浮世絵などにも描かれて、江戸情緒ゆたかな一種の文化センター的役割を持つ町であったといわれている。遊廓は日本の社会機構や都市の生活文化のひとつのあらわれともいえるが、しょせんは売春を目的とする政府公認の特殊地域であり、明治になると日本近代化の恥部であるという考え方も生まれるようになった。明治五年（一八七二）、近代国家としての体面上娼妓解放令が出されるが、行く当てのない娼妓たちは私娼や妾になったものも多く、吉原は貸座敷という名目でじきにまた復活してあいかわらず繁盛していた。

昔から遊廓は外部と区別するために堀割りでかこんで区画され、おもに市街地の外縁に設けられていた。吉原も浅草のはずれにあって、明治のころもまわりは水田で、吉原田圃とか裏田圃と呼ばれていた。夏は蛙の声がしきりで、秋になると赤トンボが舞い、うずらの鳴く声も聞かれたという。

しかし、営業上いちはやく文明開化の風潮を取り入れ、娼妓たちの洋装姿が早かったのも吉原だった。しかも遊廓建築に洋風を加味した建物が明治二十年代からぞくぞくと出現し、一種の宣伝効果をあげて人びとを驚かせたのである。なかでも有名なのはメインストリート仲ノ町に面した京町一丁目の「角海老楼」で、鹿鳴館が竣工した翌年の明治十七年に擬洋風三階建ての堂々とした建築をかまえて名物となった。楼上には直径二メートルもある大時計をそなえ、朝な夕な時を告げる鐘の音をあたりに響かせたのである。樋口一葉も、竜泉寺町に住んでいたころは、この角海老の時計の音を聞いて暮らしたにちがいない。彼女の名作『たけくらべ』の冒頭に、

「廻れば大門の見返り柳いと長けれど……」

と描かれたその大門は鋳鉄製で、明治の有名人福地桜痴の漢詩を浮き彫りにし、大きなガス灯がついていた。大文字楼、稲本楼など角海老に匹敵するような大籬《おおまがき》（大建築の妓楼）のあいだに引手茶屋や張り見世がひしめき、春夏秋冬まさに不夜城のにぎわいを誇っていたのであった。しかし、関東や東北地方の貧しい農村地帯から娼妓として半ば強制的に送りこまれてくる娘たちにとっては、文字通り人身売買の「苦界」だったのである。

吉原以外にも、江戸時代からの品川、新宿、千住、板橋などが遊廓として公認されていた。新島原は明治四年に廃止されたが、明治二年にできた根津遊廓は東京大学に近過ぎるというのでのちに洲崎の埋立地に移

吉原 大門

浅草橋、柳橋、両国橋かいわい

三橋はそれぞれ明治17年、20年、37年に鉄橋化されている。

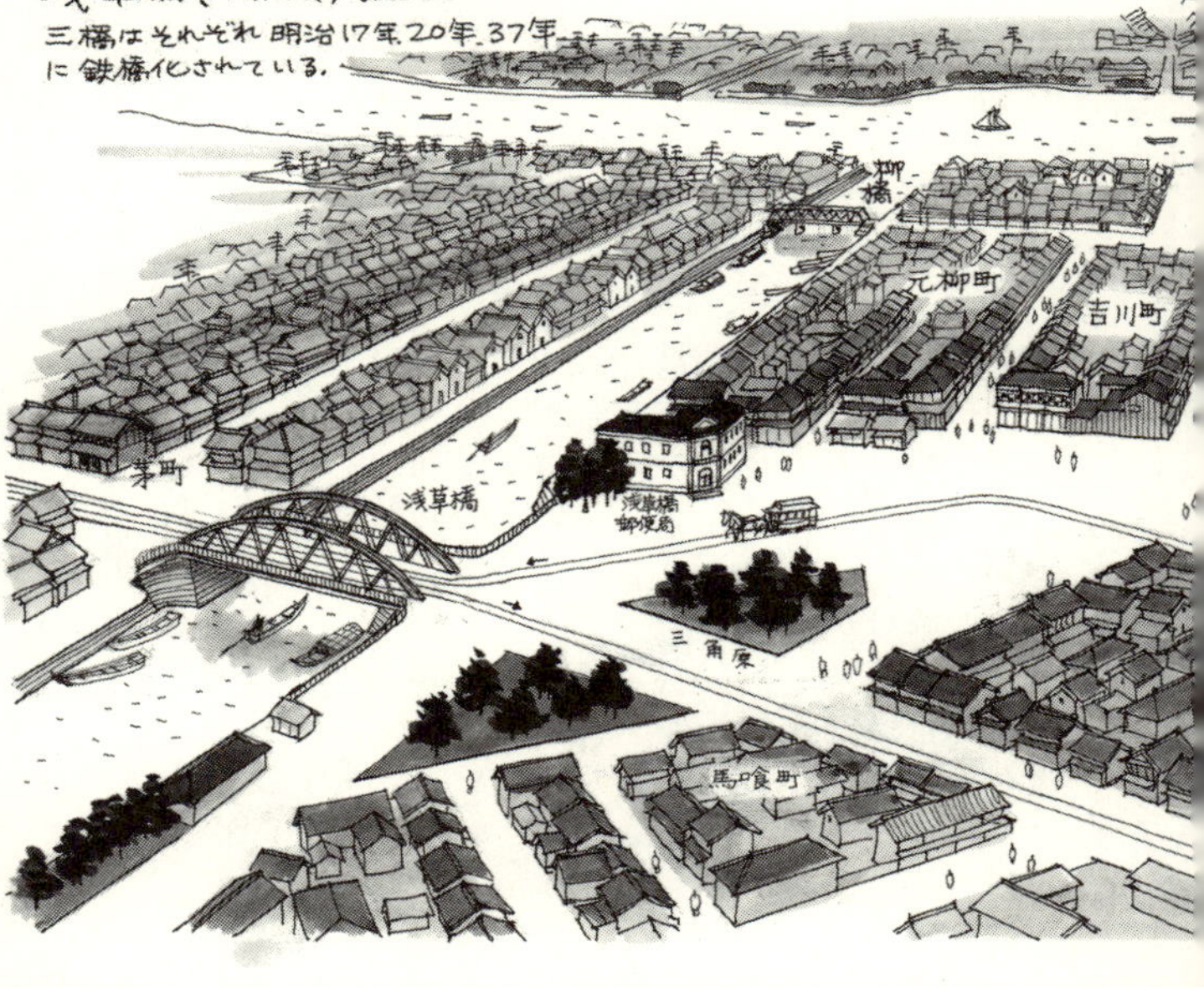

されて洲崎遊廓となった。

しかし、お歯黒どぶに灯火を映した三階建ての妓楼の町並みも、明治四十四年の吉原大火でいっきょに灰となり、有名な見返り柳も根もとだけ残して焼けてしまった。翌年には洲崎遊廓も全焼し、こうして華麗さを誇った江戸の名残も昔日のおもかげを失ったのだった。

日本の遊廓は太平洋戦争後の昭和三十三年の赤線廃止までつづいた。

明治の名物勧工場

勧工場《かんこうば》、勧業場などと呼ばれる店舗形式が生まれたのは、明治初年にはじまった博覧会や共進会の影響といわれ、明治独特の流行である。

盛り場のところでも述べたが、江戸以来の高級商店は店先に商品を置かず、客の求めに応じて裏の蔵から品物を運んできて売る「座売り」の方式が一般的だった。これに対して、最初から店先に商品を並べて、客に手にとって買ってもらうのが「陳列販売」という方式で、これが急に流行するようになったのは、内国勧業博覧会の売店のスタイルが人気を集めたからだといわれている。このときに売れ残った商品を集めてつくられたのが辰ノ口勧業場で、これが勧工場のはじまりといわれている。

こうして勧工場は明治十年代にはじまり、二十年代に一般化し、さらに三十年代になると全盛期を迎え、銀座をはじめ上野、神田など市内各所に開業するようになる。館内をめぐる通路の両側には小割りの出店が並び、日用雑貨、洋品、小間物、袋物、化粧品、玩具、文具、金物、瀬戸物、履物、美術骨董品、絵草紙など、あらゆる家庭用品をこまごまと並べて売っていた。

見栄っぱりの東京っ子は、座売りの店だと品物を出させて買わずに帰るというわけにもいかなかったのだが、陳列販売になってべつになにか品物を買わなくても、散歩がてらただブラブラと店をひやかして歩く、というそれまでにない新しいショッピングの楽しみを見出したわけで、これが後の「銀ブラ」に発展したといわれている。

左は新橋際の帝国博品館（明治31年）
右は恵比寿ビアホール（明治32年）

銀座の勧工場は、明治十一年に第一号の㊉《まるじゅう》京橋勧工場が銀座一丁目にでき、三十年代には六軒に増えている。なかでも新橋の橋ぎわにあった帝国博品館は銀座通りの一画を占める有名な勧工場で、明治三十一年（一八九八）に完成した。木骨レンガ造三階建ての人目をひくルネサンス風の建物は、異才といわれた伊藤為吉の設計である。この人は銀座尾張町の服部時計店の改築も手がけ、舞踏家伊藤道郎、舞台装

置家伊藤熹朔、俳優兼演出家の千田是也ら、有名な芸術家兄弟の実父だそうである。

博品館の建物でおもしろいのは、階段のかわりに傾斜路を用いたことで、それによって客の流れをみちびき、入口をはいって館内を一巡すると、自然に出口に出るようになっていた。これは江戸時代のさざえ堂のアイデアから発展したものにちがいない。このころはデパートでもまだ下足をとっていたのだが、勧工場は下駄ばきのままはいれたのでガタガタと客の足音がうるさかったそうだ。

勧工場の繁栄もデパートの出現によって明治末年にはようやく下火となり、開店以来東京でもっとも繁盛していた博品館も大正になって建てかえられてしまった。現在この場所は博品館ビルとなり、最上階にはおなじみの博品館劇場があって演劇やミュージカルが上演されている。

明治の子供たち

天下泰平のつづいた江戸時代には子供の遊びがいろいろ生まれ、明治から大正、昭和と受けつがれてきたものも少なくない。明治になると、ブランコ、シーソー、鉄棒など西洋の遊戯器具がもたらされた。また児童の健康と体力増強をめざして小学校の教科に導入された体操の影響で集団の運動遊戯が発達し、運動会も開かれるようになった。

張り子や土人形などの江戸玩具に対して、明治になって新しくブリキ、ゴム、セルロイド製のオモチャが外国からはいってきて、子供の遊びも多様化するようになる。しかし高価なオモチャなどなくても子供たちはじゅうぶん楽しく遊びまわっていた。おはじき、鉛メンコ、独楽、かるた、双六、お手玉などを並べた横町の駄菓子屋は子供たちの天国だった。縁日やお祭りも楽しい行事である。ビー玉やけん玉も明治になって流行った遊びである。

遊び場はもっぱら家の前の横町や路地の道路だった。山の手には原っぱも多かった。男の子の遊びはやはり戸外が多く、夏はトンボ釣り、冬は雪合戦、日清戦争のあたりから戦争ごっこも盛んになる。竹馬や竹トンボ、輪まわし、凧などは自分でつくったものだ。小刀でけずった木の棒を地面に突きさして遊ぶ「ねっき」という遊びも明治独特のものである。

女の子の遊びも、姉さんごっこ、ままごと、折り紙、綾とり、きしゃごはじき（おはじき）、お手玉、羽根つき、まりつきなど、いろいろあった。ゴムまりやゴム風船は明治なかばに国産品が出まわりはじめる。「かごめ、かごめ……」や「ここはどこの細道じゃ……」などの昔からの遊び、「向こう横町のお稲荷さんへ……」という手まり唄も江戸から伝わったものである。なわとび、石けり、かくれんぼ、鬼ごっこなどは男の子にも女の子にも人気があった。

「よく学び、よく遊べ」などといわれなくても子供たちは元気によく遊んだ。子供は家庭内だけでなく、町中の人たちから可愛がられて育ったのである。学習塾に通い、コンピュータゲームに熱中するいまの子供たちとは遊びかたもだいぶちがっていたようだ。

しかし、のんびりと遊んでばかりはいられない子供たちもいた。農村や零細家庭の

男の子の遊び
いしけり
たけうま
さかなつり
こままわし
たこあげ
めんこ
ねっき
わまわし

女の子の遊び
ふうせんつき
せっせっせ
かごめかごめ
なわとび
まりつき
おてだま

子供は、はやくから小僧や丁稚奉公に出されるのがむしろ当たり前だった。女の子は年季奉公で子守に雇われていった。子守だけでなく家事労働いっさいに酷使され、待遇は女中以下という例が多かったのである。そうでなければ花柳界に売られてゆくしかなかった。少年法もなにもないころである。十歳になるやならずの子供を労働力として使うようになったのは明治以後のことともいわれるが、こうした風潮は大正から昭和初期までつづいたのであった。テレビドラマ「おしん」の主人公は、東京にも地方にも、いたるところにいたのである。

チリリン、チリリンと出てくるは

一八一五年ごろフランスで自転車が発明された。日本にはじめて渡来したのは明治三年ごろといわれている。このころの自転車はまだ前時代的なもので、当時の錦絵に描かれているものを見ても、見よう見まねで日本人がつくったものらしく、木製三輪に手動レバーと足踏み板のついた見るからに不細工なしろもので、とても実用に役立ったとは思えない。

それでも明治十年代になると各地に貸自転車を営業するものが現れ、秋葉原で三輪車を一時間二銭で貸し出してけっこう商売になったなどという話ものこっている。しかしこれもあくまで遊びの域を出なかったようである。

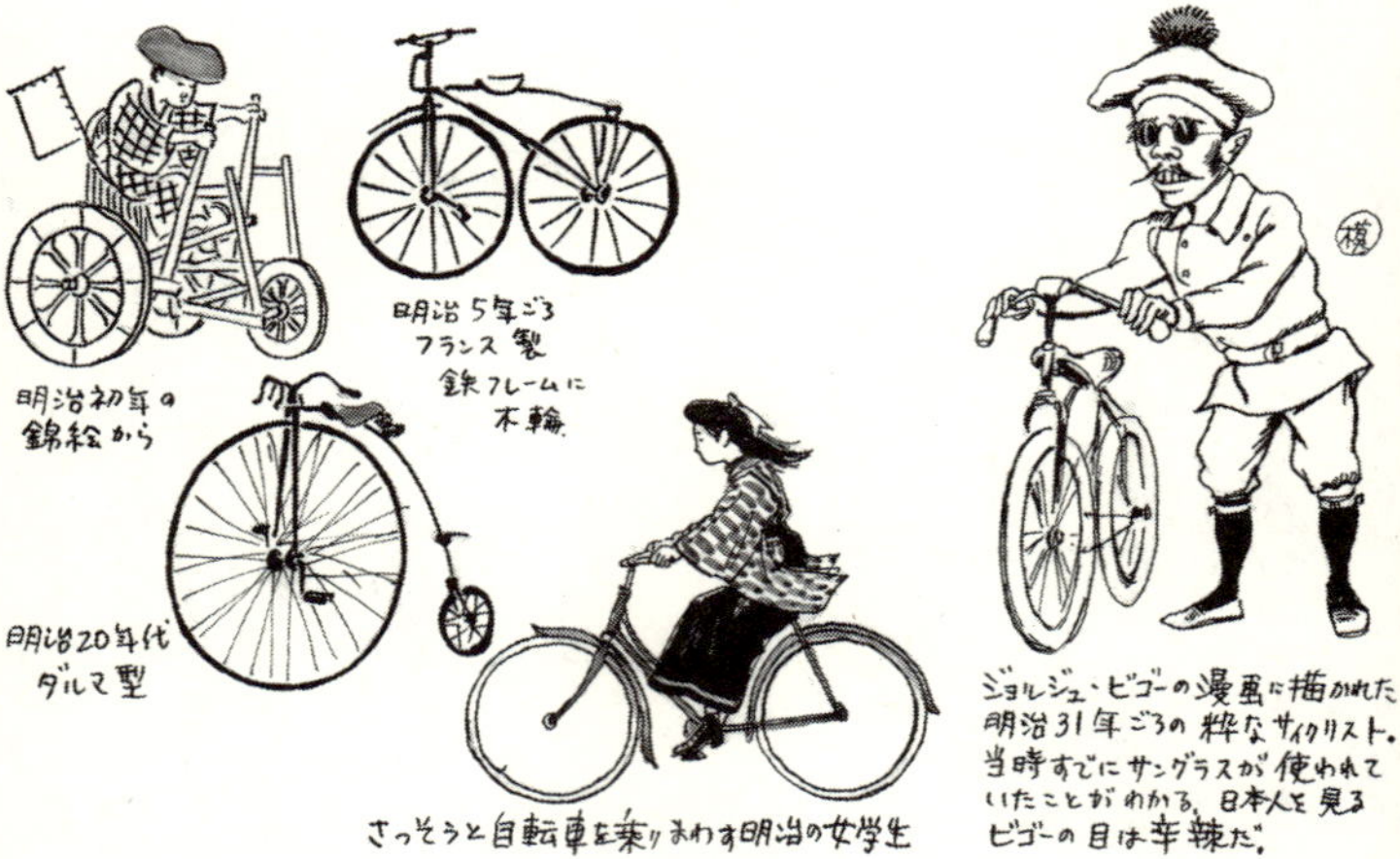
明治初年の
錦絵から
明治5年ごろ
フランス製
鉄フレームに
木輪
明治20年代
ダルマ型
さっそうと自転車を乗りまわす明治の女学生
模
ジョルジュ・ビゴーの漫画に描かれた
明治31年ごろの粋なサイクリスト。
当時すでにサングラスが使われて
いたことがわかる。日本人を見る
ビゴーの目は辛辣だ。

明治十年代なかばになると三輪以外に二輪が登場するが、これは前輪が極端に大きい、オーディナリー型、いわゆるダルマ自転車といわれるタイプで、当時の錦絵にも描かれている。この自転車はサドルが高くて乗り降りがむずかしく、転倒して気絶するものが出たりして、やはり実用という点ではまだ問題が多かったようである。

明治二十年に横浜の石川孫右衛門という人がフランス製自転車の輸入をはじめたが、値段が二百円もしたそうである。当時の巡査の初任給が八円ぐらいだったというからまさに現代のポルシェなみというところだろう。

このころから国産自転車の製造が開始され、やっと現代のようなスタイルの、効率のいい自転車が普及しはじめる。それでもまだまだ値段は高く、一部のハイカラ紳士たちの趣味とスポーツの対象という時代がつづいた。徳川慶喜も静岡に隠棲していたころに自転車に熱中したといわれている。明治二十年代末には各地に自転車愛好家のクラブが生まれて、遠乗り会などが催されるようになったという。

一般への自転車の普及が本格的になったのは明治三十年代になってからで、やはり貸自転車のはたした役目が大きかったようである。このころ流行った唄にこんなのがあった。

「チリリン、チリリンと出てくるは
自転車乗りの時間借り
曲乗り上手と生意気に
両の手はなしたしゃれ男
あっちへいっちゃ危ないよ
こっちへいっちゃ危ないよ
ああ危ないといってるまに、それ落っこちた」

こうして、乗る楽しさにはじまってやがては便利さと実用性がしだいに認められるようになり、御用聞きにまわったり、荷台に商品を積んで配達に使ったりするようになった。このころになるとゴム輪空気入りタイヤが出現し、曲乗り興行や自転車競走運動会などが催されて、一般の人気を集めたといわれている。

日露戦争近くになると、女性の自転車愛好家も現れて話題を呼んだ。明治三十六年の小杉天外の小説『魔風恋風』には、ヒロインの女学生が海老茶袴でさっそうと自転車を乗りまわす描写が、時代の風俗をとらえて人気をさらったといわれている。もっともこのヒロインは自転車事故で怪我をして入院するという筋書きになっている。

驚くなかれ税金二百万円

明治十年、新橋ステーションに大きな信玄袋を肩にしたひとりの青年が降り立った。岩谷《いわや》松平という鹿児島出身のこの男は、翌年銀座に店を出して薩摩絣や国分たばこの製造販売に乗り出した。これが純国産葉を使った「天狗煙草」で、紙巻きは当時ハイカラな煙草としてもてはやされたのである。岩谷はいまの松屋デパートの一画、一等レンガ地に進出して奇抜な宣伝をくり広げ、その後も長いあいだ銀座名物となった。

店の間口はおよそ三十六メートルで、柱も軒も真っ赤に塗り、島津侯の紋どころである轡十字《くつわじゆうじ》そっくりのマークと巨大な天狗の面をかかげ、松平自身も赤いフロックコートにシルクハットといういでたちでみずから真っ赤な馬車を乗りまわした。店頭には「驚くなかれ税金五万円」という看板がかかげられて人目をひいたが、このキャッチフレーズはたちまち有名になり、その後どんどん増額して最後には二百万円から三百万円にまでなった。もちろんこれは誇大宣伝だろう。

昭和六十年に日本専売公社が民営化されて、日本たばこ産業と名が変わったが、もともと明治の中期までは、煙草産業は民営企業だったのである。紙巻き煙草は値段が割高で、当時の主流はやはり昔ながらの煙管に刻み煙草だった。明治三十七年ごろでも刻みが七割がたを占めていたといわれる。よほどの金持ち以外は紙巻きは外で吸い、家に帰ると煙管で刻みを吸うというぐあいだったようだ。女性の喫煙も明治まではむしろ一般的だった。未成年者の喫煙が禁止されるのは明治三十三年のことである。

岩谷商会の「天狗煙草」につづいて、明治二十三年に千葉商会が「牡丹煙草」

たばこ小売店の店さき

天狗たばこの 岩谷商会
今の銀座松屋の場所にあった。

を売り出し、また京都の村井兄弟商会は二十四年に「サンライズ」を、さらに東京に進出して「天狗」に対抗して「ヒーロー」の発売に乗り出した。村井の宣伝も派手で、楽隊を数台の馬車に乗せて町にくり出し、数十本の大旗を押し立てて市中をねり歩いたそうだ。こうして岩谷対村井の宣伝合戦はこれ以後いよいよはげしくなるいっぽうであった。

明治二十七年の日清戦争で、煙草は慰問品とし

てよろこばれ、紙巻きの需要も伸びた。政府はこれに目をつけて煙草の専売を実施しようとした。
おりしも村井はアメリカ資本を導入してバージニア葉の輸入にふみきったが、ライバルの岩谷はこれをアメリカ煙草トラストの陰謀なりとして専売強化政策の支持にまわったのである。さらに「二六新報」が岩谷のスキャンダルを新聞紙上に書き立て、こうして煙草合戦は泥沼化の様相を呈するにいたった。なにしろ岩

谷は妻妾仲よく同居して、子供が五十人もいると噂されていた。

政府は日露戦争をひかえて戦費調達を公債と増税によってまかなおうとした。煙草専売制はいまでいう大型消費税の一種で、単なる葉煙草の専売だけでなく、製造まで専売とする「煙草専売法」が公布されたのは、日露開戦直後の明治三十七年（一九〇四）四月のことである。おかげで、さしもにぎにぎしかった煙草販売競争もあっけなく夢と消え、値段は従来の二割高となったうえ、塩や樟脳も国の専売となったのであった。

活動大写真・蓄音機

いまどき映画のことを活動写真などというと笑われてしまう。明治後半の庶民の人気は、なんといってもこの活動写真に集まった。活動写真という名は福地桜痴の命名だともいわれている。シネマトグラフやバイタスコープといった映画装置が日本に入ってきたのは明治三十年ごろのことで、まず関西で興行されたようだ。東京における最初の活動写真公開は歌舞伎座でおこなわれたが、一般興行は神田錦町の錦輝館というのが定説になっている。フィルムの内容は、ナイヤガラの景色やニューヨークの火災の光景、メリー女王の死刑の舞台場面、女性のダンスなど、いずれも三分ほどのあっけないものだったが、動く写真をはじめて見せられてみなビックリ感激、たちまち東京中の話題をさらった。

錦輝館というのはそのころまだ珍しかった貸しホールで、二階が料理屋、一階が殺風景な演説会場になっていたらしい。木造のいたってお粗末な建物だったようだが、この錦輝館については、もうひとつの有名な事件がある。明治四十一年、「平民新聞」の筆禍事件で投獄されていた山口孤剣の出獄歓迎会が錦輝館で催され、その席上「無政府共産」の赤旗をかかげて気勢を上げたために、主催者側の堺利彦、山川均、大杉栄、荒畑寒村らの社会主義者がいっせいに検挙され、重禁固一年以上の刑に処せられたのだ。これが有名な「赤旗事件」で、錦輝館の名も後世に残ることになったのである。

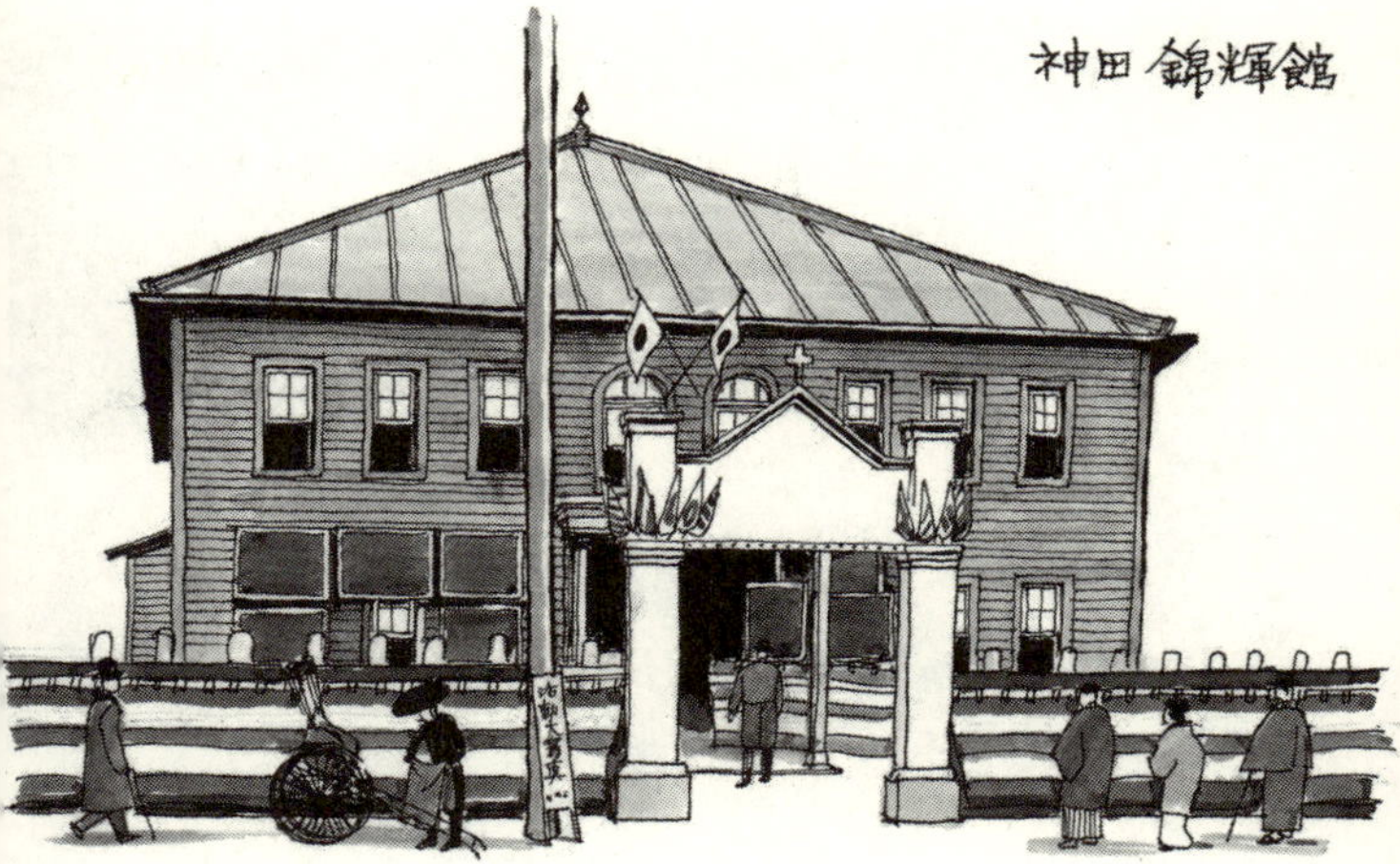

さて、活動写真興行は急速に盛んとなるが、まず明治三十六年には浅草の電気館が常設館として名乗りを上げた。外国ものばかりでなく日本でも撮影されるようになり、日露戦争の記録映画が話題となり、歌舞伎や新派の舞台劇やチャンバラ映画がつくられるようになった。向島には撮影所もできた。明治末期から大正にかけて映画は新しい庶民の娯楽として急速な成長を見せ、とくに浅草の六区には映画館がずらりと軒を並べるようになる。

映画スター第一号として尾上松之助がデビューしたのもこのころで、「目玉の松ッチャン」の愛称で大正末まで一世を風靡したものである。当時はまだ無声映画だったので、舞台の袖で台

詞やストーリーを説明する「活動弁士（活弁）」という日本独特の新しい職業が生まれ、やがてスター弁士も登場するようになる。明治四十四年に浅草金竜館にお目見えしたフランスの犯罪映画「ジゴマ」は空前の大ヒットとなり、ジゴマは悪漢の代名詞となったほどだ。いまのテレビの連続ドラマのように日替わりのつづきもので連続活劇と呼ばれた。

「花のパリーかロンドンか、月が鳴いたかホトトギス、ジゴマが勝つか、ポーリンか、虚々実々火花を散らす知恵くらべ、山雨まさにいたらんとして風楼に満つ。はたして勝利は正か邪か、悪漢ジゴマを乗せた汽車はいずこへ、ポーリン探偵の運命やいかに、残念、今週上映前編のお別れ……」

という名調子の活弁にファンは熱狂し、子供たちはジゴマごっこに夢中になるというありさまで、あまりの騒ぎにとうとう上映禁止になってしまったという。

ところで、このころに出現したもうひとつの発明品がある。エジソンが明治十年に開発した蓄音機である。日本に紹介されたのはそれから十年ほどたったころで、円筒型の蠟管蓄音機だった。商品として輸入されるのは明治二十九年のことだが、三十二年にははやくも蓄音機専門店が浅草に開店している。

あちこちのお祭りや縁日では、これを聴かせて商売するものが現れた。蠟管レコードはいまのテープレコーダーのように録音も可能で、百回くらいは再生できたようで

縁日の蓄音器屋　耳管を通して音曲などを聴かせた。巨大なラッパは客寄せだろう。

ある。縁日の蓄音機屋は「耳管」といって医者の聴診器のようなゴム管を十数本使って、一回二銭で俗曲や義太夫を聴かせた。なかでも人気のあったのは当時流行の浪花節だったという。

その後、円盤式のレコードが発明され、日露戦争後には一般家庭へも広まっていったといわれているが、いずれも外国製でたいへん高価だった。おまけにレコードも日本で吹きこんだものを外国で複製し、さらにまたそれを輸入するというわけで高いものであった。国産の蓄音器及びレコードが誕生するのは明治四十二年、アメリカとの共同出資で日米蓄音機製造株式会社が設立され、のちに日米蓄音機商会となった。これが日本コロムビアの前身といわれている。長唄、琵琶、箏曲、俗謡などの邦楽や、唱歌、童謡などの洋楽も吹きこまれたが、なんといってもダントツの人気は浪花節で、桃中軒雲右衛門や吉田奈良丸のレコードが大ヒットした。雲右衛門の吹きこみ料は、米一升二十銭の当時、一万円といわれている。それでもレコード産業はおおいに儲かったのである。

野球・ボート・相撲

日本のスポーツは、古来の武道から発展したものが多かったのに対し、野球、ボート、テニス、登山、スキーなど西洋から伝えられたスポーツは、新しい楽しみとして学生や若者に歓迎された。

なかでも野球は日本人に愛された最大のスポーツだった。野球が伝わったのは意外に古く、石井研堂の『明治事物起原』によれば、日本における野球の元祖は鉄道技師の平岡熙《ひろし》とされている。平岡はアメリカに留学して鉄道工学を修め、帰朝したときにバット一本とボール三個を持ち帰って野球を広めた。明治十年ごろには鉄道局員や在日アメリカ人を中心に「新橋クラブ」というチームを結成して練習にはげんだという。しかしそれよりも早くホーレス・ウィルソンという開成学校のお雇いアメリカ人教師が明治五年に学生たちに教えたのが最初だともいわれている。いずれにしても明治初年にはこのほかにもアメリカから野球をもたらした人が何人かいたようである。なにせグローブやミットもほとんどなくて、素手で硬球をキャッチするのだから命がけだ。

野球は自由平等の精神を具現化したスポーツとして当時の青年に熱狂的に迎えられた。工部大学校、慶応義塾、明治学院、駒場農学校などでも盛んになり、チームも増えてグラウンドもつくられるようになった。明治二十年代になると、第一高等学校のチームが全盛となり、二十九年には横浜の外人チームを29対4の大差で破ったという記録がある。俳人の正岡子規が大学予備門時代に野球に熱中した話は有名である。野球という語も子規の命名といわれているが、実際は当時の一高の選手だったそうだ。

明治三十七年には最初の早慶戦がおこなわれ、2対1で慶応が勝ち、翌年の第二回戦は3対0で早稲田の勝ちとなったが、期待の第三回戦は応援団が乱闘寸前という不穏な状態になり、中止となってしまった。早慶戦が再開されるのは大正の末になってからのことである。

隅田川のボートレースも学生スポーツとして人気があった。はじめは東大生らが二、三隻のボートでただ川を漕ぎまわるていどだったが、その後早稲田、慶応、学習院、高等商業、高等師範などにもボート熱が波及するようになる。明治十七年ごろにはじまった東大各学部対抗レースは、やがて各校対抗レースに発展し、なかでも東大対高商（現一橋大学）の熱戦は手に汗をにぎらせるものがあった。レースはだいたい春秋二回、吾妻橋の上流あたりでおこなわれた。満開の桜を背景にくり広げられる隅田川のボートレースは春の東京を彩る風物といわれたものである。

日本古来の武道も新時代を迎えて変化していかざるを得なかった。神戸の人、嘉納治五郎は東大出の文学士で、学習院で教鞭をとるかたわら明治十五年下谷稲荷町永昌寺内に英語、経済学の学塾を開き、これといっしょに柔道の練習場をつくった。これがのちの講道館で、それまでの柔術から脱皮してあらたな柔道を創始し、明治二十六年には小石川下富坂町に百畳敷きの大道場を開いた。柔術は日本古来の武道だが、当時は名の知られたものだけでも三十もの流派に分かれていたという。

いっぽう、相撲も十八世紀以来の長い歴史を持っていた。本場所興行は両国回向院の境内ときまっていたが、明治になってからもあいかわらず定小屋の設備はなく、昔ながらの露天に板囲いで、桟敷も丸太を縄でからげた仮設の小屋がけだったようだ。したがって雨が降れば興行は休みで、そのため前日に市中に触れ太鼓をまわして翌日の興行を知らせて歩き、また回向院の門前に櫓を組んで、毎朝やぐら太鼓で興行を知らせたわけである。江戸時代には名人のたたくやぐら太鼓の音が、晴れた日には海をこえて遠く木更津あたりまでとどいたものだといわれている。

ところで、明治になった当初は、相撲も欧化主義のあおりを食っておおいに衰えて

しまい、なかには、

「相撲なんて野蛮な見世物は、はやいとこ禁止してしまえ」

などという暴論さえ出現するありさまだった。しかし、明治天皇が相撲好きで、明治五年、十七年と天覧相撲が催され、しだいに復活隆盛の勢いをとりもどしたのである。明治の角界隆盛に功績のあった高砂浦五郎らは、角界内部の近代化をはかって明治二十年に東京大角力協会を設立し、取締役、検査役などが定められた。

当時は本場所は一月と五月の年二回で、期日は晴天十日間だけだった。いまのお相撲さんの

両国 国技館（明治42年）

ほうがはるかに大変である。それでも相撲は芝居興行と並ぶ大人気で、明治末年には角聖とうたわれた常陸山、梅ヶ谷らが満都の人気をさらって大活躍した。

小屋がけにかわる常設館建設の動きは明治三十六年ころからはじまり、四十年にはいよいよ起工の運びとなった。こうして径六十メートル、高さ二十四メートルの鉄骨のドーム、いわゆる「大鉄傘」が回向院の隣に出現することになり、その名も「国技館」と命名されて明治四十二年に竣工開館した。山県有朋の命名だともいわれている。桟敷は周壁に沿って三層あり、収容人員は一万五千人、総工費は三十万円といわれている。当時は本格的な鉄骨架構建造物が、鉄筋コンクリート造とともにようやく実現しはじめたころだった。

その後、大正四年に火災で焼け落ち、五百トンの鉄骨は飴のようにひん曲がってしまった。大正八年に再建されたが関東大震災でふたたび被害を受け、十三年に再興されてファンにながく親しまれた。太平洋戦争後はアメリカ軍に接収されてメモリアル

ホールとなり、さらに日大講堂として使用されていたが、昭和五十七年ごろに取りこわされた。その間国技館は蔵前に移り、さらに昭和六十年に現在の国技館が両国に誕生したわけである。

八　明治のたそがれ

上野は北の玄関口

鉄道はその後どんどん発達して、もう外国の技術にたよらなくても立派にやっていけるようになり、路線も順調に延びていった。明治十七年には上野〜高崎間が開通し、翌年、上野駅が完成して東京の北の玄関口になった。現在の東北本線はさらに明治二十一年には仙台まで、二十四年には青森まで開通した。上野駅は東北や北陸地方から東京めざしてやってくる人でにぎわい、そのころの駅前にはこうした人たちを相手に、桂庵という口入れ稼業（職業紹介業）が軒を並べていた。

ところで、この路線を経営していたのは日本鉄道会社という最初の私営鉄道で、ときの右大臣岩倉具視らが明治十四年に設立した私鉄会社である。もっとも私鉄とはいっても、そこは岩倉公が華族や士族の資産公債をもとに設立した会社なので、営業成績の上がらない分は政府が補助するということになっていたようで、まあ半官半民といったところである。岩倉は鉄道員養成の学校もつくっている。

政府の殖産興業政策が行きづまり、京浜間の鉄道も払い下げ運動が起こったりしたが、これは実現せず、けっきょく日本の鉄道は国営と私鉄の二本立てという状況がながくつづいていた。関西、山陽、山陰、九州なども各私鉄が建設を進め、明治三十五、六年には両者の営業競争は、スピードアップや運賃の値下げ、サービス合戦などで熾烈化したといわれている。

しかし、明治三十七年に日露戦争が起きると、膨大な軍事輸送の必要からこうした競争にはいったん終止符が打たれ、それと同時に政府はかねてからの計画によって鉄道国有化を推進することになる。けっきょく

戦後の明治三十九年、鉄道国有法案が可決され、主要な私鉄は国債によって買収された。こうして全国の主要幹線はすべて国有化され、鉄道輸送体系の統一が実現したのであった。

現在のＪＲ山手線のはじまりは、明治十八年に開通した日本鉄道会社の品川線である。東京山の手の西の外側を取りまいて、品川から赤羽まで汽車が走るようになり、三十四年に山手線と改称された。明治三十六年にはさらに池袋から田端まで路線を延ばし、明治末年には新橋～東京間の高架工事もはじまっている。

そのころの山手線沿線は、品川、新宿といった宿場町以外は、うねうねとつづく丘陵地に畑が広がり、農

家が点在するのどかな田園地帯だった。

明治二十二年には甲武鉄道の新宿〜八王子間が開通した。現在の中央線である。この線は新宿からさらに東京の市街地に延び、信濃町、四谷、市ヶ谷から飯田町にいたる甲武鉄道市街線が明治二十八年に開通する。その後お茶の水、万世橋にまで達し、明治三十七年に電車となった。山手線が電化されたのは、それよりおくれて明治四十二年になってからのことである。

鉄道の管轄は明治初年の工部省鉄道寮にはじまり、明治二十五年には逓信省の管轄下にはいるなど紆余曲折があったが、鉄道国有化にともなってこれらの路線も明治四十一年に内閣直属の鉄道院の管轄になり、院線電車と呼ばれるようになる。

御所トンネル
甲武鉄道（現中央線）は
電化されるまでは蒸気機関車が走っていた。

さらに大正九年に鉄道省ができて省線電車と呼び名が変わった。上野〜東京間がつながってやっと現在の環状山手線が開通するのは大正十四年のことである。太平洋戦争後は鉄道省が現業化されて国鉄となり、さらに民営化によって現在のＪＲとなったわけだ。

東京の表玄関としての中央ステーション計画は明治十七年の市区改正計画にはじまるが、日露戦争の勝利を記念する大計画として辰野金吾の設計により明治末年に起工され、東京駅として完成したのは大正三年のことである。辰野の設計はアムステルダム中央駅をお手本にしたと言われているが、この説は最近になって否定されているようだ。

いっぽう京浜線（明治三十二年）、玉川線（四十年）など私鉄電車の路線も増えていった。明治の末から大正になると、東京は郊外にどんどん市街地を広げ、それにつれて山手線のおもな駅を起点に私鉄郊外電車が路線網を延ばしていったのである。近年は都心を走る地下鉄と郊外私鉄路線の相互乗り入れが普通になったが、それまでは私鉄の都心乗り入れは規制されていた。

三菱が原の一丁ロンドン

明治二十三年（一八九〇）、市区改正計画にともなって丸の内一帯のそれまでの陸

東京駅（大正3年）

軍用地約八万四千坪が民間に払い下げられることになった。明治の初年に旧大名屋敷を接収して、官庁や兵営がつくられたが、世の中もようやく落ちついてきたので、皇居警備のための軍の施設を山の手方面に移転させようということになったのである。政府は不平等条約改正に頭を痛めていたので、都心に殺風景な兵舎などがあるのは、文明国としてはどうもまずい、という判断があったのであろう。

ところがおりからの恐慌で、さっぱり買い手がつかない。けっきょく三菱の岩崎弥之助が百二十八万円で買いとることになり、兵舎や施設などを撤去してしまったので、数寄屋橋から大手町あたり一帯にかけて一望の荒れ野原

三菱一号館
（明治27年）

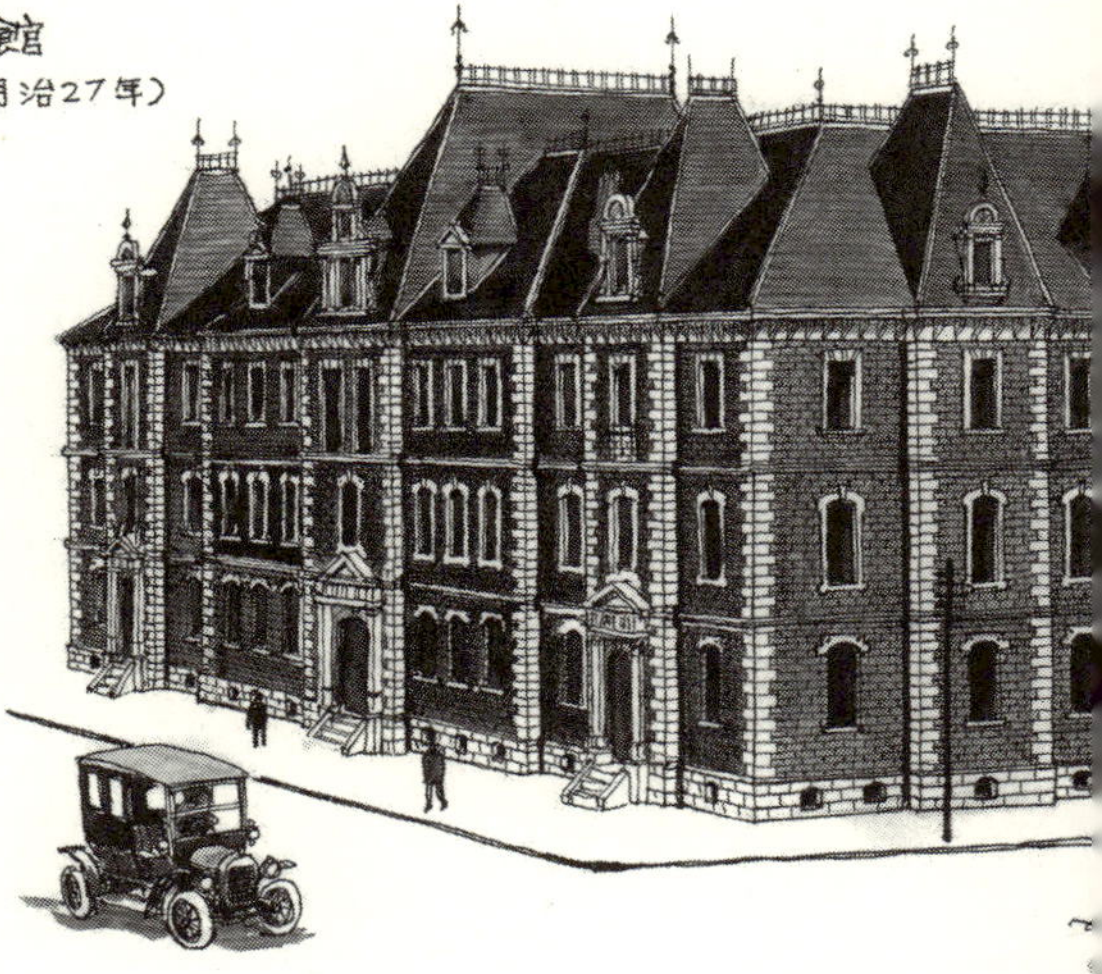

となり、「三菱が原」と呼ばれてそのまましばらく放置されていた。岩崎は「虎でも飼うか」ととぼけてみせた。

日清戦争でやっと景気がよくなってきた明治二十七年に、この一画に三菱のオフィスビル第一号館が出来上がった。設計はコンドルとその弟子曽禰《そね》達蔵によるもので、一つの建物のなかにいくつかの会社が同居する雑居ビルという形式はこれが最初だそうだ。いまのように階別の横割りではなく縦割りに区切られており、区画ごとに専用の玄関や階段が設けられていた。官庁街や東京駅をひかえたこの場所に先行投資して、やがては一大ビジネス街に発展させようというのが岩崎の計画だったのである。しかし当時こんな荒れ野原が今日のようなビジネスセンターに変身しようなどとは、だれが考えただろう。

翌二十八年には第二号館、二十九年に三号館、さらに東京商業会議所ができ、日露戦争が終わって好景気になると、この界隈の建設熱もようやく高まり、赤レンガのオフィスビルがつぎつぎに軒を並べるようになる。明治の末までには十三棟をかぞえ、まるでロンドンの町を見るようだというので、馬場先門から東京市庁舎前にいたる通り（日露戦争以来、凱旋道路といわれた）は、一名「一丁ロンドン」と呼ばれた。しかし、それ以外はあいかわらず草ぼうぼうの空き地だらけで、人殺しがあったり、追いはぎが出たり、夜など一人で歩くのはぶっそうだったという。

これらの明治建築も、昭和三十年代以降の高度経済成長期に、保存を期待する巷の声を無視してあっさり全部建てかえられてしまった。取りこわされた三菱一号館は、「明治の法隆寺」と呼ばれて名建築とされていたのだが、復元されて平成二十二年に美術館として公開されることになった。しかし取りこわしも復元も三菱の経営判断によるもので、文化財というよりもしょせんは商業的な価値が優先されたといえるだろう。

モータリゼーション事はじめ

日本にはじめて自動車が輸入されたのは、明治三十三年（一九〇〇）とされており、横浜在住のアメリカ人が購入したアメリカ製のロコモビル蒸気自動車だったといわれている。一説には在米邦人がときの皇太子（大正天皇）のご成婚を祝って電気自動車を献上したのがはじめだともいわれているが、これは試運転中に見物のお婆さんをよけそこなって三宅坂から皇居のお堀に落ちてしまい、お払い箱になってしまったという話もある。

これに対して、これより二年も早い明治三十一年だったという説も従来からあったのだが、この説はフランスのパナール社がテブネという技師に託してパナール・ルバッソールというガソリン車を売りこもうとして日本に持ちこんだのが最初だという当時のパリの新聞記事が最近見つかり、実証されることになった。従来の説が見事にく

銀座通りを最初に走った
パナール・ルバッソール車
（明治31年）
水平直列2気筒エンジン
1.206 c.c.　4HP

初の国産乗用車
吉田式タクリー号
（明治40年）
内山式水平対向2気筒
エンジン，1.852 c.c. 12HP

つがえされてしまったのだ。わずか百年前のことでも、なかなかほんとうのことはわからないもののようである。テブネはこのクルマで銀座通りを乗りまわしたそうだが、けっきょく売れなくて船積みして国に持ち帰ったらしい。

日本における国産車第一号は蒸気自動車だった。これは岡山の電機工場主、山羽虎之助が製作した二気筒二十五馬力のクルマだった。

その後、ぼつぼつと外国製のクルマが輸入されはじめるがほとんどが上流階級の専用だった。皇族では有栖川宮威仁《たけひと》親王が大のクルマ好きで、明治三十八年ドイツ皇太子ご成婚参列の帰途、フランス製四気筒三十五馬力のダラックを持ち帰り、また国産車の製作にも理解を示したといわれている。そのほか三井男爵、大隈伯爵をはじめ、実業家や富豪らがクルマを使いだした。明治四十一年の全国の自動車保有台数は四十一台といわれている。

オーナードライバーの最初といわれているのは、大倉財閥の御曹司、大倉喜七郎である。明治三十四年、十七歳でイギリスに留学してケンブリッジに学び、このときにクルマの魅力に取りつかれて、ブルックランドのレースでは二位に入賞している。明治四十年に帰国の際には、当時の一流車五台を持ち帰った。明治四十四年にはアメリカの飛行家マースの操縦するカーチス機を相手に、フィアットのレーシング車を駆って勝利をおさめるという、すこぶるつきのクルマ好きだったという。

黎明期の日本自動車界にあって国産車の開発に力をつくしたのが東京自動車製作所の技師、内山駒之助である。明治四十年に彼が完成した国産ガソリン車第一号は「タクリー号」と命名されて有栖川宮家に納入された。「ガタクリ、ガタクリと走ったのでこの名がつけられたといわれている。

一部の金持ちたちの専有物としてばかりでなく、自動車の効用に目をつけたのは新聞、デパート、商店、ビール会社などの大企業だった。輸送、配達や宣伝用として利用しはじめたのである。

警視庁自動車取締規則が定められたのは明治四十年のことで、それ以来、自動車運転免許証というものが必要になった。最初の免許証は木製の鑑札だったそうだ。明治四十四年ころでも東京のクルマの数がやっ

飛行機と自動車の一騎打ち
（明治44年）川崎競馬場

と百五十台ほどだったというから東京中クルマであふれるいまの状態からは想像もつかない話である。

天皇のご料車が有栖川宮や大倉喜七郎の意見をいれてイギリスに発注され、第一号車デムラー・リムジンが横浜に到着したのは大正二年のことだというから、けっきょく明治天皇はとうとうクルマに乗る機会がなかったわけである。

日比谷焼き打ち

「勝った、勝った。ばんざい、ばんざい……」

明治三十八年九月に日露戦争が終わり、人びとは戦勝気分に沸き立った。東京の街には帰還してくる軍隊を歓迎する仮設の凱旋門があちこちにつくられた。

当時世界でも有数の大国ロシアと戦った日露戦争は、明治の日本にとって最大の試練だった。国の総力をあげてなんとか勝利をおさめたとはいうものの、国力は限界に達していた。これ以上戦いを続けることは無理な状態で、アメリカの仲裁でやっと講和にこぎつけることになったのである。

しかし、戦勝国は莫大な賠償金を取り立て、領土も獲得して一般の生活も楽になるだろう、とおおいに期待していた国民は、講和条約の内容を見てガッカリした。戦時中の苦労や増税による物価高など、日ごろの生活の不満がかさなって、弱腰の政府に対する怒りとなっていっきょに噴き出したのである。

講和反対の国民集会が日比谷公園で開かれたのは、講和調印式当日の明治三十八年（一九〇五）九月五日だった。警察はこれを阻止しようとして公園を取りかこみバリケードを築いたが、大会は強行され三万人の群衆が気勢を上げた。さらに市中にくり出して人数も増えたデモ隊は、内務大臣邸、警視庁、政府派の国民新聞社などを襲い、建物を破壊したり焼き打ちをかけるという騒ぎに発展したのである。日比谷あたりでは十数台の市電が立ち往生し、火をかけられてもうもうと黒煙を噴き上げていた。騒乱は翌六日に持ちこし、市内周辺部の百四十もの警察署や交番が襲撃されて、東京はまったく混乱の渦に巻きこまれてしまったのである。民衆の日ごろの鬱憤

日比谷焼打ち事件

はとくに警察権力に向けられ、東京の派出所、交番の七割が破壊されたといわれている。政府はあわてて戒厳令をしき、軍隊を出動させてやっと鎮圧した。

日比谷焼き打ちは、都市民衆の潜在的なエネルギーが自然発生的に爆発した日本最初の騒乱事件だった。しかし、二千人にものぼる検挙者の大半は職人、職工、車夫、日雇い人夫などの下層労働者だったといわれている。

日露戦争は、日本の産業を飛躍的に発展させ、一部の巨大資本が産業界をリードすることになった。その結果は中小企業の没落をまねき、増税と物価騰貴による不満は労働者のあいだに渦まいていた。労働争議は急速に増加し、ストライキが続発し、電車焼き打ち事件、兵士の集団脱営事件や、足尾銅山の暴動となって表面化したのである。日比谷焼き打ちはその極限の事件だった。貧民という社会問題は、しだいに労働問題として意識されるようになり、その翌年日本社会党が結成され、はじめて合法政党として認められたが、わずか一年で解散を命じられてしまう。政府はこうした事件を「革命」や「内乱」につながる危険思想として恐怖におびえ、その根絶に躍起となったのである。

明治四十三年（一九一〇）五月、ハレー彗星が地球に接近し、夜空にながく尾をひいた姿は東京でもよく眺めることができた。だが十九日には衝突して地球は破滅するだろうという噂に人びとは不安におののいた。けっきょくなにごともなく彗星は遠ざ

かってホッとしたのだが、なにか不吉な予感を暗示するようなできごとであった。
その半月後、世間をギョッとさせるような事件が起きた。幸徳秋水をはじめとする社会主義者がぞくぞくと逮捕拘引されたのだ。有名な「大逆事件」である。一部の無政府主義者がひそかに爆弾を製造して天皇の暗殺をくわだてたとされ、非公開の裁判の結果、秋水以下十二名が死刑になった。
この事件は、暗殺計画が実際にあったかどうかもはっきりせず、処刑者のなかにはまったく関係のないものもいたらしく、当時から不可解とされていた。国家権力の陰謀による暗黒裁判ともいわれているが、これ以降、政府の思想取り締まりや弾圧はきびしさをくわえ、明治の末期は暗鬱な気分におおわれていったのだった。

明治のモニュメント東宮御所

強固な天皇制国家をめざす明治日本にとって、皇城の建設はきわめて重要なプロジェクトであった。明治のはじめに京都から東京へ都を移した明治天皇は、まず江戸城西の丸に居を定めたが、京都以来の伝統を引きずった宮廷関係者は、因習に凝りかたまっていて和風木造に固執し、文明開化の洋風建築流行の波からは、一歩おくれをとる結果となっていたのだ。

しかし、明治六年五月に皇居が火災で焼失し、これをきっかけに宮廷建築にも洋風を導入しようという機運が高まった。地震などによってこの計画は早急には進まず、皇居造営事業は明治十二年にやっと再開され、九年の歳月と四百万円の巨費を投じて明治二十一年にようやく完成を見たのである。

この間、天皇は赤坂の旧紀州藩邸跡の仮宮殿に住み、けっきょく十五年もここで暮らしたことになる。新装なった和洋折衷の豪華な新宮殿では、翌明治二十二年、帝国憲法発布の式典がおこなわれた。

その数年後、東宮（皇太子、後の大正天皇）のご成婚をひかえて東宮御所の建設が計画され、宮内省技師の片山東熊《とうくま》が担当責任者に任命された。片山は辰野金吾らとともにコンドルの教えを受けた工部大学校造家学科の第一回卒業生だった。長州の奇兵隊出身で、山県有朋が後ろだてにひかえていたようである。コンドル設計の有栖川宮邸の建築に参加し、帝国奈良博物館、同京都博物館、伏見宮邸、閑院宮邸など、生涯宮廷建築家として終始した人である。

こうして東宮御所は明治三十二年にいよいよ着工の運びとなり、四十二年に竣工。工期約十年、総工費五百十数万円といわれている。

ともかく明治建築の総決算、明治最大のモニュメントと称されるだけあって、意匠、構造、設備、調度も最高をきわめ、当代一流の科学技術と美術工芸の粋を結集した大建築であった。こ

れをまとめ上げた片山の力量もさることながら、日本人による洋風建築も三十年そこそこでついにここまできたんだぞ、という明治人の執念と自信のほどを感じさせる。

明治を動かした政治家や高級官僚は、金ピカの大礼服を着て誇らしげに勲章をいっぱいぶら下げて国家的行事にのぞんだが、この日本のベルサイユ宮殿ともいうべき東宮御所こそ、まさに明治日本の大礼服そのものだったといえるだろう。

東宮御所は大正時代になって赤坂離宮となった。しかし明治天皇も大正天皇もほとんどここを利用されなかったようである。やはり大礼服はちょっと窮屈だったのだろうか。戦火をまぬか

赤坂離宮（東宮御所・明治42年）国宝

れた赤坂離宮は一時国立国会図書館となり、昭和四十九年に迎賓館として再生した。この豪華な宮殿が図書館としてだれでも利用できた時期もあったのである。現在は国宝に指定されている。

今日は帝劇、明日は三越

デパートのはじまりは三越である。その前身は越後屋呉服店で、白木屋、大丸と並ぶ江戸三大呉服店の筆頭として江戸初期から日本橋の現在の場所で営業していた老舗だった。明治二十年に三井呉服店と名をあらためるとともに、洋服部をつくるなど経営の近代化をはかり、やがて明治三十七年にはデパートメントストアを宣言して三越呉服店が誕生した。

建物はまだ黒塗りの土蔵造りで、一階は畳敷きの座売り形式だったが、二階には商品陳列場を設け、扱う商品も呉服や洋服ばかりでなく洋品、靴、化粧品、宝石など種類が豊富になった。市街電車が開通するころには早くも商品輸送に自動車を使い、PR誌を発行したり、有名画家に依頼して色彩豊かな美人画ポスターをつくるなど、宣伝も近代的になる。このころすでに通信販売もはじめている。

明治の末には、いよいよ本格的なデパート建築をめざし、明治四十一年にとりあえず本店の裏側に仮営業所を開店した。仮店舗とはいっても木造ルネサンス式三階建て

三越デパートの仮営業所
（明治41年）

三越の店内

お堀ばたには帝国劇場(左)と警視庁(右)が並んで建築された。
(明治44年)

帝国劇場の内部

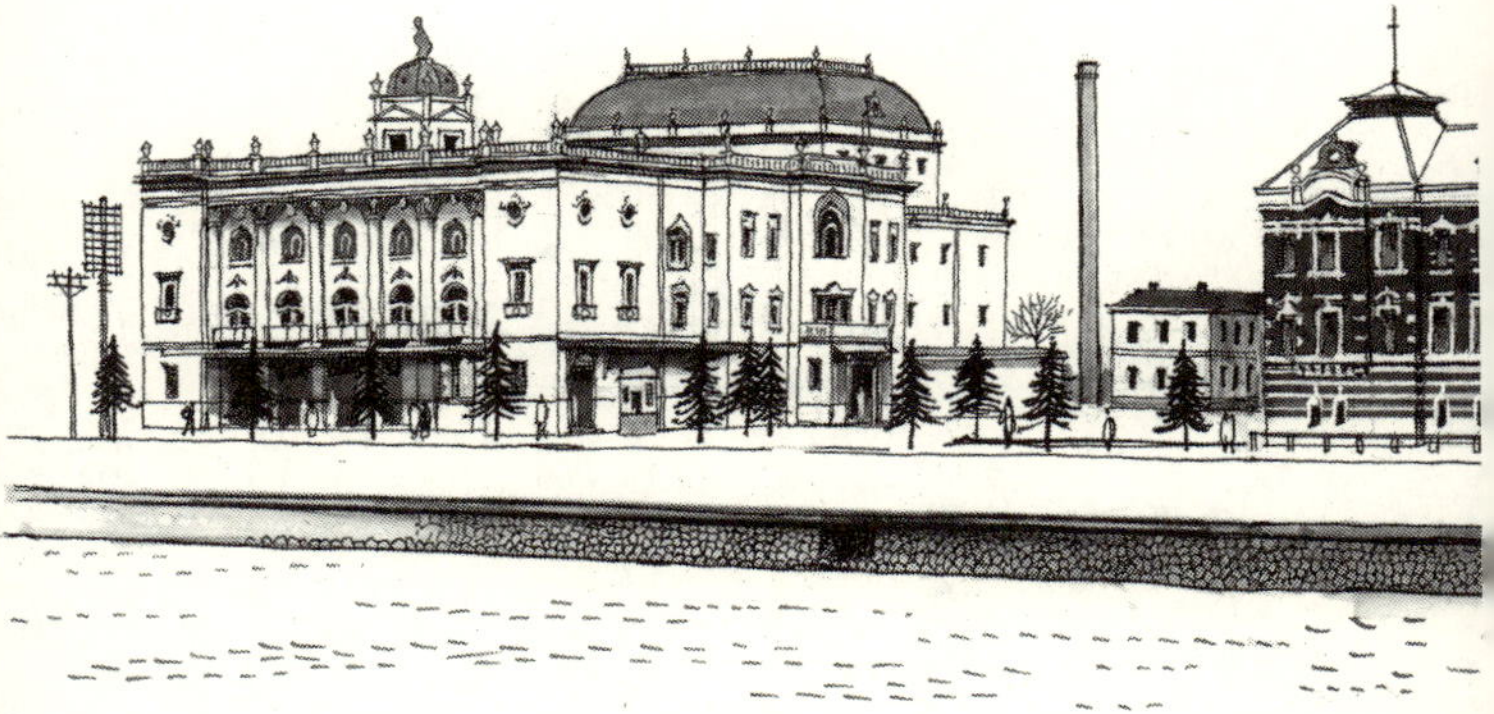

の立派な建物で、その間に表通りの店舗を取り払って本工事がはじめられた。エレベーターやエスカレーター、ショーウインドウや食堂をそなえた鉄骨鉄筋コンクリート五階建ての近代的大店舗が開業したのは大正三年のことである。それでもまだ店内は下足式だったそうだ。

三越に続いて白木屋（この場所はのちに東急日本橋店となり、現在はコレド日本橋となった）、松坂屋、大丸（経営不振のため明治四十三年に東京から撤退、昭和二十九年に再度東京進出をはたすが、現在は松坂屋に吸収されたようだ）などの呉服店もつぎつぎに近代的なデパート経営に乗り出すようになり、勧工場の流行が下火となったのはその影響といわれている。はじめは上流、中流階級をおもにしていた客すじも、やがて昭和にはいるころにはもっと大衆的な百貨店として庶民にも親しまれるようになった。

近代的な純洋風の劇場が出現したのもこのころである。明治四十四年（一九一一）日比谷の一角、皇居のお堀ばたに帝国劇場が開場し、パリのオペラ座を意識したネオバロック式のハイカラな外観と、豪華な室内装飾が話題を呼んだ。建物だけでなくその運営も近代的だった。従来の歌舞伎劇場のような芝居茶屋は廃止され、客席内での飲食は禁止されるようになった。そのかわり場内にはレストランや喫煙室、化粧室などが設けられたり、座席番号入りの入場券が発売され、プログラムも無料配布された。このような近代的な劇場経営は、とくに女性観客の圧倒的な支持を受け、諸外国の国立劇場に匹敵するような芸術の殿堂としての地位を確立することになったのである。

日露戦争後、旧来の歌舞伎や新派に対して、坪内逍遥、島村抱月、小山内薫らによる新しい創作劇や翻訳劇が登場し、帝国劇場はこうした新劇活動の拠点としても大きな役割をはたしたのである。歌舞伎や新劇を上演するかたわら、女優養成学校も併設し、家庭劇やのちにはオペラも公演されるようになる。帝劇女優は良家出身の子女が多いというので話題となり、開場した年の十一月に上演されたイプセンの「人形の家」でノラを演じた松井須磨子がいちやく人気を集めた。前年に生まれた東京フィルハーモニーの定期演奏会もここでおこなわれるようになった。

三越も帝劇も東京のモダン階級に人気が高まり、大正期には「今日は帝劇、明日は

「三越」というキャッチフレーズが有名になって、とくに山の手の中流、上流階級の女性たちの華やかな夢をかき立てたのであった。

飛行機空を飛ぶ

明治四十三年（一九一〇）十二月十九日、代々木練兵場（いまの代々木公園）には冬のきびしい寒さのなかをたくさんの人がつめかけた。日本ではじめて飛行機が飛ぶ瞬間を見ようというのである。

アメリカのライト兄弟がはじめて飛行に成功したのは明治三十六年（一九〇三）のことだが、以来ヨーロッパ各国でもいろいろな飛行機が製作され、世界の航空界はやっとその幕を開けたところだった。

じつは、日本でも陸軍看護兵だった二宮忠八という人が飛行機の研究に取りつかれ、明治二十四年には立派な模型飛行機をつくり上げて飛行に成功していたのである。二宮はほんものの飛行機の製作を念願して陸軍に援助を求めたが、人間が空を飛ぶなんて夢のような話だといわれて、まったく取りあってもらえなかったのである。彼は軍を退役後も資金難に苦しみながら熱心に実用飛行機製作の研究に取り組んでいたが、やがてライト兄弟の初飛行の報をきいてショックを受け、すべてを断念してしまったのであった。

しかし、その後、諸外国の飛行機熱とその軍事的な役割にやっと気がついた陸軍は、臨時軍用気球研究会を組織して飛行機の研究に乗り出すことになる。軍用気球は明治の初年から実験がおこなわれ、偵察用として実用化されていたようだが、やっと飛行機をふくめた航空全般の研究組織が生まれたわけである。明治四十二年（一九〇九）、ブレリオが英仏海峡横断飛行に成功した直後のことであった。

このため研究会所属のふたりの士官がヨーロッパへ派遣され、翌年飛行術をマスターしたふたりは外国製の最新鋭機を持って帰ってきた。フランスで学んだ徳川好敏《よしとし》大尉とドイツで学んだ日野熊蔵大尉である。ふたりは翌十二月を期してそれぞれアンリ・ファルマン複葉機とグラーデ単葉機で日本最初の公式飛行実験をおこなうことになった。

何回もの地上滑走試験の後、十九日午前七時五十五分徳川大尉の操縦するファルマン機は三十メートルほど滑走してフワリと空中に浮き上がった。

「飛んだ！　飛んだ！」

人びとは熱狂して歓声を上げた。ファルマン機はたちまち七十メートルの高度に上がり、大まわりに二回旋回して三千メートルの距離を飛び、四分後

に出発点に着陸した。

こうして徳川大尉は日本における初飛行の栄誉をになうことになるのだが、じつはこのときの試験は六日間にわたっておこなわれ、その初日十四日の午後に日野大尉のグラーデ機がまず百メートルほどの飛行に成功したのである。しかしこの日は滑走試験の日で、日野大尉はたまたま勢いあまってジャンプしただけだ、ということにされてしまったのだ。日野大尉は十六日にはさらに三十五メートルの高度で約二百メートルを飛んだといわれている。この間、徳川大尉のファルマン機のほうはどうも調子が悪く、十七、十八日は突風のために飛行実験は中止となり、懸命な整備の結果十九日の成功に漕ぎつけた

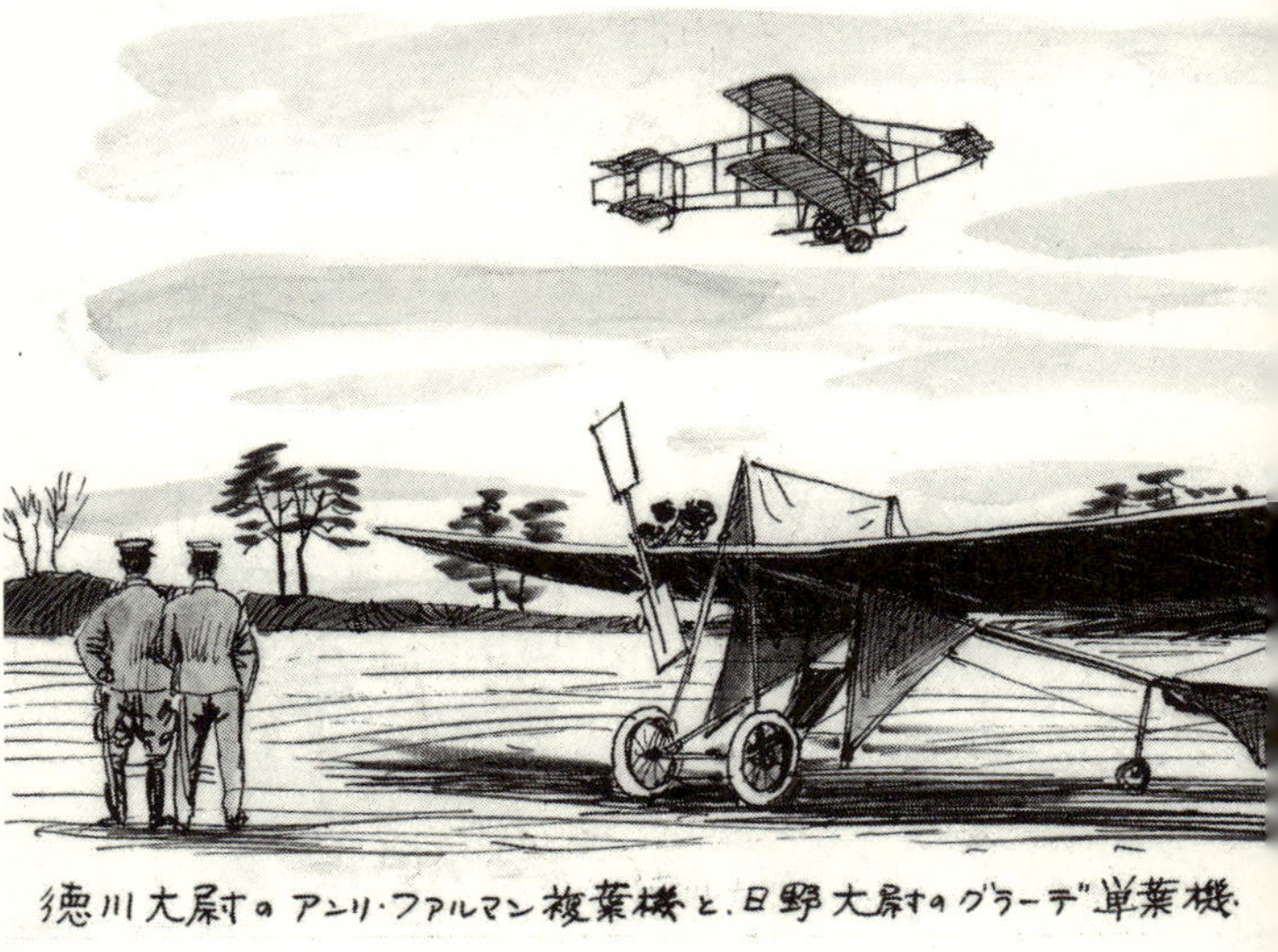

徳川大尉のアンリ・ファルマン複葉機と、日野大尉のグラーデ単葉機

というわけだ。不幸なことにこの日はグラーデ機のほうが調子が悪くなり、それでもファルマン機に続いて四十五メートルの高度で千メートルを飛行したのだった。

現在では日本初飛行は日野と認められているが、当時の軍はあくまで日野を無視し、名門出の徳川に花を持たせようとしたのだといわれている。徳川は一橋、田安とならぶ御三卿のひとつ清水家の出だった。このとき徳川大尉の操縦したアンリ・ファルマン機は、現在は入間の航空歴史資料館に保存されている。のちに男爵、陸軍中将、航空兵団長となった徳川にくらべて、日野の経歴はその後も不遇だったという。

明治は遠くなりにけり

明治四十五年（一九一二）七月三十日、明治天皇が満五十九歳で亡くなった。二重橋前にはたくさんの市民が集まって、天皇の死を嘆き悲しんだ。きびしい世界情勢のなかにあって、天皇も国民もいっしょになって新しい日本を築くことに努力してきた気持ちの支えが失われてしまったからである。天皇を神と祭り上げて神秘化する政策が強く推し進められながらも、明治天皇は多くの国民から敬愛され、信頼されていた。

元号があらたまって大正元年（一九一二）となった九月十三日の夜、青山斎場では大葬がおこなわれ、全国民は三分間の黙禱を捧げた。翌十四日の午前二時に柩《いんいん》は宮廷列車で伏見桃山御陵へ向かい、代々木練兵場と品川沖の軍艦からは弔砲が殷々と鳴り

御大葬

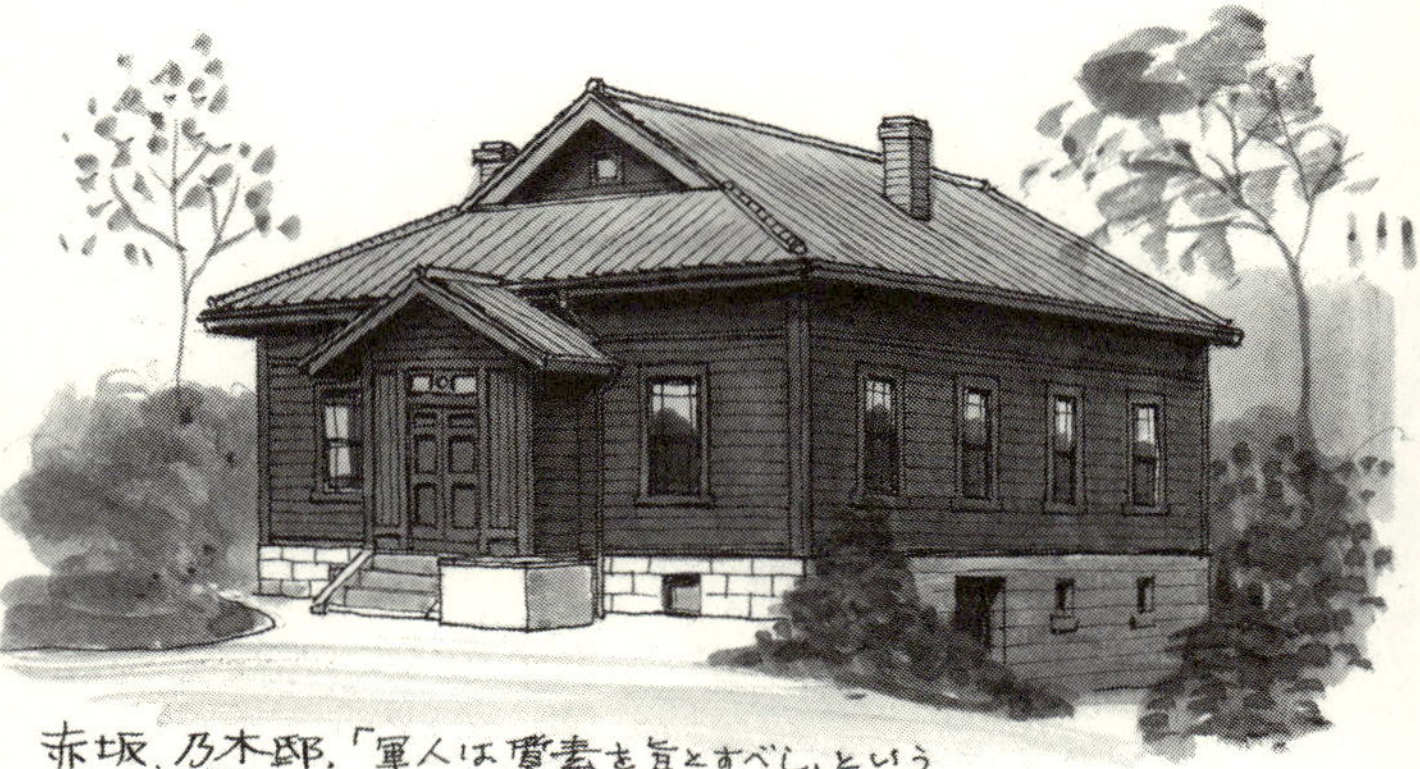

赤坂．乃木邸．「軍人は質素を旨とすべし」という
（現存）　信条を絵に描いたような家だ。

響いた。その朝、国民からも人望のあった陸軍大将乃木希典夫妻が前夜天皇のあとを追って殉死したことを知って、人びとは二重のショックを受けたのであった。

日本の近代化は明治にはじまった。汽車も電車も自動車も走るようになった。内乱も外国との戦争も経験した。憲法も制定された。人びとの生活は必ずしも豊かになったとはいえないまでも、江戸時代にくらべてなにかと暮らしやすくなったことはたしかである。政府のやり方がいささか性急で強引だったとはいえ、ひとつの国がこれほ

外桜田の雪景
正面の建物は参謀本部（明治17年）。戦災で焼失。
現在は憲政記念館になっている。

ど急速に近代化を達成した例も世界にはなかった。そして、その近代化と引き換えに、小さな島国のなかに伝承されてきた独自の江戸文化の幕を引いたのもやはり明治だった。

こうして明治が終わり、時代は大正、昭和と変わっていった。その間、東京は日本の首都として政治、経済、文化の中心としてますます栄えることになる。

大正十二年（一九二三）の関東大震災で、東京はいっきょに瓦礫の街と化し、昭和二十年の大空襲でふたたび灰になった。そのたびに東京は復興し、以前にまして繁栄していった。しかしそれと同時に、しだいに無制限に拡大し続け、都市としての機能の整備はなかなかそのスピードに追いついていけないのが現状のようである。しかし、その雑然としたところに東京に住む楽しさがあるのだ、という考え方もあるかもしれない。明治特有の赤レンガの建物もほとんど姿を消し、高速道路と高層ビルで埋めつくされた現在の東京からは、もはや堀割りにガス灯ゆらめく明治の東京のおもかげを想像することはできない。

「降る雪や明治は遠くなりにけり」

明治生まれの俳人、中村草田男のこの有名な句を記念して、母校青山の青南小学校の門内に句碑が建てられている。この句を口ずさむたびにわたしが思い浮かべるのは、外桜田から半蔵門界隈にかけての内堀風景である。現在の東京のどこかに明治の風景を探し出そうとするならば、やはりここがいちばん明治そのままという気がする。明治といわず、江戸の名残をいまにとどめているのも、老松と土居《どい》のうち続くこのあたりの景観である。東京という都市環境のなかに残された自然のスケールの大きさという点でも、すぐれて美しい風景のひとつといえるだろう。現代の東京は、まぎれもなく江戸そして明治から連続しているのである。

明治の東京は回顧と郷愁の街として遠くなった。しかし、「国家の都市」と「市民の街」というふたつの顔は、いまの東京もあわせ持っている。そう考えると、明治の東京こそ現在のそしてこれからの東京の原点として、あらためてわれわれに大きな意味を語りかけているといえるのではないだろうか。

明治の東京・関連年表

一八六八	慶応4年 明治元年	鳥羽伏見の戦い、上野戦争、築地居留地開設、築地ホテル館開館 慶応義塾開校、新島原遊廓営業開始
一八六九	明治2年	電信業務開始、根津遊廓営業開始
一八七〇	明治3年	人力車発明
一八七一	明治4年	新貨幣制度実施、欧米視察団渡航、新富座落成、砲兵工廠設置
一八七二	明治5年	銀座大火、第一国立銀行竣工、学制実施、鉄道開通、太陽暦実施、 東京日日新聞発刊
一八七三	明治6年	築地精養軒開店、徴兵制実施、断髪の奨励
一八七四	明治7年	駅逓寮竣工、竹橋陣営竣工、ガス灯設置
一八七五	明治8年	三田演説館開館

一八七六	明治9年	廃刀令実施、紙幣寮竣工
一八七七	明治10年	西南戦争勃発、第一回内国勧業博覧会開催、銀座レンガ街完成、東京帝国大学開校
一八七八	明治11年	竹橋騒動勃発、大久保利通暗殺、東京十五区設置
一八七九	明治12年	高橋お伝処刑
一八八〇	明治13年	開拓使物産売捌所竣工
一八八一	明治14年	帝国博物館開館、両国大火
一八八二	明治15年	鉄道馬車開通、東京専門学校（早稲田大学）、アーク灯、杏雲堂病院
一八八三	明治16年	鹿鳴館開館
一八八四	明治17年	秩父事件勃発、吉原角海老楼竣工、不忍池競馬場開設
一八八五	明治18年	婦人束髪会、上野駅開業
一八八六	明治19年	官庁集中計画、吾妻コート流行、チャリネ曲馬団来日

一八八七	明治20年	吾妻橋開通、日本赤十字病院開院、花井お梅事件、東京美術学校開校
一八八八	明治21年	市区改正条例実施
一八八九	明治22年	帝国憲法発布、歌舞伎座落成
一八九〇	明治23年	凌雲閣、パノラマ館、帝国ホテル開館、衆議院選挙実施、国会開設、第一次帝国議事堂竣工
一八九一	明治24年	第二次帝国議事堂、ニコライ堂竣工
一八九二	明治25年	伝染病研究所開所
一八九三	明治26年	明治座開場
一八九四	明治27年	日清戦争勃発、三菱一号館竣工
一八九五	明治28年	
一八九六	明治29年	日本銀行竣工
一八九七	明治30年	活動写真営業開始

一八九八	明治31年	水道開始、西郷隆盛銅像、東京市役所開設、博品館開館、自動車走る
一八九九	明治32年	京浜線開通
一九〇〇	明治33年	公衆電話設置、聖路加病院、浅草に蓄音機専門店開業
一九〇一	明治34年	
一九〇二	明治35年	
一九〇三	明治36年	日比谷公園開園、市街電車営業開始、平民新聞発刊、浅草電気館開業
一九〇四	明治37年	日露戦争勃発、たばこ専売制実施、早慶戦はじまる
一九〇五	明治38年	日比谷焼き打ち事件起こる
一九〇六	明治39年	
一九〇七	明治40年	目黒競馬場開設
一九〇八	明治41年	赤旗事件、三越仮店舗開業

一九〇九	明治42年	両国国技館開館、東宮御所竣工、山手線電化
一九一〇	明治43年	ルナパーク開園、代々木飛行実験、ハレー彗星出現、大逆事件起こる
一九一一	明治44年	日本橋開通、吉原大火、ジゴマ流行、帝国劇場開場、警視庁竣工
一九一二	明治45年 大正元年	万世橋駅竣工、明治天皇崩御

参考図書

江戸東京学事典　三省堂
ビジュアル・ワイド 明治時代館　小学館
明治事物起原　石井研堂
東京風俗志　平出鏗二郎
東京案内　東京史編纂
東京都の百年　県民一〇〇年史　石塚裕道ほか　山川出版社
文明開化東京　川崎房五郎　光風出版社
日本近代建築の歴史　村松貞次郎　岩波書店
日本の近代建築・その成立過程　ＳＤ選書　稲垣栄三　鹿島出版会
明治の東京計画　藤森照信　岩波書店
日本の近代建築（上）　藤森照信　岩波新書
近代日本の異色建築家　近江栄・藤森照信　朝日選書
都市の明治　初田亨　筑摩書房
東京の空間人類学　陣内秀信　筑摩書房
東京の町を読む　陣内秀信ほか　相模選書
東京記録文学事典　槌田満文　柏書房

明治東京歳時記　槌田満文　青蛙選書
明治大正の新語・流行語　槌田満文　角川選書
明治開化綺談　篠田鑛造　角川選書
明治の東京生活　小林重喜　角川選書
新聞雑誌発生事情　興津要　角川選書
明治東京逸聞史（一・二）　森銑三　東洋文庫
東京年中行事（一・二）　若月紫蘭　東洋文庫
図説・日本文化の歴史（十一）明治　小学館
江戸東京年表　小学館
明治大正昭和世相史　加藤秀俊ほか　社会思想社
明治大正図誌　東京（一・二）　筑摩書房
画報近代百年史　国際文化情報社
明治の東京一〇〇話　日本風俗史学会　つくばね舎
明治風俗史（上・下）　藤沢衛彦　三笠書房
近代日本服飾史　昭和女子大学
服飾近代史　遠藤武　雄山閣
明治・東京時計塔記　平野光雄　青蛙房
明治物売図聚　三谷一馬　立風書房

都市紀要　東京馬車鉄道紀要　東京都
都市紀要　近代東京の渡船と一銭蒸気　東京都
明治世相百話　山本笑月　中公文庫
明治大正見聞史　生方敏郎　中公文庫
東京の三十年　田山花袋　岩波文庫
新編東京繁盛記　木村荘八　岩波文庫
日本之下層社会　横山源之助　岩波文庫
東京故事物語　高橋義孝　河出書房
トヨタ博物館紀要No.３
日本の「創造力」全巻　ＮＨＫ出版
写真図集・明治百年の記録　講談社
開化写真鏡　大和書房
街・明治大正昭和　村松貞次郎監修　都市研究会
よみがえる明治の東京　玉井哲雄編集　角川書店
明治東京名所図会　講談社　その他「風俗画報」復刻版各種
江戸東京歴史読本　小森隆吉　弘文堂
日本ホテル館物語　長谷川堯　プレジデント社
写真にみる日本洋装史　遠藤武・石山彰　文化出版局

百年前の日本　モース・コレクション写真編　小学館
浅草十二階　細馬宏通　青土社
明治大正諷刺漫画と世相風俗年表　岩崎爾郎・清水勲　自由国民社
新聞錦絵の世界　高橋克彦　ＰＨＰグラフィックス
明治百年一〇〇大事件（上・下）松本清張監修　三一新書
ジョサイア・コンドル建築図面集（一・二・三）　中央公論美術出版
ジョサイア・コンドル展図録
復元・文明開化の銀座煉瓦街　江戸東京博　ＵＣブックス
復元・鹿鳴館・ニコライ堂・第一国立銀行　江戸東京博　ＵＣブックス

あとがき

わたしは東京の下町生まれで、つまり東京は生まれ故郷です。明治はついこのあいだの時代です。わたしの両親も明治の生まれです。父から聴いた「鉄道唱歌」、母から教わった「電車唱歌」も忘れられません。

考えてみれば、わたしの幼いころにも明治の面影に触れるよすがはまだいくらかはあったように思います。築地川の夕闇をかすめてコウモリが飛び交い、佃の渡しにはまだポンポン蒸気が通っていました。いったい明治とはどんな時代だったのだろう、そのころの東京の町はどんな様子だったのだろう、人びとはどんな暮らしをしていたのだろう、などと思いめぐらせていると、次から次へと興味と想像が広がって、ひとりでコツコツ集めた資料の本や明治の小説類を読みふけり、当時の地図とつきあわせながら錦絵や写真に目を凝らし、資料館や図書館にかよい、町中に足を運びました。

わたしがイラストを担当した草思社のシリーズ『日本人はどのように建造物をつくってきたか』のなかで『江戸の町（上・下）』の評判がよかったので、その後、江戸が東京となり人びとの生活や町の姿がどう変わっていったのかを、本書によってわたしなりに文と絵でまとめたかったわけです。したがってイラストを多用し、明治期に登場する洋風建造物をふくめた東京の原型を模索したつもりです。それはとても魅力的な仕事でした。「建造物シリーズ」全十巻のなかで五巻が都市を扱っているのも、都市づくりという壮大な行為の魅力ゆえだと思います。

明治は体制も政治も経済も文化も、歴史的に日本はじまって以来の大きな変化をとげた時代でした。世はあげて欧化主義の時代を突っ走り、それまでにない洋風建築、風俗や社会現象が日本の近代化を目指していました。だが、はたしてそれでよかったのか、その過程において近代化の代償として切り捨てたり失ったものも大きかったはずです。

東京に的を絞るという意味から、明治の国家的な歴史部分や文学や芸術一般にはあまり触れていません。帝都という立場上、まったく触れないというわけにもいきませんが、たとえば日清・日露戦役などについてもあえて特記はしませんでした。

最初の発想は『江戸の町』刊行直後でしたが、そのころから江戸東京学が盛んになり、江戸東京博物館なども生まれて、専門家の復元模型などが次々に公開され、現在では新橋ステーションや三菱一号館などの実物復元も生まれています。それによってイメージがふくらみ、勉強のチャンスはおおいに増えました。明治を描いたテレビドラマも放映され人気を集めています。

そうはいっても、わたしは学者でも研究者でもないし、なんといっても昭和生まれのわたしには、自分でじかに見たり聴いたりした話を書くというわけにはいきません。すべてはもろもろの本の内容を参考に、わたしなりのイメージによって絵と文でつづるほかはありませんでした。先人の貴重な研究や業績を勝手に借用したことをお詫びするとともに、あらためて深く感謝の意を表する次第です。

明治を近代史として学ぶ機会は、専門家や趣味人以外の一般には必ずしも多くないようで、これは学校の社会科、歴史の授業というと明治にはいる前に学期が終わったり卒業してしまったりで、わたし自身あまり教わったという記憶がありません。そんな経験をお持ちの方も多いのではないでしょうか。

わたしなりの明治をおおいに楽しみながら執筆出来たことはとても幸せでした。出版の機会を与えてくださった草思社と編集の木谷東男さんにあつく御礼申し上げます。

二〇一〇年十月傘寿を迎えて

穂積和夫

解説——徹底したダンディズムの中の健全さ

鹿島　茂

『絵で見る　明治の東京』の絵と文を担当されている穂積和夫氏は、われわれ団塊の世代にとっては、なによりもファッション・イラストレーターとして知られていた。氏の著作と最初に出会ったのは、一九六四年、中学三年生で、突如オシャレに目覚め、横浜は伊勢佐木町の有隣堂で、氏の処女作『着るか　着られるか』（三一新書、草思社文庫）を初めて自分の金で買い求めたときのことである。気軽なノウハウ本であると思って読み始めたら、これが予想に反して、素晴らしいダンディスムの指南書であった。

まず、前書きに、『着るか　着られるか』というタイトルが「斬るか　斬られるか」というサムライ美学に基づくダンディスムから来ているると書かれているのに驚き、おおいに啓蒙された。

このダンディスムについての「教え」は後に、大学の仏文科に進んでボードレールを読み、ヴァルター・ベンヤミンの『ボードレールにおける第二帝政期のパリ』の読解に挑戦したときに、まるで啓示のように記憶の中から蘇り、次のようなテクストの理解を助けたのである。

「ボードレールは、芸術家についてのかれのイメージを、ヒーローについてのイメージに合わせた形づくった。（中略）バレスの主張によると、『ボードレールのどんなささいな単語のなかにも、かれにかくも偉大なものを成就させた労苦の、痕跡が認められる』。レミ・ド・グールモンは、『ボードレールにあってはかれの神経の激動クリーゼのなかにまで、なにか健康なものが保たれている』と、書いている。いちばんうまく語ったのはサンボリストのギュスターヴ・カーンであって、『ボードレールの詩作はきびしい肉体労働そっくりに見えた』と、かれはいう。こういったことの証拠は作品のなかに見いだされる――立ちいった考察にあたいするひとつの隠喩のなかに。

それは剣士という隠喩である。この隠喩を用いて、戦士的な諸特徴を芸術家のそれとして提示することを、ボードレールは好んだ」（『ヴァルター・ベンヤミン著作集6ボードレール 新編増補』川村二郎・野村修／編集解説 晶文社）

少し長めに引用したが、その真意がおわかりいただけただろうか？

すなわち、ボードレールのこの一節を読んだときに、私が穂積氏の「着るか着られるか＝斬るか斬られるか」をただちに連想したのは、芸術家や詩人の理想のイメージを剣士の中に見たボードレールの美学と氏が説こうとしていたダンディスムの精神とは基本的に同じであって、そのココロは、バレスとグールモンとカーンが揃って指摘しているように自己抑制であり、自己鍛練であり、彫心鏤骨でありながら意外にも健全な労苦、さらに「価値」を生み出すために費やされた膨大な時間であるということなどが瞬間的に理解できたからである。

それくらい、中学三年生のときに読んだこのダンディスム入門は大きな影響を私に及ぼしていたのである。

ところで、いま、明治の東京の建築物と風俗のイラスト入りの復元本である本書の解説にはそぐわない、個人的思い出から始めたのはしかるべき理由がある。このイントロは穂積氏がこれまでに成してきた仕事と決して無関係ではないのだ。

なぜか？

いかにも気軽に、サラリと描かれているように見える穂積氏のイラストとテクストの中に見いだせるのは、じつはまさに「自己抑制」「自己鍛練」にほかならず、「彫心鏤骨でありながら」、しかし「意外にも健全な労苦」「『価値』を生み出すために費やされた膨大な時間」だからである。

具体的にいってみよう。

まず、「明治の東京」の象徴である銀座レンガ街を描いた三〇ページを開いていただきたい。これは尾張町と呼ばれた現在の銀座四丁目の交差点のイラストで、時代は明治二十年代後半から三十年代初頭にかけての風景だと思われる。次に、二〇四ページを開くと、今度は同じ視点に立つ、明治後期、すなわち明治三十年代後半から四十年代にかけての銀座尾張町のイラストが描かれている。この二つのイラストを比較することで読者は明治の銀座レンガ街のイメージを容易に獲得することができるだろう。いずれも筆に何の迷いもなく、まるで脳髄にあるイメージをそのまま引きうつしたような容易さである。

だが、『失われたパリの復元――バルザックの時代の街を歩く』(新潮社)という本を上梓して、失われた街の図像学的復元がどれほど大変であるかを骨身に滲みてわかっている私には、この一見、簡単なイラストに費やされた膨大な時間が容易に想像できるのである。

第一に、このイラストを描くには資料集めから始めなければならない。しかも、その資料というのは二次資料であってはダメなのだ。なぜなら、二次資料では、取捨選択が行われた結果、求めるスポットの完全な復元はできないからである。そのため必然的に一次資料の収集を行う必要が出てくるが、これにはいうまでもなくお金と時間がかかる。

第二はたとえドンピシャリの図像資料が発見されたとしても、それをそのままトレースするわけにはいかないということである。なぜなら、建築イラスト、街路イラストというのは四十五度の投射角度から眺めた図像を、エッシャーのように、ある意味、頭の中で魔術的に再構成しないと「リアルに見える」イメージは得られないからである。図像資料をコラージュして「リアルに見えるフィクティフな映像」を作り上げていかなければならないのである。

しかし、これだけでは十分ではない。細部というものが残っているからだ。たとえば、銀座四丁目のランドマークとなっていた「朝野新聞」の建物の外にどのようなコーナー・ストーンが用いられていたのかとか、その看板がどのように掛かっていたのかとか、さらには「朝野新聞」の隣にあった建物の避雷針と塔はどのようなものであったのかという細部を描くには同時代の証言や回想に当たってみる必要がある。しかも、建物の内部はどのような構造になっていたかということも重大である。たしかに外見は西洋風のレンガ街であっても、店裏に回れば、そこは日本人の伝統的な生活様式が支配する世界であったからだ。これも同じように証言や回想に基づいて復元しなければならない。さらには点景として配された通行人の服装も時代考証を厳密にしておく必要がある。

こう書くと、人によってはなにもそこまでこだわる必要はないんじゃない、分からないところは想像で描けばいいいんじゃない、論文じゃないんだからそこまでの厳密さは要求されていないでしょう、と言うかもしれない。

しかし、「自己抑制」「自己鍛練」を旨とするダンディ＝剣士であらんとする穂積氏としては、そうした「適当さ」「いいかげんさ」というものこそ絶対に許すことのできないものなのである。なぜなら、自己の定めた規律とタブーを厳しく守ろうとする姿勢こそは、ダンディ＝剣士の本質であるからだ。

だがしかし、こうした剣士的な禁欲はいささかも病的な彫心鏤骨を意味しない。むしろ、イラストから感じ取られるのは、グールモンのいう「健全なもの」、徹底したダンディスムの中にさえ一貫して感じられる健全さである。健全さとはバランス感覚がよく保たれているということを意味する。穂積氏のイラストが時代の経過にもかかわらず、いささかも古びていないのは、じつにこの健全な感覚なのだ。

私は、近年、失われたパリの復元と同時に、神田神保町の歴史的復元も試み、『神田神保町書肆街考――世界遺産的〝本の街〟の誕生から現在まで』（筑摩書房）という本も上梓したが、そのさいには、神田神保町に集まっていた各種の学校や神田錦輝館、チンチン電車などの細部を調べるうえで穂積氏の著作にどれほど学恩をこうむったか知れない。

最近、雑誌で氏の近影をお見かけしたが、八十歳を超えたお齢であるにもかかわらず、なお矍鑠として、ダンディスムも衰えを見せていなかった。そう、じつにカッコイイのである。まさにラスト・サムライここにあり、であった。

氏の他の著作も草思社文庫に入ることを強く望みたい。

（フランス文学者）

＊本書は、二〇一〇年に当社より刊行した著作を文庫化したものです。

草思社文庫

絵で見る 明治の東京

2017年10月9日　第1刷発行

著　者　穂積和夫（絵と文）
発行者　藤田　博
発行所　株式会社 草思社
〒160-0022　東京都新宿区新宿1-10-1
電話　03（4580）7680（編集）
　　　03（4580）7676（営業）
　　　http://www.soshisha.com/
本文組版　有限会社 一企画
印刷所　中央精版印刷 株式会社
製本所　中央精版印刷 株式会社
本体表紙デザイン　間村俊一

ISBN978-4-7942-2300-5　Printed in Japan

草思社文庫既刊

仁科邦男
犬たちの明治維新
ポチの誕生

幕末は犬たちにとっても激動の時代の幕開けだった。外国船に乗って洋犬が上陸し、多くの犬がポチと名付けられる…史実に残る犬関連の記述を丹念に拾い集め、犬たちの明治維新を描く傑作ノンフィクション。

渡辺尚志
百姓たちの幕末維新

幕末期の日本人の八割は百姓身分であり、彼らを見ずして、幕末の時代像は見えてこない。幕末～維新期の百姓たちの衣食住から、農への思い、年貢騒動、百姓一揆や戊辰戦争をたどる新しい幕末史。

小関順二
野球の誕生
球場・球跡でたどる日本野球の歴史

正岡子規が打って走った明治期から「世界の王貞治」が育った戦後復興期まで、日本野球一五〇年史を豊富なエピソードとともに語る無類に面白い野球エッセイ。地図と資料写真も多数挿入。『**野球を歩く**』改題

草思社文庫既刊

ダンディー・トーク
徳大寺有恒

自動車評論家として名を馳せた著者を形づくったクルマ、レース、服装術、恋愛、放蕩のすべてを語り明かす。快楽主義にも見える生き方の裏にあるストイシズムと美学――人生のバイブルとなる極上の一冊。

ぼくの日本自動車史
徳大寺有恒

戦後の国産車のすべてを「同時代」として乗りまくった著者の自伝的クルマ体験記。日本車発達史であると同時に、昭和の若々しい時代を描いた傑作青春記でもある。伝説の名車が続々登場!

カール・ベンツ自伝 自動車と私
カール・ベンツ　藤川芳朗＝訳

一八八六年、カール・ベンツは自動車の実用化に成功、特許を取得した。そこにはどのような困難があり、どのように克服したのか。ベンツ最晩年に、自らの発明と人生を情熱的に語った唯一の自伝。

草思社文庫既刊

神山典士

伝説の総料理長 サリー・ワイル物語

かつて日本に本格フランス料理を伝えた伝説のシェフがいた。横浜ホテルニューグランド初代総料理長にして、日本の西洋料理界に革命を起こした。数多くの料理人を育てた名シェフの情熱と軌跡を辿る。

小牟田哲彦

去りゆく星空の夜行列車

夜汽車に揺られて日本列島を旅する――。長距離移動の手段として長く愛されてきた夜行列車。失われつつある旅情を求めて「富士」「さくら」「トワイライトエクスプレス」「北斗星」など19の列車旅を綴る。

神尾健三

めざすはライカ！ ある技術者がたどる日本カメラの軌跡

戦後、いち早く日本のモノづくりの力を世界に示したのが「カメラ」だった。究極の目標であるライカをめざし、ミノルタ、ニコン、キヤノン等で奮闘した人々を描き、戦後日本カメラ発展の軌跡をたどる。